반가워요
베리만 감독님

반가워요 베리만 감독님

Ingmar Bergman

이병창 지음

| 차례 |

베리만 영화 연구

1

"상상할 수 있니? 저기 창문에 퍼덕이는 나비가 있어."

이 말은 베리만의 영화 「가을 소나타」에 나오는 한 대사이다. 어떤 소녀가 자기 어머니의 애인을 향해 필사적으로 다가가려는 몸짓이 이렇게 표현되어 있다. 그는 이런 말을 남긴 채 손를 떠나 소녀의 어머니에게 가버린다. 결국 소녀는 정신적으로나 육체적으로 파괴되고 만다. 그러나 소녀의 떨림과 온기는 차가운 유리 창문을 통해 우리에게 전해진다.

이 장면은 여러 가지 의미를 함축하면서 베리만 영화의 핵심을 가장 간결하게 보여 준다. 이 장면에는 베리만의 영화가 자주 다루는 근친상간적인 욕망(또는 나르시시즘적인 성격)의 문제가 감추어져 있다. 베리만에게서 대체로 이런 근친상간적인 욕망은 예술가적인 기질과 관련된다. 예술가는 현실적으로 얻지 못하는 것을 환상을 통해서 획득하려 한다. 하지만 예술가는 현실의 가혹한 힘 앞에서 그리고 자신의 죄의식 때문에 파멸된다. '퍼덕이는 나비'란 곧 환상을 향해 집요하게 나아가는 예술가의 필사적인 의지를 의미하고 동시에 운명적으로 파멸되는 '저주받은 예술가'라는 모더니즘적인 개념을 단적으로 상징한다.

베리만의 영화는 거의 대부분 이런 집요한 환상과 관련된다. 그가 신앙의 문제에 대하여 회의할 때에, 신은 예술가의 환상을 억압하는 도덕적 규범(또는 현실의 권력)을 의미한다. 그가 이런 '침묵하는 신' 대신 제시하는 것이 있다면 그것은 바로 '퍼덕이는 나비'의 떨림과 온기이다. 베리만에게서 나비의 퍼덕거림은 니체적인 의미에서 '생성에의 의지(힘에의 의지)'라고 할 수 있는데, 그것은 자유로운 의지이며, 타인과 소통하는 사랑의 힘을 의미한다.

베리만의 세계는 어둡고 황량하다. 그것은 그가 살았던 포러 섬의 거친 자연을 닮았다. 그것은 곧 침묵과 죽음의 세계이다. 그럼에도 베리만은 끝내 희망의 끈을 놓치지 않는다. 그것은 마치 겨울 빛처럼 이 참담한 현실에 비추어든다. 그 겨울 빛이란 인간의 내면속에 있는 생성에의 의지를 말한다. 아직 아무도 그 겨울 빛을 보지 못하지만 베리만의 주인공들은 몸 속 깊은 곳에서 그 겨울 빛을 느낀다.

베리만의 영화는 50년대, 60년대 아방가르드주의(후기 모더니즘)를 대표하는 영화이다. 그 시대 베리만은 영화의 올림푸스 산의 정상에 서 있는 신들 중의 하나이었다. 오늘날 포스트모더니즘의 시대에 이르러 베리만의 세계는 잊혀졌다. 영화계에서도 그의 '외침'은 사라졌고 포스트모더니즘의 끝없는 '속삭임'이 가득하다. 그러나 마침내 이라크 전쟁 이후 포스트모더니즘의 시대도 기울어지고, 겨울 빛처럼 다시 그의 영화가 떠오른다. 정말, 반갑다.

베리만은 독특한 이력을 지닌 영화 작가이다. 그는 스웨덴이라는 유럽 영화의 변방에서 출현해 칸 영화제를 비롯한 유럽 영화제들에서 여러 차례 상을 받음으로써 예술적인 영화 작가로서 널리 알려졌다. 또한 그는 미국에서 수차례 아카데미상을 받아, 대중성과 흥행성에서도 성공을 거두었다.

그는 여름에는 영화를 감독하고 가을에는 연극을 연출하는 등 두 개의 장대에 걸친 줄을 타면서 그 사이에서 팽팽한 긴장을 잃지 않았다. 덕분에 그의 영화에는 많은 연극적인 기법들이 이용되었는데, 이것들은 그의 영화적 실험의 자양분이 되었다. 더구나 그는 연극과 영화 전체에 동시에 활동하는 스태프 및 출연진의 밴드를 형성함으로써 독립적인 영화 작가로서 영화 자본의 상업적 압력을 견디어 나갔다.

2

베리만의 영화는 40년대 습작기를 거쳐 50년대 초부터 빛을 발하기 시작한다. 이때 만들어진 영화가 소위 '여름' 영화들이다. 이 시기를 대표하는 영화로서 「여름 간주곡」, 「모니카의 여름」, 「톱밥과 반짝이」를 들 수 있다. 그는 이런 영화들을 통해 이미 고유한

'실내악적 영화' 스타일을 확립한다.

그는 50년대 후반 「제7의 봉인」, 「산딸기」 등을 만들면서 국제적 명성을 얻었고, 60년대 초에 만들어진 3부작(「거울을 통해 어렴풋이」, 「겨울 빛」, 「침묵」)으로 영화의 올림푸스 산에서 아무도 범접할 수 없는 위치에 이르렀다. 그는 이 시기 주로 인간의 내면에 깊은 관심을 가지면서 신앙과 예술의 문제를 파고들었다.

60년대 후반 그는 「페르조나」, 「늑대의 시간」, 「수치」, 「애착」을 만들면서 인간 내면에 대한 관심을 사회에 대한 관심과 결합하려 했으며 이런 시도를 영화형식의 실험 속에 녹여냈다. 그런데 60년대 초까지만 해도 희망의 겨울 빛을 놓치지 않았던 베리만은 60년대 후반에 이르러 오히려 절망적으로 된다. 이것은 거꾸로 그만큼 자기 시대에 대한 비판적 의식이 고조되었다는 것을 의미할 것이다.

70년대 들어 그는 시대에 대한 관심을 거두고 다시 60년대 초의 스타일로 복귀한다. 그는 인간의 내면에 관심을 집중하며, 「외침과 속삭임」, 「가을 소나타」를 거쳐 가면서 절망의 빛은 점차 희망의 빛으로 바뀌어나갔다. 마침내 80년대 초 그의 마지막 영화 「화니와 알렉산더」에서 그는 '조화의 우주'를 제시하기에 이른다.

그의 영화들은 두 가지 축으로 분류될 수 있다. 신앙의 문제를 다루는가 아니면 예술의 문제를 다루는가가 하나의 축이라면, 사회성이 깊은가 아니면 개인의 내면에 몰두하는가가 또 다른 축이다. 위에 언급된 영화들 가운데 특히 「제7의 봉인」이나 「겨울 빛」은 신앙의 문제에 집중한다. 반면 「톱밥과 반짝이」나 「가을 소나타」는 예술의 문제를 직접적으로 다룬다. 그의 영화는 대부분 인간의 내면을 다루기 때문에 영화의 배경은 추상적이고 그래서 연극적인 무대를 연상시킨다. 반면 60년대 후반 그의 사회적 관심은 특히 「수치」에서 잘 드러나는데, 그 영화는 그의 시대에 관한 알레고리로 간주된다.

3

베리만의 영화들은 영화적인 실험의 보고라고 할 만큼 다양한 실험들을 은닉한다. 그 결과 세계의 수많은 독창적인 영화 감독들이 그의 영화로부터 새로운 실험을 배워 왔다. 그 가운데 한국의 영화 감독 박찬욱도 포함된다.

베리만의 많은 실험들은 연극적인 기법들과 관련된다. 그는 일찍부터 연극과 영화를 동시에 연출한 희귀한 감독이었는데, 이런 경험이 그가 연극적 기법을 수용하게 된 배경으로 보인다. 그는 연극적 기법을 단순히 모방한 것은 아니다. 그는 연극적 기법을 영화적 실험의 자양분으로 삼아서, 새로운 영화적인 형식을 개척해 나갔다. 이런 가운데 그는 5, 60년대 서구에서 활발하게 시도된 다양한 형식적인 실험들을 포섭했다.

그의 기본적인 영화 스타일은 '실내악적 영화'라 규정된다. 이런 형식은 50년대 초 작품인 「여름 간주곡」에서 이미 등장한다. 그 후 50년대 말 「겨울 빛」이나 「침묵」에 이르러 이 형식은 정점에 이른다. 이는 제한된 시공간에서 소수의 등장인물로 전개되는 간결한 이야기를 특징으로 한다. 그런데 이런 형식은 단순히 화법만의 문제는 아니다. 이런 형식은 들뢰즈가 말하는 '응시의 영화' 개념과 연결된다. 이 개념은 끔찍하고 충격적인 사건 앞에서 더 이상 행동할 수 없고 오직 응시할 수밖에 없는 상황과 관련된다. 여기서 현재와 과거, 지각과 환상, 현실과 드라마 사이의 구분이 모호해지면서 크리스털 이미지들이 출현한다. 그러므로 베리만의 실내악적 영화는 이런 크리스털 이미지로 이루어진 영화를 말한다.

베리만의 실내악적 영화 개념은 그가 몰두했던 스트린드베리의 '실내악적 연극'의 개념으로부터 빌려 온 것으로 보인다. 그는 한때 피아니스트 세비 라레테이와 결혼하였는데, 그녀를 통해 음악의 실내악 형식에 영향을 받기도 했다.

또한 베리만은 60년대 후반 '자기반영성'의 개념을 적극적으로 실험한다. 베리만의 경우 자기반영성은 크리스털 이미지의 발전으로 보인다. 현실과 드라마의 구분이 모호해진다면, 영화의 생산 장치들이 드라마 속에 개입하고 드라마는 영화 생산의 현실 속으로 들어올 것이다.

베리만의 많은 영화들(「여름 간주곡」, 「톱밥과 반짝이」, 「가을 소나타」)은 예술가의 삶을 다룬다는 점에서 예술 생산의 현실 속으로 드라마를 끌어들인다. 이런 경우 영화 속에는 대체로 '극중극'이라는 형식이 나타난다. 이런 극중극의 형식도 자기반영성의 한 방식이다. 그런데 「페르조나」, 「외침과 속삭임」의 경우 생산의 장치들이 드라마의 투명한 이미지 속으로 삽입되면서 자기반영성을 갖추게 된다.

베리만의 영화에서 이런 형식들 외에도 '관객에 대한 응시', '꿈의 장면', '독백의 형식', '극단적인 클로즈업' 등의 형식에 대한 실험이 이루어진다. 예를 들어 「모니카의 여름」에서 주인공 모니카는 관객을 도발적으로 응시한다. 그리고 「톱밥과 반짝이」에서 베리만은 필름 프린트를 여러 번 복사하여 낡은 사진 같은 화면을 얻는다. 그 결과 초현실적인 악몽의 분위기가 만들어진다.

베리만은 「페르조나」에서 독백의 장면을 실험한다. 여기서 주인공이 과거를 회상할 때 과거가 플래시백으로 보이지 않고 주인공의 독백으로 서술된다. 이때 관객은 주인공의 독백을 통해 주인공의 무의식을 느끼면서 공감한다. 70년대 이후부터 베리만은 극단적인 클로즈업을 자주 이용한다. 마치 영화는 여주인공의 얼굴을 보여 주는 매체라는 듯이 베리만은 영화를 온통 여주인공의 얼굴 클로즈업으로 채운다.

이상의 다양한 형식들은 대체로 '자유간접화법'이라는 개념을 구현하는 형태들이다. 자유간접화법이란 주관적인 카메라와 객관적인 카메라가 합일하는 것을 의미한다. 주관적인 카메라는 등장인물의 내면과 연결되고 결과적으로는 무의식이나 환상을 의미한다. 반면 객관적인 카메라는 현실과 주인공에 대한 사회적 평가, 법과 규범을 의미한다. 이런 측면에서 이 형식들 역시 현실과 드라마, 지각과 환상의 결합을 목표로 한다. 결국 이런 형식들도 궁극적으로는 크리스털 이미지나 응시의 영화라는 개념과 밀접하게 연관되어 있다고 하겠다.

4

내용적으로 그의 영화는 사건보다도 인물의 성격을 기초로 한 연극적인 영화이다. 연극이 인물의 성격적인 갈등을 위주로 하듯 그의 영화도 인물의 갈등을 중심으로 한다. 따라서 베리만의 영화를 이해하기 위해서는 우선 그의 인물들의 성격을 파악해야 한다. 그리고 인물의 성격들이 어떤 점에서 서로 대척 관계에 있는지를 이해하여 그 인물들 사이의 갈등을 파악할 수 있어야 한다. 인물의 성격적인 차이를 구조적으로 이해하는 것은 인물들 사이의 갈등을 파악하는 데 결정적으로 주요하다.

이미 여러 평론가들이 베리만의 인물들을 정신분석학적인 욕망의 구조 개념에 기초하여 구조적으로 파악하려 시도했다. 그러나 이들은 베리만의 모든 인물들을 단일한 욕망 구조로 처리한다. 그래서 그들은 모든 인물들이 나르시시스트이거나 근친상간적인 욕망을 가진다고 해석했다. 이런 해석은 과도한 일반화일 뿐만 아니라, 인물들 사이의 갈등을 파악하지 못하게 만든다. 그러므로 지금까지의 성과를 수용하여 정신분석학적인 욕망 구조라는 개념에 기초하더라도, 동일한 욕망 구조 위에서 각각의 인물들이 가지는 개별적인 차이를 파악하는 것이 주요하다.

알다시피 정신분석학자 라캉은 욕망의 구조에 따라서 신경증적인 성격과 나르시시즘적인 성격을 구분한다. 신경증은 억압에 의해 욕망이 대체적인 방식으로 충족되는 것을 말한다. 이 경우 개체는 욕망의 모험에서 주체가 된다. 반면 나르시시즘에서는 욕망의 억압이 불충분하다. 그래서 부분적으로는 여전히 자신을 대타자(곧 부모)의 욕망 대상으로 설정하는 수동적인 태도(프로이트의 개념에서는 근친상간적인 욕망)를 취한다. 이때 개인에게 자아가 발생하는데, 이 자아는 신경증적인 욕망의 주체와 달리 대타자의 욕망에 종속된 수동적인 자아이다.

베리만은 그의 영화들 속에서 라캉이 제시한 두 가지 기본적인 성격들에서 파생하는 다양한 종속적인 유형들에 주목해 왔다. 이들은 동일한 욕망 구조 위에 위치하면서도 서로 구조적인 차이를 지닌다.

우선 베리만의 영화들에 자주 반복되는 인물들 가운데 신경증적인 인물, 경건한 인간(또는 허무주의적인 과학자), 모성적인 인물, 억압적인 목사는 신경증적인 성격에 속한다.

베리만에게서 억압적인 목사의 전형은 「화니와 알렉산더」에 나오는 에드바르트 주교일 것이다. 그는 자기 억압적이면서 동시에 타자를 지배하는 것을 통해 욕망을 만족시키는 병든 존재이다.

같은 신경증적인 욕망의 구조를 가지더라도 모성적인 인물은 목사와 대립된다. 모성적인 인물은 강한 의지로 자신을 통제하면서도 타인을 위해 자기를 희생한다. 「외침과 속삭임」에서 안나는 모성적인 인물의 전형이다.

냉철한 허무주의자와 경건한 자연신론자는 서로 동전의 이면이다. 베리만의 영화에 나오는 냉철한 허무주의자는 타인에 대해 동정심을 지닌다. 반면 경건한 사람이 회의에 빠지면 냉철한 과학자가 된다. 「산딸기」에 나오는 과학자 이삭은 허무주의자의 대표이고 「제7의 봉인」에 나오는 기사는 경건한 인물의 대표이다. 그런데 과학자 이삭은 젊었을 때 경건한 자연신론자이었다. 그리고 「제7의 봉인」에서 기사의 시종은 허무주의에 가까운데 기사를 항상 그림자처럼 동반한다.

　신경증적인 인물의 전형은「침묵」에서 나온 에스더이다. 또한
「외침과 속삭임」의 카린 역시 신경증자이다. 이런 신경증적인 인
물은 자기를 증오하면서 동시에 타인도 증오하는 냉담한 이기주의자
이다.

　베리만의 영화에서 나르시시즘적인 인물로는 나르시시스트와 이
드(Id)적인 인간(또는 외설적인 대타자), 희생자, 예술가가 자주 출현
한다. 나르시시스트란 이기적이지만 자신을 대타자가 욕망하는 대상
으로 설정하고자 한다.「외침과 속삭임」의 마리아,「침묵」의 에바
가 그런 나르시시스트적 인물의 전형이다.

　이드적인 인간(외설적인 대타자)은 나르시시스트의 욕망을 지배
하는 타자를 말한다. 히치코크의 영화에서 노골적으로 다루어지는
이드적 인간은 베리만의 영화에서는 그림자처럼 나타날 뿐이다. 예
를 들어「가을 소나타」에서 레오나르도가 그렇다. 이런 인물 중 가
장 적극적으로 묘사된 경우가「여름 간주곡」의 여 주인공의 삼촌인
엘란드이다. 그럼에도 불구하고 베리만의 영화에서 이런 인물의 비
중은 매우 크다. 이런 인물을 둘러싸고 극 중의 인물들에게 내적 갈
등이 벌어진다.

　베리만의 영화에서 가장 특징적인 것은 바로 나르시시즘적인 욕
망에 의해 스스로 파멸되는 인물이다. 전형적인 경우가「거울을 통
해 어렴풋이」에서 거미신에 희생당하는 카린이다. 그리고「가을 소
나타」에서 어머니의 애인을 사랑하여 파멸한 헬레나이다. 이들은
정신분열증에 걸리거나 아니면 육체적인 마비에 이른다. 그들은 그

리스도적인 희생자라는 이미지를 간직하면서 다른 사람들을 구원하는 역할을 담당한다.

마지막으로 예술가는 나르시시트이지만 환상을 통해서 파멸에 이르는 것을 피한다. 그런 환상의 산물이 예술이지만 현실적으로 그들은 도피적이다. 그들은 무책임하고 항상 도망가기에 바쁘다. 그들은 도피를 통해서만 예술을 생산할 조건과 힘을 가진다. 이런 인물로 대표적인 인물이 「거울을 통해 어렴풋이」에서의 작가 다비드 그리고 「가을 소나타」의 피아니스트 샬로트이다.

이상에 나오는 종속적인 유형들은 이성적인가 아니면 감성적인가 그리고 이기적인가 아니면 보편적인가 하는 좌표축에 따라서 기본적인 욕망 구조 속에 배치될 수 있을 것이다. 각 욕망의 구조를 이렇게 두 개의 좌표축으로 구획한다면, 이것을 욕망의 평면이라고 부를 수 있을 것이다. 그렇게 되면 두 개의 욕망 평면(신경증과 나르시시즘)이 만들어 질 것이고, 위에 언급한 두 개의 좌표축에 따라서 각각의 성격 속하는 4가지 종속적인 유형의 인물들을 배치할 수 있을 것이다.

이를 도해하자면 다음과 같이 인물들의 욕망의 평면을 만들 수 있을 것이다.

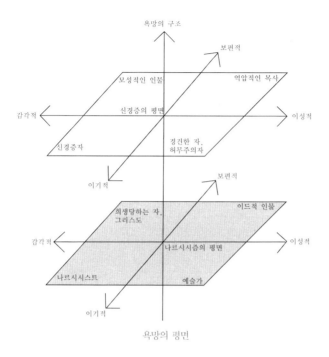

욕망의 구조

보편적

보성적인 인물　　　억압적인 목사

감각적　　　신경증의 평면　　　이성적

신경증자　　　경건한 자,
　　　　　　　허무주의자

이기적

보편적

희생당하는 자,　　　이드적 인물
그리스도

감각적　　　나르시시즘의 평면　　　이성적

나르시시스트　　　예술가

이기적

욕망의 평면

5

앞에서 잠깐 언급했듯이, 베리만의 영화는 연극처럼 인물들의 갈등을 주로 다룬다. 이런 갈등을 이해하기 위해 우선 등장인물의 유형을 욕망의 평면 위에 배치시켜 보았다. 이렇게 배치시켜 놓는다면, 베리만의 영화에서 나타나는 갈등의 구조가 분명하게 눈에 보일 것이다.

베리만의 영화에서 가장 많이 나오는 갈등은 신경증적인 인물과 나르시시즘적인 인물의 대립이다. 예를 들어 「침묵」에서 에스더와 에바, 「외침과 속삭임」에서 카린과 마리아가 여기에 속한다. 이 두 인물들은 밑바닥에서 서로에 대한 근원적인 욕망을 가진다. 이들의 모습은 거의 동성애적인데, 이 동성애란 근친상간적인 욕망의 변형으로 생각된다.

그런데 서로에 대한 이런 욕망에도 불구하고, 이들은 서로를 자신의 욕망 구조에 의해 이해한다. 그러므로 카린은 마리아를, 에스더는 에바를 정신적 능력이 결여된 동물적 존재로 경멸한다. 반면 에바와 마리아는 에스더와 카린이 자신을 억압하려 것으로 이해하면서 도덕적 명령을 거부한다. 이처럼 서로에 대한 욕망과 서로에 대한 오인이 이 영화들에서 나타나는 갈등의 주요 원인이다.

모든 영화가 이처럼 두 개의 욕망의 평면 사이에서 일어나는 갈등만 다루는 것은 아니다. 예를 들어 「산딸기」의 경우 갈등은 신경증적인 욕망의 평면 내부에서 일어난다. 여기서 허무주의적인 과학자 이삭과 모성적인 마리안느 사이의 대립이 일어난다. 과학자는 타인에 대한 고립을 선택하면서 자연의 질서의 파악에 온 힘을 바친다. 반면 마리안느는 아이를 거부하는 남편과 임신 중의 아이를 선택해야 하는 기로에서 기꺼이 아이를 선택한다.

이들은 함께 여행을 하면서 서로 갈등한다. 마리안느는 이삭의 냉담함과 허무주의적인 태도를 비판한다. 이삭은 마리안느가 아이를 선택하는 것은 위험을 선택하는 무의미한 행위라고 비판한다. 그는 마리안느에게 자신이 젊었을 때 받았던 상처에 관한 이야기를 들려주고 싶어 한다.

「산딸기」와 달리 「거울을 통해 어렴풋이」에서는 나르시시즘적인 욕망의 평면 내부에서 갈등이 일어난다. 여기서 주요 갈등은 아버지 다비드와 딸인 카린 사이에서 일어난다. 다비드는 예술가이다. 그는 내면 속에 무서운 욕망을 느끼면서도 현실의 가혹한 힘을 두려워한다. 그래서 그는 예술 속으로 도피한다. 하지만 그는 내면 깊숙히 느껴지는 무서운 욕망 때문에 떨고 있다. 딸 카린은 이미 정신분열증적인 상태에 들어서 있다. 카린은 무서운 욕망을 향해 대담하게 앞으로 나아간다. 카린의 욕망은 아버지를 대신하여 동생 미누스에게로 향한다. 카린은 마침내 그 욕망의 끝에 도달하지만 거기에서 아무 것도 없는 허무만을 느낄 뿐이다. 카린은 욕망의 끝에서 파멸한다.

이상의 예에서 보듯이 각각의 영화마다 욕망의 평면 위의 서로 다른 위치에 있는 인물들 사이에서 고유한 갈등을 다룬다. 베리만의 영화가 난해하게 느껴지는 것은 지금까지 이런 갈등의 대척점을 쉽게 파악하기 어려웠던 데 있다. 하지만 위의 도해에서처럼 욕망의 평면에 인물을 배치한다면 베리만의 영화에서 인물들이 어떻게 갈등하는가가 더 쉽게 발견될 수 있을 것이다. 베리만의 영화에서 동일한 배우가 반복적으로 배역을 맡았기에 자주 그런 배역이 동일한 인물이라고 오해되어 왔다. 각각의 인물들을 욕망의 평면 위에 배치하여 본다면, 그들이 사실 서로 다른 성격을 지녔다는 것이 밝혀지면서 이런 오해 역시 쉽게 해소될 수 있다.

6

베리만의 영화 형식은 앞에서 설명했듯이 근본적으로 크리스털 이미지이다. 그런데 베리만 영화는 인물들 사이의 성격적인 갈등 관계를 주요 내용으로 삼는다. 그렇다면 인물의 갈등과 크리스털 이미지 사이의 관계 즉 베리만 영화의 내용과 형식은 어떤 관계를 가지는가?

들뢰즈는 크리스털 이미지를 생성의 시간과 연결시켰다. 들뢰즈가 말하는 시간이란 곧 내적인 성장을 의미한다. 마치 번데기에서 나비가 나오듯이 질적으로 서로 다른 사물이 발생하는 과정이 곧 시간이다. 이런 시간은 질적으로 동일한 사물이 위치적으로 이동하는 공간적인 시간 즉 시간의 간접적 이미지와 구분된다. 크리스털 이미지는 시간의 직접적인 이미지이다.

번데기를 보자. 어떤 것이 아직도 번데기에 머무를 때 나비는 번데기의 꿈에 불과하다. 그런데 번데기가 나비로 변성하는 그 순간에 꿈은 더 이상 꿈이 아니라 생생한 지각이 된다. 거꾸로 이 순간 지금껏 그토록 현실적이던 번데기는 어느 덧 의심스러워지고 혹 꿈이 아니었나 하는 느낌으로 받아들여진다. 그러므로 이런 경계선 상에서 현실과 환상의 구분이 모호한 크리스털 이미지가 출현한다. 크리스털 이미지는 생성이 일어나는 마지막 경계선에 있다. 이런 생성 또는 내적인 성장을 들뢰즈는 시간이라 하였으므로, 크리스털 이미지는 시간의 이미지인 것이다.

베리만의 경우도 마찬가지이다. 그에게서 영화의 크리스털 이미지란 곧 인물의 갈등과 관련된다. 욕망의 평면에서 서로 갈등하는 두 인물 중 하나는 현재, 지각, 법의 이미지라면 다른 하나는 과거, 환상, 욕망의 이미지이다. 베리만의 영화는 두 인물의 갈등이 일어나

고, 각 인물이 내적으로 성장하려는 마지막 순간 그 경계선을 그려낸
다. 여기서 지각과 환상, 현실과 드라마의 구분이 모호해 진다. 그러
므로 베리만의 영화는 크리스털 이미지로 표현될 수밖에 없다.

베리만은 이런 생성을 통해 인간과 인간 사이의 소통의 가능성을
추구한다. 서로 갈등하는 순간 그들은 자기의 욕망 구조를 통해 서로
를 본다. 그러므로 이들 사이를 오해가 지배하고 결국 침묵만이 흐른
다. 그러나 생성이 일어나게 되면 그래서 자신이 타인으로 변하고 타
인이 곧 내가 된다면, 서로 이해가 가능해지면서 소통이 일어난다.
이런 소통이 곧 베리만이 추구하는 사랑이다.

베리만이 그려내는 생성의 마지막 경계선에서 아직은 새로운 생
성이 완료되지 않았다. 그 순간은 묵시록에 나오는 신이 침묵하는 순
간과 같다. 그 순간은 마치 영원히 끝나지 않을 것처럼 보인다. 그
순간에 지루한 고통이 끝없이 이어진다. 그러나 지나고 보면 사실 그
순간은 한 순간 즉 연장이 없는 한 점에 불과하다. 그것은 언제 지나
갔는지도 모르게 지나갈 것이고 그때는 새로운 희망의 빛이 이미 온
통 도래해 있었다는 것을 알게 된다.

베리만의 영화는 항상 생성이 완료된 순간이 아니라 생성의 마지
막 경계선을 그린다. 그러므로 그의 영화는 어둡고 고통스럽다. 끝없
는 외침의 소리가 그의 영화 전체를 가득 채우고 있다. 그러나 베리
만이 그려낸 바로 그 순간이 생성이 완료되기 바로 직전의 순간임을
잊어서는 안 된다. 베리만은 사실 이미 도래해 있는 엄청난 희망을
전하지만 그가 말하는 희망의 언어는 어둠 속에서 보이지 않는다. 겨
우 보인다면 그것은 겨울 빛에 불과하다.

절망 속에 있는 사람은 이미 그 순간에 도래해 있는 희망을 보지 못한다. 그런데 베리만은 바로 이런 절망 속에서 희망을 향하여 결단하기를 요구한다. 그 결단은 어디 먼 외부에서 무엇을 찾으려는 것이 아니라 스스로 희망의 빛이 되는 결단이다. 희망의 결단이 무에서 희망을 만들어낸다.

그것은 마치 참선에서 깨달음의 순간과 같다. 참선은 백척간두에 서서 자기 몸을 내던지는 순간이 바로 깨달음을 얻는 순간이라 말한다. 백척간두에 서면 끝없는 심연만이 보인다. 거기서 절망에 빠져 몸을 던진다면 그는 깨달음에 도달할 수 없다. 그는 그저 허망한 죽음에 이를 뿐이다. 반면 심연 위에서 확신을 가지고 몸을 던질 때 그는 깨달음에 이른다. 그는 자기의 몸을 던짐으로써 자신이 절대적으로 자유롭고 그러므로 인간이 근본적으로 자유롭다는 것을 깨닫는다. 확신을 가지고 실천하는 것이 깨달음을 생산한다.

이런 희망의 결단은 그의 영화의 두 가지 근본적인 주제인 신의 문제와 예술의 문제를 이해할 수 있는 토대를 제공해 준다.

베리만은 「제7의 봉인」이나 「겨울 빛」을 통해 신앙의 문제를 다룬다. 그에게 신은 침묵한다. 사람들은 고통스러운 현실로부터 자기를 보호해줄 신을 갈구하지만, 신은 사람들의 고통스러운 외침을 외면하고 있다. 신은 아무런 응답을 하지 않는다. 베리만은 여기서 확고하다. 그런 보호의 신은 더 이상 존재하지 않는다. 만일 존재한다면 그런 신은 보호한다는 명목으로 오히려 인간을 이용하는 '거미신'에 불과하다.

그런데 베리만은 신의 침묵 속에서 오히려 신의 존재를 발견한다. 사람들이 침묵 속에서도 신을 갈망한다는 것이 바로 신이 존재한다는 증거이다. 베리만의 이런 입장은 하이데거의 철학을 통해 설명될 수 있을 것이다. 하이데거는 인간이 형이상학적인 물음을 던진다는 것이 이미 인간이 형이상의 존재를 이해하고 있는 것이라고 한다. 마찬가지로 베리만은 인간이 신을 갈망한다면, 그것은 이미 인간이 신의 존재 속에 침입해 있다는 것을 의미한다고 본다. 신의 침묵 속에서 인간의 갈망은 인간 속에 내재하는 신의 모습이다.

인간 속에 내재하는 신적인 것이란 다름 아닌 자유, 사랑 그리고 아름다움을 지칭한다. 이것들은 물질적인 필연성의 세계가 아니다. 이것들이 존재한다면, 그것은 신이 만든 것이 틀림없다. 만일 인간이 그 스스로 자유와 사랑, 아름다움을 단 한 번이라도 이 세상에 만들어낼 수 있다면, 아니 그것을 위해 인간이 결단한다면, 아니 그 전에 그런 것을 단지 갈망하기만 한다면, 이미 인간은 신적인 존재이다.

이런 문제는 예술의 문제와도 연관된다. 베리만에게서 예술가는 나르시시스트이다. 그는 현실 속에서 자신의 욕망을 찾을 수 없다. 그는 예술로 도피한다. 현실 속에서 그의 삶은 이런 도피 때문에 불구적이다. 그는 무책임하고 그의 삶은 고독하다. 하지만 그는 이런 삶 속에서 아름다운 예술을 꽃피워 낸다.

그의 예술은 억눌린 고통의 표현이다. 삶의 고통을 회피한다면 그의 예술은 추상적이고 현실적으로 실현되지 않는다. 또한 삶의 고통 속에 사로 잡혀 버렸을 때도 예술은 나오지 않는다. 그는 고통의 비명에 질식된 채로 살아갈 뿐이다. 이 두 가지 극단 사이에 예술가가 존재한다. 예술가는 현실의 고통을 억누르면서 자유와 사랑, 아름다움의 세계를 그 속에서 세워야 한다. 그의 삶은 불구적이고 그 때문에 그의 주변 사람들은 희생당하지만 예술은 그의 운명이다. 예술은 이런 고통과 맞부딪히면서 고통 위에 세워진 것이기에 형식적으로 항상 불완전하다.

Ingmar
Bergman

벽(외할머니 집)에는 베니스를 그린 커다란 그림이 걸려 있었다. 햇빛이 그림을 가로질러 돌아다니자, 운하의 물이 흐르기 시작했다. 비둘기들이 광장에서 날아오르고 사람들은 말하고 손짓했다. 종소리가, 즉 웁살라 성당의 종소리가 아니라 그림에서 나오는 종소리가 들렸다. 그리고 피아노 음악이 놀라운 베니스 그림으로부터 흘러나왔다.

(Bergman Discusses Film Making)

1

「여름 간주곡」 _예술과 삶

1

1951년 발표된 「여름 간주곡」[1]은 그 후 베리만의 작품의 원형이 되었다고 볼 수 있다. 제한된 시, 공간을 배경으로 하고 소수의 인물들이 등장하는 간결한 이야기, 플래시백을 통해 구성되는 과거와 현재의 크리스털 이미지, 행동을 중지한 주인공의 내면적 성장 등, 후일 베리만의 '실내악적 영화(chamber film)'들에서 나타나는 특징들

---

1 1950년 4–6월 촬영, 1951년 10월 개봉. 베리만은 1943년 엘세 피셔(Else Fisher)와 첫 결혼을 했다. 그리고 그는 1944년 4월부터 헬싱보리 시립극장 감독으로 일해 왔다. 그는 그 직후 1945년 11월 둘째 부인인 무용수 엘렌 룬드스트럼(Ellen Lundström)과 결혼했다. 그리고 이 영화 개봉 후 1950년 12월에 엘렌과 이혼하고, 1951년 초 저널리스트인 군 그루트(Gun Grut)와 다시 결혼했다.

이 이미 이 영화에서 온전하게 등장한다.

형식적인 측면에서 볼 때 우선 영화 속의 연극(극중극)이라는 형식이 눈에 띈다. 영화의 주인공 마리는 프리마발레리나이다. 이 영화에서는 차이코프스키의 발레극「백조의 호수」가 여러 번 삽입된다. 베리만은 이를 이야기 전개를 위해 필요한 것 이상으로 길게 관객에게 보여 준다. 그것은「백조의 호수」의 내용이 이 영화의 이야기와 닮은 점이 있기 때문이다.

발레극「백조의 호수」에서 사악한 마술사의 장난으로 백조로 변한 오데뜨 공주는 순수한 사랑을 통해서만 저주로부터 벗어날 수 있다. 밤에 잠깐 다시 공주로 돌아온 오데뜨 공주에게 왕자 지그프리트는 순수한 사랑을 약속했으나 마술사의 딸을 오데뜨 공주로 오인해서 마술사의 딸에게 사랑을 맹세하고 만다. 그 결과 오데뜨는 죽고 지그프리트도 그녀를 따라 자살하고 만다. 사악한 운명의 힘에 의해 파멸에 이르는 젊은 연인들의 순수한 사랑을 그려낸 이 발레극은「여름 간주곡」의 주제를 암시한다.「여름 간주곡」에서도 어떤 불길한 운명에 이끌리듯 주인공 남자가 죽음으로써 젊은 연인들의 사랑이 파멸에 이른다.

그런데 이 영화와 발레극이 동일한 운명의 힘을 다룬다 하더라도 양자 사이에는 차이가 있다. 발레극에서 사랑을 파멸시킨 것은 사악한 마술사라는 외적인 힘이다. 반면 이 영화에서는 운명적인 힘은 겉보기일 뿐이고 그 배후에 더 근본적으로 존재하는 파멸의 원인이 있다. 그것은 바로 주인공들의 내면적인 결함이다. 베리만은 이 영화에서 이런 내적인 결함을 섬세하게 그려내고 있다. 결과적으로 발레극 「백조의 호수」는 이 영화에게 운명적인 분위기를 전달하면서도 이 영화의 이야기를 실제로 움직이는 내적인 힘과 대조된다는 점에서 아이젠슈타인이 '배음(overtone)의 몽타주'[2]라고 말했던 것과 일치한다.

　주제의 측면에서 대부분의 베리만의 영화가 그렇듯이 「여름 간주곡」 역시 삶과 예술의 대립이라는 문제를 다룬다. 이 철학적 문제는 젊은 연인의 사랑이라는 이야기 속에 정교하게 짜여 넣어져있다. 이 영화는 한 발레리나의 과거 어린 시절 여름에 사랑으로 가득한 밝은 삶을 그린다. 그리고 이것은 현재 고독한 가을을 맞이하는 우울한 여인이 몰두하는 예술과 대립된다. 이 두 가지는 마치 빛과 그림자처럼 강하게 대조된다. 예술가를 삶으로부터 단절시킨 고통스러운 과거의 사건, 예술의 아름다움에도 불구하고 예술가의 삶 속에 끼어든 불구적인 삶, 다시 한 번 삶으로 되돌아가고자 하는 예술가의 안타까움을 이 영화는 손으로 어루만지듯 생생하게 표현한다.

　이런 가운데 베리만적인 주인공들의 성격적인 원형도 어렴풋이 형상화된다. 현실에 압도당하는 나약한 의지를 가진 남자, 현실로부터 도피한 나르시시즘적인 예술가, 그런 예술가를 지배하는 외설적인 인물, 이런 인물들은 나중 베리만의 영화에서 되풀이 출현한다. 물론 베리만이 처음으로 쓴 대본 「고뇌」에서도 유사한 인물들이 나

2　아이젠슈타인은 몽타주의 종류를 나누면서 배음(overtonal)적 몽타주를 조음(tonal)적 몽타주와 비교한다. 조음적 몽타주가 두 쇼트의 앙상블에서 서로 조화를 이루는 성격을 강조한다면, 배음적 몽타주는 서로 대립되는 성격을 강조한다.

온다. 거기서도 나약한 의지를 지닌 학생과 여성에 대해 살해의 충동을 느끼는 선생 그리고 순진한 학생보다는 오히려 괴물 같은 선생에게 이끌리는 여성이 나타난다. 그러나 「고뇌」에서는 아직 여성이 예술가로 규정되지 않았다. 비로소 이 영화에서 나르시시스트인 예술가가 등장하면서 베리만의 영화의 기본적인 인물구도가 처음으로 자리 잡게 되었다고 하겠다. [3]

그런데 이 영화의 마지막 장면에서 과거에 대한 회상에서 돌아온 여 주인공 마리가 무대 공연중 그를 쫓아다니는 기자와 사랑의 키스를 나누는 장면(사진 1참조)이 나온다.

이 장면은 그때까지만 해도 베리만이 비록 삶과 예술이 대립하지만 끝내 삶과 예술의 통일이 가능하다고 믿었음을 보여준다. 그러나 예술과 삶의 관계를 더욱 철저하게 해부하는 그 이후의 영화(예를 들어 「가을 소나타」)에서 예술

사진 1

3 영화 「고뇌」의 감독은 알프 서베리(Alf Sjöberg)가 맡았다. 베리만은 그 밑에서 조감독으로 들어가서 영화 감독의 일을 배웠다. 하지만 베리만의 대본이 가지는 힘이 이 영화에서 압도적이어서 이 영화는 마치 베리만의 영화처럼 여겨진다.

가는 삶과 화해하지 못하고 나르시시스트로서의 삶에 머무르고 만다. 심지어 「늑대의 시간」에서 예술가는 끝내 근친상간적인 욕망에 희생되면서 분열증에 빠지고 만다. 60년대 말에서 70년대 말까지 베리만의 부정적 태도에 비추어 본다면, 베리만의 초기 작품인 「여름 간주곡」이 긍정적 태도를 보여 준다는 것은 흥미롭다고 하겠다.

원래 이 작품은 베리만이 1937년 대학을 졸업하고 처음 썼던 소설 『마리』에서 유래한다. 그 후 이 소설에 여러 가지 변형이 가해졌다가 1950년 그의 친구였던 극작가 그레베니우스(Herbert Grevenius)의 도움을 받아 원작의 분위기를 되살리면서 그것을 기초로 영화가 만들어졌다. 그래서 영화에는 소설 「마리」를 썼을 때의 심정이 되살아났다. 그런데 이 원작을 쓰던 당시는 제2차 세계 대전이 일어나기 직전의 암울한 시대이었다. 비록 베리만의 조국인 스웨덴은 중립국가로서 전쟁의 직접적 위험으로부터는 피해 있었지만, 베리만은 그런 암울한 분위기를 온몸으로 느낄 수 있었다. 당시 그는 청년이었으므로 이 작품 속에서 암울한 분위기를 극복하려는 노력을 기울였고 결과적으로 삶과 예술의 통일의 가능성을 기대하면서 소설을 끝냈다. 그러므로 영화에 반영된 이런 낙관적인 분위기는 오히려 암울한 시대에서 베리만의 소망을 드러내는 것이라 하겠다. 반면 60년대 들어와 세계적으로 핵전쟁의 위협과 파국적인 월남전 등으로 더욱 암울한 시대가 펼쳐졌다. 이에 따라 베리만의 입장 자체가 예술에 대해 부정적으로 변화된 것으로 보인다.

이 점과 연관하여, 「여름 간주곡」에서 파멸에 이를지 모를 예술가의 운명에 대한 경고가 이미 제시되고 있다는 점을 눈여겨 볼 필요가 있다. 베리만은 이 영화에서 코펠리우스'로 분장한 발레 마스터의 입을 통해 그런 경고를 전한다. 발레마스터는 다시 생명으로 충만한 삶으로 되돌아 가고 싶어 하는 마리에게 오직 예술만이 고통 밖에 없는 삶의 유일한 피안이라고 말한다. 영화 「여름 간주곡」 에서 마리는 발레 마스터의 경고를 거부하고 삶을 향해 뛰쳐나갔지만, 아이러니컬하게도 사회적 현실에서는 오히려 발레 마스터의 경고가 실현된 것처럼 보인다.

2

마리는 스톡홀름 왕립 발레단의 프리마발레리나이며 현재 28살이다. 그녀는 발레극 '백조의 호수' 에 출연한다. 마리는 드레싱리허설을 하는 날 아침에 분장실에서 소포를 하나 받는다. 그녀는 그 소포 속에서 13년 전, 어린 시절 첫사랑이었던 죽은 헨릭이 남긴 일기를 발견한다. 그녀는 놀라 일기를 떨어뜨린다. 이때 리허설의 재개를 알리는 부저 소리가 오랫동안 울린다. 이 부저 소리는 깊이 잠들어 있던 마리의 기억이 다시 깨어나는 힘찬 진동처럼 들린다.

그런데 그 날은 이상하게도 여러 가지 징조들이 겹친다. 극장 안에는 이상한 냄새가 퍼져서 사람들이 수군거린다. 더구나 연습 도중 갑자기 정전이 되어 연습이 중지된다. 극장 안에 뱀이 돌아다닌다는

---

4 코펠리우스는 호프만(E.T.A. Hoffman)의 소설 「유리인형」 에서 인형을 제작한 마술사이다. 그는 인형 즉 창조된 예술을 진실로 믿으면서, 자기가 만든 인형이 예술의 세계를 벗어나서 진정한 사랑을 찾으려 하는 것을 막는다.

소문도 떠돈다. 이 징조들은 이제 더 이상 현재의 시간평면'이 지속될 수 없음을 알리는 예고이다. 이제 행동은 얼어붙은 듯이 중지되고 과거의 시간평면으로 도약이 일어날 것이다. 그 과거는 곧 무의식적인 소망의 시간이다.

마리 역시 정전이 되어 분장실로 돌아왔지만 의상을 벗지 않은 채 커다란 분장용 거울 앞에 앉아 있다. 옆에 있던 마리의 친구 카이는 발레리나의 삶이 추악하거나 불구적이라고 푸념한다. 그녀의 발레슈즈 속에는 발톱을 보호하기 위해 뭉쳐놓은 휴지덩어리가 보인다. 그녀들의 몸은 18살이지만, 그녀들의 얼굴은 45살처럼 보인다. 그녀들은 심지어 정상적인 시간에 사랑을 나눌 수도 없다.

친구 카이의 푸념 앞에서도 마리는 꼼짝하지 않고 거울 속의 자기를 쳐다본다. 그러면서 마리는 자신이 꿈을 꾸었던 것 같다고 말한다. 그 꿈속은 너무나도 부드러운 것인데 그녀는 그 꿈으로부터 "그냥 걸어 나왔다"라고 말한다. 이 말은 마리가 추방되거나, 원해서라기보다 자기도 모르는 사이 또는 마치 길을 잃은 것처럼 꿈에서 나왔다는 뜻이다. 그 꿈이란 곧 마리가 행복했던 사랑의 시절을 암시한다. 하지만 이미 그 시절은 무의식 속에 가라 앉아 있다. 그래서 마리는 그 꿈의 내용이 무언지 알 수 없다고 한다. 하지만 마리는 지금

---

5 '시간평면'이라는 개념은 들뢰즈의 개념이다. 그는 행위가 연속되는 흐름을 동일한 시간 평면이라 보았다. 행위의 흐름이 더 이상 앞으로나 뒤로 갈 수 없게 막히는 순간을 들뢰즈는 행동이 중지되고 시간의 생성이 일어나는 순간이라 하였다. 이 순간 그는 오직 자기 주변을 얼어붙은 듯 응시할 수밖에 없다는 점에서 들뢰즈는 이 순간을 '시청각적 상황'(응시의 상황)이라 규정하였다.

울고만 싶다고 하는데, 그것은 그녀가 꿈에서 가졌던 소중한 것을 깨어나면서 잃어버렸다는 느낌 때문일 것이다. 이런 슬픔을 느낀다는 것은 이미 그녀의 무의식 속의 기억이 운동하기 시작했다는 말이 된다. 이렇게 알 수 없는 슬픔을 느끼면서 그녀가 펼친 헨릭의 일기 위로 헨릭의 얼굴이 아련하게 떠오른다. 이제 과거의 기억을 향한 여행이 시작된다.

마리가 기억을 향해 떠나기 전, 영화는 마리의 황폐한 삶을 마리를 찾아온 신문기자 다비드와의 만남을 통해 보여 준다. 둘은 가을날 오후 이미 시든 나뭇잎이 뒹굴고 있는 길거리를 걸으면서 서로 다툰다. 다비드는 세속적이고 현실과 싸우는 힘을 지닌 인간이다. 마리는 그녀의 삶의 상당 부분을 그에게 기대고 있다. 마리는 다비드와 육체적 관계를 맺어왔지만 항상 다비드와의 사이에 어느 정도 거리를 떼어 놓는다. 어떤 두려움이 그녀와 다비드 사이를 가로막고 있다. 마리는 발레리나로서의 직업적 일을 핑계로 대면서 자신의 마음을 감춘다. 다비드는 마리를 사랑하지만 마리와의 거리를 뛰어넘을 방법을 알지 못해 초조해 하면서도 그 이유를 알지 못해 반발한다. 다비드는 이럴 경우 신문사의 일을 핑계로 댄다. 그들의 만남은 그 날도 헛되이 깨어지고 만다. 다비드가 도망치자 마리는 충동적으로 섬으로 가는 배에 올라탄다.

여기까지가 첫 번째 징이다. 마리는 아름다운 꿈을 잃고 황폐한 삶을 살면서 예술에 몰두하지만 그 삶은 불구적이라는 것이 요지이다.

베리만에서 시간상의 여행은 공간상의 여행을 매개로 한다. 이 영화에서도 마리가 과거의 기억을 회상하는 것은 과거의 기억이 어린 장소로의 여행을 통해 가능해진다.

베리만에서 이런 회상은 결코 단순히 과거의 이야기를 전달하는 화법의 한 형식만은 아니다. 회상은 현재의 지각과 더불어 크리스털 이미지[6]를 형성한다. 이런 크리스털 이미지를 통해 주인공은 현재의 시간평면을 벗어나 새로운 시간 평면을 생성한다.

마리는 섬에 도착하여 언덕을 오르던 중 검은 상복을 입은 여인을 만난다(사진2 참조). 그녀는 과거 헨릭의 의붓어머니이며 아버지가 죽은 이후 헨릭의 법적 양육자이다. 그녀는 얼굴을 하얗게 분칠해 죽음의 사신처럼 보인다. 그녀의 모습은

사진 2

6 크리스털 이미지는 들뢰즈의 용어이다. 현재와 과거, 지각과 환상, 실제와 거울상이 서로 대립되면서도 구분되지 않는 관계를 맺을 때 크리스털 이미지라 한다. 즉 어느 것이 현실이고 어느 것이 상상인지 판정할 수 없다는 뜻이다. 이런 크리스털 이미지는 새로운 시간평면이 생성되는 방식이다. 그래서 이 크리스털 이미지로부터 이전과는 전혀 다른 구조의 새로운 삶이 생성된다.

「제7의 봉인」에서 나오는 죽음의 사신의 원형으로 보인다. 베리만은 죽음의 사신과 만나는 장면 앞, 뒤로 앙상한 나뭇가지들의 이미지나 바람 소리, 까마귀 소리를 배경으로 깔아놓아 음산한 분위기를 연출한다.

마리가 과거로의 여행의 첫머리에서 죽음의 사신과 만난다는 것은 한편으로는 마리 자신의 현재의 삶의 반영으로 보인다. 즉 죽음의 사신의 모습은 다름 아닌 황폐한 삶 속에 있는 마리 자신의 모습이다. 다른 한편으로는 이 죽음의 사신은 마리의 과거 사건들을 지배해왔던 운명적 힘을 암시하는 것으로 보인다. 결국 그녀의 과거는 이런 죽음에 의해 지배되고 있었고 죽음으로 끝나게 될 수밖에 없었던 것이다.

베리만에게서 죽음과 대면한다는 것은 주인공의 종국적인 파멸을 의미하지 않는다. 오히려 죽음을 정면으로 마주 대하면서 그런 죽음을 이겨나갈 길을 찾을 수 있다는 점에서 이 장면은 오히려 긍정적인 의미를 지닌다.

마리는 죽음의 사신을 지나 바닷가에 지어진 오두막으로 들어간다. 이 오두막은 마리가 13년 전 여름방학에 머물렀던 곳이다. 창가에 내려진 커튼을 들어 올리면서 마리는 마침내 그 찬란했던 여름을 상기하게 된다.

13년 전 봄, 발레 학교에서 학생들이 발레공연을 할 때 마리를 숭배하게 된 헨릭이 분장실로 마리를 만나러 찾아왔으나, 마리는 그를 지나쳐서 그녀를 기다리는 삼촌 엘란드의 품에 안긴다. 이어서 방학이 되어 섬으로 떠나는 배에서 마리의 바로 옆에 헨릭이 앉아 있다. 헨릭의 시선을 느낀 마리가 말을 걸자 헨릭은 부끄러워하며 마리의 아름다움을 찬양한다.

　아침에 바닷가 오두막에서 마리가 깨어난다. 화면 가득히 숲의 아름다움과 맑은 공기가 느껴지는 가운데 마리의 경쾌한 동작이 이어진다. 바다에서 낚시를 하던 마리는 자기 뒤에서 다이빙하는 소리에 놀라 돌아보니 거기 헨릭이 있다. 헨릭은 자기의 털북숭이 개를 데리고 왔다. 둘은 금방 친구가 된다. 마리는 헨릭을 데리고 자기만 아는 산딸기 밭으로 가서 함께 산딸기를 따먹는다. 산딸기는 스웨덴 문화에서 행복한 삶의 상징이다. 이 상징은 베리만의 영화「산딸기」,「제7의 봉인」 등에서도 나온다.

　산딸기로 배부른 헨릭은 자신의 처지를 한탄한다. 그의 어머니가 죽고 아버지조차 죽자 그는 의붓 어머니에게 맡겨졌다. 헨릭에게서 어머니의 사랑을 받지 못한 외로움이 가득 느껴진다. 이런 헨릭에게 마리는 모성애를 느끼는 듯 손에 산딸기를 따서 그에게 내민다. 헨릭은 마리의 손바닥 위의 산딸기를 핥아 먹는다(사진 3참조).

사진 3

　헨릭과 마리의 관계는 베리만에게서 이상적인 관계 즉 가장 순수한 사랑이다. 어머니의 사랑을 바라는 소년과 모성애를 느끼는 소녀의 관계가 그것이다. 그러나 이런 관계는 취약하기 짝이 없다. 베리만에게서 여성은 동시에 나르시시즘적인 욕망을 가지기 때문이다. 여성은 항상 강력한 대타자로부터 사랑받고 싶어 한다. 또한 어머니의 사랑을 바라는 소년 역시 현실의 가혹한 힘 앞에서는 약하고 어리석다. 이 소년에게는 어머니로부터 분리되어 자기 스스로 운명과 싸우는 주체적 힘이 결핍되어 있다. 그러므로 가장 순수한 사랑은 곧바로 깨어질 위험을 내부에 간직한다. 그렇기에 헨릭과 마리 사이에는 죽음의 징조가 일찍부터 감돈다. 헨릭은 딸기밭에서 마리에게 이렇게 고백한다.

> "나는 두려워. 나, 헨릭이 저 끝에서 곤두박질쳐서 어떤 어둡고 어
> 떤 알지 못한 곳으로 떨어지지 않을까 두려워."

헨릭은 자신의 성격적 취약성을 이렇게 운명의 힘으로 돌린다. 베리만 자신도 이 영화에서 헨릭의 성격적인 취약성을 간파하지 못했던 것으로 보인다. 그래서 운명의 조짐을 상징하는 여러 인위적인 장치들을 개입시킴으로써 이 영화의 이야기 구조를 상당히 약화시켰다.

4

마리의 회상이 이어지면서 둘 사이의 순수한 사랑 밑에 감추어진 위험이 드러난다. 우선 마리를 사랑하는 삼촌 엘란드가 있다. 엘란드는 마리 아버지의 친구이면서 마리의 어머니(어머니는 배우였다)를 사랑했으나 뜻을 이루지 못했다(어머니의 죽음 때문인지 아버지의 방해 때문인지는 불분명하다). 지금은 마리를 길러주는 숙모 엘리자베스가 엘란드 역시 돌보고 있다. 엘리자베스는 엘란드를 동정한다.

마리의 어머니에 대한 엘란드의 사랑은 마리에게로 향한다. 그래서 어느 저녁 식탁에서 엘란드는 마리에게 팔찌를 선물하고 이어서 바다를 향한 계단에 앉아 함께 멀리 도망가서 살자고 한다. 이렇게 도망가자는 표현 자체는 엘란드가 자신의 사랑에 대해 죄의식을 느낀다는 것을 의미한다. 그것은 마리에 대한 사랑이 딸에 대한 아버지

의 사랑과 같은 의미를 지니기 때문으로 보인다.

엘란드의 이런 고백에 대해 마리의 태도는 이중적이다. 그녀는 엘란드의 사랑 고백을 장난으로 받아들인다. 그러면서도 그녀는 말하는 가운데 언뜻 언뜻 엘란드에 대한 그녀의 욕망을 드러낸다. 마리는 엘란드의 고백에 대해 너무나도 기쁜 듯한 표정을 지으며, "언젠가는 당신이 나를 돌보고 결혼할 수도 있겠죠"라고 말한다. 그렇게 말해놓고는 다시 마치 엘란드에게 들킨 감정을 재빨리 감추려는 듯 쏜살같이 뛰쳐 나간다. 이런 표현들을 통해서 볼 때 마리 역시 엘란드를 욕망한다. 그녀의 욕망은 분명 나르시시즘적이다. 마리에게 엘란드는 곧 아버지이다. 물론 그녀는 그런 욕망을 스스로 이해하지 못한다.

그런데 헨릭이 이 장면을 숨어서 바라보고 있었다. 그래서 헨릭은 배밸터로 그를 찾아온 마리에게 화난 태도를 보인다. 마리가 이유를 캐묻자 헨릭은 엘란드가 마리를 쫓아다닌다고 비난한다. 사실 헨릭은 마리의 마음속에 감추어진 욕망에 대해 두려워한다. 그러나 마리는 헨릭이 엘란드를 질투하는 것으로 이해하면서 자기의 마음을 감추어 버린다.

이어서 어느 날 밤이었다. 그날은 마리의 회고에 의하면, "여름의 뜨거운 태양빛이 모든 것을 까맣게 태운 듯한 날, 막막한 고요함이 하늘의 천장까지 닿고, 우리들 시이도 채우는" 날이었다. 이렇게 뜨겁고 고요한 날이란, 현실적 삶의 모든 소동이 사라지고, 만물이 서로 녹아들어 서로를 채우고 있는 날이며, 따라서 영원한 사랑이 이루어지는 날을 의미한다. 마리는 그날 밤을 "모든 것이 비현실적으로 보이는" 아름다운 밤이라고 했다. 그래서 마리는 헨릭에게 이렇게 속삭인다.

> "우리는 같은 거품 안에 있어. 너무 아름다워서 울음이 터질 것 같아. 산산조각 나서 사라질 것 같아. 사라져."

그날 마침내 헨릭은 사랑을 고백한다. 마리가 그에게 사랑의 느낌을 말해 보라고 하자, 헨릭은 사랑을 "가슴과 위 속에 느끼며, 무릎이 부수어진 사과처럼 떨리고 발톱에 힘이 없어서 제대로 서있을 수도 없다"라고 말한다. 그러자 마리 역시 사랑을 고백하면서 "사랑은 살결 속에 있어. 네가 나를 만져주고 내 살결을 손으로 애무해 주기를 원해"라고 말한다.

이 장면에서 마리와 헨릭은 서로의 사랑을 확인하지만, 두 사람의 사랑은 서로 다른 것이다. 헨릭은 사랑에서 정신적인 면(어머니의 보호)을 강조하지만, 마리의 사랑은 매우 육체적이고 감각적인 것이다. 이 사랑의 개념의 차이는 마리가 헨릭의 사랑에 만족하지 못하는 이유가 된다.

둘 사이의 사랑이 확인된 날 마리는 헨릭을 데리고, 집으로 온다. 집밖의 어둠 속에서 마리는 쇼팽의 즉흥 환상곡이 열정적으로 흘러나오는 것을 듣는다. 그들이 안으로 들어가자 엘란드가 술에 취해 피아노를 연주하고 있다. 엘란드는 마치 눈앞에 마리의 어머니를 보는 듯한 환상에 빠져 있다. 엘란드는 꿈에 잠겨 음울한 목소리로 한 때의 기억을 그려낸다.

"그녀가 저기 앉아 있었어. 나는 피아노를 치고 있었지. 나는 내가
실재 속에 있는지 그 밖에 있는지 의심스러웠어. ...그런데 지금은
이 집안의 모든 시계가 잠들었고... 그때 우리는 살아있었지."

이런 기억에서 주요한 것은 사랑의 순간이 항상 비실재적으로 느
껴진다는 것이다. 그것은 마리가 말했던 사랑도 마찬가지였다. 베리
만에게서 사랑은 왜 이렇게 비실재적으로 느껴지는 것인가? 사랑의
순간이 비실재적이라는 것은 사랑이 더 이상 현실에서는 실현될 수
없는 것임을 의미한다. 사랑은 다만 환상 속에서만 존재할 수 있다는
이런 인식은 마리나 엘란드가 진정으로 원하는 사랑의 성격을 암시
한다. 그것은 현실에서는 금지된 근친상간적인 욕망이다.

마리는 헨릭과 함께 피아노 곁에서 엘란드의 이런 환상에 빠진
목소리를 듣는다. 이때 카메라는 엘란드의 슬픔에 잠긴 모습, 엘리자
베스의 걱정스러운 표정, 마리의 어두운 얼굴 표정과 헨릭의 질투에
찬 표정을 번갈아 잡는다. 엘란드의 목소리를 듣는 마리의 어두운 표
정에는 무의식적 욕망의 불꽃이 흐른다(사진 4참조).

이어서 마리는 헨릭을 데리고 자기의 방(2층 방)으로 가서 그를
껴안는다. 이때 아래층에서는 엘란드의 격렬한 피아노 연주 소리가
들려온다. 이어서 술에 취한 엘란드가 마리의 잠긴 방문을 치면서 열
려고 하자, 숙모 엘리자베스가 그를 달래 데리고 나가고 이어서 마리
는 헨릭과 사랑을 나눈다.

사진4

　이 장면은 베리만의 작품에서 기막힌 대조를 보여 주는 장면이
다. 무의식적으로 본다면 마리의 욕망은 엘란드를 향한다. 그 욕망의
흐름은 쇼팽의 즉흥 환상곡을 통하여 서로 소통하고 있다. 그러나 표
면적 의식에서 마리는 헨릭을 사랑한다. 두 사람은 육체적으로 결합
한다. 무의식에 흐르는 피아노 소리가 격렬하게 몸부림치면서 헨릭
에 대한 마리의 접근을 차단하려 한다. 이 순간 마리는 헨릭을 선택
하지만 헨릭과의 사랑이 위기에 부딪힐 것이라는 점은 충분히 짐작
되고도 남는다.
　일단 다음날 아침 헨릭과 마리는 사랑 속에서 깨어난다. 하지만
관객이 예상하는 대로 그들의 대화는 불길하다.

"헨릭: 나는 정말로 두려워. 실제로.

마리: 지금도 그래?

헨릭: 지금은 아니. 너는?

마리: 아니, 난 결코 두려워하지 않아.

헨릭: 그래도 나는 두려워." (사진 5참조)

대사에서 보듯 마리의 강한 부정 속에 오히려 더 강한 잠재적인
두려움이 엿보인다.

사진 5

이렇게 2장에서 베리만은 마리와 헨릭의 사랑을 그려낸다. 두 사람의 사랑의 밑에는 엘란드의 마리에 대한 사랑이 배음으로 깔려 있다. 주인공들은 이미 무언가 운명적인 힘을 느낀다. 그러나 그들은 그 운명적 힘이 자신들의 내면속에 준비되고 있음을 전혀 심작하지 못한다.

5

이어지는 장면에서 마리는 다시 현재 시간평면으로 돌아온다. 마

리는 오두막집에서의 회상에서 깨어나 자신이 어렸을 때 살았던 저택으로 다가간다. 텅 비어 있는 저택을 둘러보던 중 마리는 어디선가 흐릿하게 들려오는 피아노 소리를 듣는다. 마리가 그 소리를 찾아가 보니 부엌에서 삼촌 엘란드가 그녀를 기다리고 있다.

엘란드는 자신이 헨릭의 일기를 간직했다가 오늘 아침 마리에게 보냈다고 말한다. 마리와 엘란드의 대화를 통해 관객은 헨릭이 죽은 후 3년 동안 마리는 엘란드와 함께 살았으나 그 후 현재까지 10년 동안 마리는 엘란드를 잊어버렸다는 사정을 알게 된다. 또한 엘란드가 헨릭의 일기를 보낸 것은 엘란드가 과거를(그리고 마리가 엘란드와 함께 살게 된 이유를) 상기시킴으로써 다시 한 번 마리를 자기에게 붙들어 매려는 수단이었다. 그런데 과거와 달리 이번에는 마리가 단호히 거절한다. 마리는 엘란드에게 이렇게 말한다.

> "여기 당신의 손을 보니, 아름답군요. 하지만 좀 추하군요. 이유는 설명하지 못하겠어요. 난 헨릭의 손이 떠올라요. 왜 당신이 나를 더 듬도록 했는지 모르겠군요."

헨릭이 어떻게 죽었는지 그리고 왜 마리가 엘란드와 함께 살았는지는 이어지는 회상에서 밝혀진다. 그러나 마리가 왜 그 이후 엘란드를 떠났는지는 영화의 끝까지 밝혀지지 않는다.

그러나 마리의 말 "아름답지만 추하다"라는 자기 모순적인 말을 통해 그 이유를 짐작해 보자면, 이건 마리의 죄의식과 관련되는 것으로 보인다. 그 죄의식은 우선 엘란드와의 관계가 근친상간적인이라

는 데 대한 죄의식이며, 어쩌면 자신의 감추어진 욕망이 헨릭을 죽음
으로 몰고 간 간접적인 원인이 아닐까 하는 죄의식일 것이다.

이제 마리는 엘란드를 떠나 배를 타고 저녁으로 연기된 리허설을
위해 다시 시내로 돌아온다. 텅 빈 배안에서 마리는 헨릭의 죽음을
회상한다. 가을이 다가오면서 마리는 집에서 공연을 위해 연습하는
중이다. 헨릭이 그녀를 찾아와 놀러가자고 하지만 마리는 연습에 몰
두한다. 마음이 상한 헨릭이 사라져 버리자 마리는 헨릭을 찾아 헨릭
의 집으로 간다. 헨릭의 집에는 헨릭의 의붓어머니가 목사와 함께 장
기를 두고 있다. 그녀가 바로 마리가 배에서 내렸을 때 처음 보았던,
죽음의 사신처럼 보이는 여자이다. 실제로 그녀는 가슴에 암을 앓
고 있다. 그녀는 나무 뒤에 숨어 있다가 나타난 헨릭을 냉담하게 대
한다.[7] 차가운 죽음과 같은 그녀의 모습에 마리는 충격을 받는다. 그
것은 마리가 그녀의 모습으로부터 다가오는 헨릭의 죽음을 예상했기
때문으로 보인다. 마리는 냉담한 의붓어머니 때문에 외로워하는 헨
릭에게 "자기가 있다"는 것을 알려 위로한다.

그날 저녁 선창에는 아름다운 선율 속에서 누군지 모르는 사람들
이 춤을 춘다. 그들의 춤은 아름답고 화려하지만 너무나 쓸쓸하여 마
치 죽음의 춤[8]처럼 보인다. 두 사람은 흥미를 잃고, 자기들의 오두막
집으로 돌아간다. 선창에서의 감상적 선율과 달리 경쾌한 록 음악을

---

7 '냉담한 어머니 밑에서 자라는 나약한 의지를 가진 청년'은 베리만의 주요 인물들 중의
하나이다. 「산딸기」에서 주인공 이삭도 그런 인물 중의 하나이다.

8 그 장면은 「제7의 봉인」에서 죽음의 사신에 끌려가면서 추는 사람들의 춤을 예고한다.

들으며 마리와 헨릭은 만화를 그려 자신들의 분노를 표현한다. 그들은 죽음과도 같은 헨릭의 의붓어머니, 직업상 죽음 주변을 서성거리는 목사 그리고 마리를 유혹하여 죽음과 같은 쾌락을 추구하는 엘란드를 만화로 풍자한다. 베리만은 이 장면을 약간 해학적으로 그려낸다.

그런데 이 해학적 장면에 이어서 마리는 헨릭과 약혼을 하면서 서로의 사랑을 지키겠다고 약속한다. 마리는 우선 헨릭이 배신하면 악마가 데려갈 거라고 하며, 자신이 배신하면 악마가 데려가든가 또는 "삼촌이 데려갈 거야"라고 말한다. 마리의 이런 표현 밑에는 마리의 엘란드에 대한 잠재적 욕망이 깔려 있으며, 이런 욕망이 결국 헨릭의 죽음에 대하여 간접적인 원인이 된다는 것이 암시된다.

바로 그런 순간 마리와 헨릭의 사랑은 젊은이들의 순진한 사랑의 범위를 넘어선다. 그래서 헨릭은 마리의 "그곳을 먹어치우겠다"라고 말한다. 이런 육체에의 탐닉은 마리가 욕망하던 것이지만 이런 욕망은 취약한 어린이 같은 헨릭이 충족시킬 수는 없다. 그것은 아버지에 해당되는 엘란드만이 제공할 수 있는 것이다. 바로 이 순간 다가오는 운명을 예고하듯 올빼미의 불길한 울음소리가 들린다. 죽음을 예감하는 마리는 이렇게 말한다.

"오늘 밤 정말 울고 싶어. 영혼 속에서 치통을 앓고 있는 것 같아."

이 표현은 나르시시즘적인 욕망 다시 말해 프로이트적인 죽음의 본능이 이미 마리에게 깊이 침투했음을 보여 준다.이렇게 말하면서 마리는 헨릭에게 자신을 껴안아 달라고 요청한다. 그러나 헨릭은 마리를 껴안아 주기에는 너무 약하다.

"헨릭, 내가 얼마나 추운지 알 수 있어? 내가 얼마나 떠는지? "

다음날 아침(일요일) 해가 뜨고 두 사람은 바닷가로 나간다. 다가오는 화요일 그들은 학교로 돌아가야 한다. 가을이 죽음과 함께 닥쳤다. 헨릭은 여름이 끝나는 것을 기념하듯 마지막 다이빙을 시도한다. 그리고 그는 바다 속 암초에 머리를 부딪친다. 비틀거리며 바위로 기어 나온 헨릭이 쓰러진다. 그 순간 하늘에는 커다랗고 무거운 먹구름이 하나가 떠 있다.

사진 6

헨릭이 죽은 후 병원을 떠나는 마리의 뒤를 엘란드가 뒤따른다(사진 6참조). 그 후 마리는 발레에 몰두하지만 어딘가 텅 비어 있다. 어느 날 자신을 데리러 온 엘란드에게 마리는 헨릭이 기르던 개를 죽여 달라고 애원한다. 그 개는 마리에게서 헨릭에 대한 기억이며 동시에 헨릭의 허망한 죽음이 암시하는 무서운 운명을 의미한다. 마리에게 이제 삶은 의미가 없으며, 신은 인간을 사랑하지 않는다. 세상을 지배하는 것은 무서운 운명이다. 신의 존재를 부정하는 마리의 모습에는 후일 신의 침묵이라는 주제로 고민하는 베리만의 모습을 엿볼 수 있다.

엘란드는 이런 마리에게 인간은 오직 자신의 주위에 벽을 쌓아서 운명이 침투하지 못하도록 하는 수 밖에 없다고 한다. 그러면서 엘란드는 그녀가 벽을 쌓는데 자기가 도와주겠다고 한다. 마리는 기꺼이 엘란드의 힘에 의존한다.

회상에서 다시 깨어난 마리는 보이스오버로 현재의 자신을 서술한다. 마리는 엘란드와 함께 3년간의 긴 여행을 마치고 드디어 헨릭을 잊어버렸다. 그리고 마리는 엘란드마저 떠나 그 후 10년간 프리마발레리나로서 예술에 몰두해 왔다.

6

영화는 다시 리허설로 복귀한 마리의 모습을 보여 준다. 마리의 친구 다비드가 그 동안 다녀갔다. 그 극장에는 여전히 어떤 냄새가 가득차 있다.

리허설을 마치고 친구 카이가 술 한 잔 하자는 제의도 뿌리치고 마리는 텅 빈 분장실에 혼자 앉아 있다. 밖에는 비가 내리고 있고, 마리 앞에는 커다란 거울이 있어 마리의 얼굴이 거기에 투영된다. 거울에 비친 마리의 모습은 발레 슈즈처럼 불구화된 삶의 모습이다.

그러나 과거로의 여행으로부터 돌아온 마리에게는 다시금 풍요로운 삶을 회복하고자 하는 간절한 욕망이 생겨난다. 그래서 마리는 공연이 곧 끝나서 기쁘다는 친구 카이에게 자신은 줄에 의해 조종당하는 색칠된 인형같다고 말한다. 그래서 마리는 자기가 울면 얼굴에 분장이 흘러내리듯이 누추한 삶이 흘러내린다고 말한다.

동료가 떠난 다음 마리의 갈등을 베리만은 아이젠슈타인식의 몽타주로 표현했다. 삶으로 돌아가고 싶은 욕망은 수돗물 방울이 떨어지는 수도나 창 너머 보이는 빗방울 쇼트를 통해, 반면 예술에 몰두하고 삶을 잊어버리려는 욕망은 춤추는 인형의 우아한 쇼트를 통해 암시된다.

이런 마리에게 발레 마스터가 다가온다. 발레 마스터는 마리에게 삶의 유혹을 뿌리치라고 설득한다.

"넌 행복하기를 바라고 삶으로부터 무언가 얻으려 하지. ...그러나 그 모든 것은 거짓이야. 마리. 쓰레기넝어리이며 넌센스이지. 넌 춤을 춰. 그게 다야. 그게 네가 하는 것이지. 그걸 지켜, 그렇지 않으면 곤경에 빠질 거야."

사진 7

불구적인 삶을 살면서도 예술에 헌신하라고 하는 발레 마스터의 제안은 후일 「가을 소나타」에서 예술가인 피아니스트가 택한 길이다. 그러나 아직 젊은 시절 낙관주의를 지닌 베리만은 예술과 삶의 종합이 가능하다고 본다. 그러므로 마리는 결국 발레마스터의 제안을 뿌리친다(사진 7참조).

마리에게서 예술과 삶의 종합은 다비드를 통해 실현된다. 발레 마스터가 예술 세계로 마리를 유혹하는 동안 다비드는 숨어서 엿본다. 그리고 그는 마침내 자신의 모습을 드러낸다. 다비드는 발레 마스터를 질투하면서 마리를 비난한다. 다비드는 지금껏 일정한 거리를 취하는 마리의 태도를 비판한다.

"너는 내가 너에게 다가가지 못하게 했어. 넌 나를 필요로 하지 않아. 나는 당신을 돌 볼 수 없을 거야."

마리는 다비드에게 헨릭의 일기를 건네준다. 마리는 자신이 그 일기에 나오는 고통 때문에 삶과 다비드를 멀리했다는 것을 알리려 한다. 마리는 다비드가 그걸 다 읽고 그래도 자기를 사랑한다면 다음날 오라고 한다. 다음날 공연이 시작되었다. 다비드가 다시 분장실에 나타난다. 영화의 첫 장면에서 분장실에서 다비드가 있었으나 두 번째로는 헨릭이 그 자리에 있다가 마지막으로 다시 다비드가 그 자리에 나타난다. 공연 중 막간에 마리가 달려와 다비드에게 키스하고 다시 무대로 달려나가 공연을 계속한다. 베리만의 카메라는 사랑의 기쁨을 표현하는 마리의 춤을 오랫동안 비추어 준다.

Ingmar
Bergman

내게 영화는 아주 모호한 것으로부터 시작했다. 우연한 언급이나 한 마디의 대화, 그것은 또한 어떤 특별한 상황에 관련되지 않은 어렴풋하지만 마음에 드는 사건, 음악의 한 소절이나 거리를 가로지르는 한 줄기 빛일 수도 있다. ...이런 것들은 순식간의 인상이며, 나타나자 마자 사라지지만 즐거운 꿈처럼 분위기를 뒤에 남긴다. 이는 심상이며, 실제 스토리는 아니다. 그렇지만 이것은 기름진 연상과 이미지들로 가득하다. 대부분 그 이미지는 무의식의 어두컴컴한 보따리 속에 찔러넣어진 밝은 색깔의 실마리이다. 내가 이 실을 감기 시작하면, 완전한 필름이 떠오른다.

(Bergman Discusses Film Making)

2

「모니카의 여름」 _ 체념과 저항

1

영화 「모니카의 여름」 (1953)[9]은 스웨덴의 군도(archipelago)에서의 화창한 여름과 젊은이들의 감각적인 사랑을 다루고 있다. 그래서 이 영화는 「여름 간주곡」 (1951)의 후속편이라고 해도 과언이 아니다. 그럼에도 불구하고 두 영화는 상당한 차이를 드러내 보인다.

이런 점들을 주인공들의 성격과 관련해서 살펴보자. 두 영화는

9 1952년 8월 촬영, 1953년 2월 개봉. 이 영화 촬영 직전 1952년 2월 그는 말머 시립극장 감독으로 임명되었고, 이 영화를 촬영하던 중 모니카를 맡았던 배우 해리엣 앤더슨을 사랑하게 되었다. 원제는 「모니카와의 여름(Summer with Monika)」으로 번역하는 것이 옳겠다. 하지만 이미 국내에서 「모니카의 여름」으로 번역되어 왔으므로, 크게 의미가 손상당하지 않는 한 그대로 따르는 것이 좋겠다.

남자 주인공들이 모두 현실의 힘 앞에서 나약한 인간이라는 점에서 공통적이다. 「여름 간주곡」의 경우 남자 주인공 헨릭은 아예 죽음으로 내몰리고, 「모니카의 여름」에서 남자 주인공 해리는 현실에 대한 저항을 포기하고 체념한다. 그런데 여자 주인공의 경우는 두 영화에서 전혀 다르게 다루어진다. 「여름 간주곡」에서 여 주인공 마리는 운명적 힘에 의해 사랑을 상실한 고통 때문에 현실로부터 도피한다. 반면 「모니카의 여름」에서 여 주인공 모니카는 현실 앞에서 패배가 명백함에도 불구하고 자기의 모든 것을 내던지면서도 끝까지 자신의 욕망에 충실한다.

베리만의 영화를 '응시의 영화'라고 한다면, 「여름 간주곡」은 그런 영화의 출발점이 되었던 영화라 할 수 있다. 이 영화에서 여 주인공은 과거를 회상하면서 새로운 생성에로 나아간다. 그러므로 「여름 간주곡」의 경우 현실의 사실적 인식은 관심의 대상이 아니다. 이 영화는 인간의 보편적인 운명을 다룬다. 반면 「모니카의 여름」의 경우 관객은 주인공의 지나친 욕망과 현실 앞에서의 좌절이라는 어떻게 본다면 진부한 드라마를 만나게 된다. 그런데 이 영화는 드라마 자체가 목적이 아니라 주인공들이 처한 현실을 보여 주려는 데 목표를 둔 것처럼 보인다. 이 영화는 베리만의 영화 가운데서 희귀하게도 현실을 매우 사실적으로 그려내고 따라서 사회성과 계급성을 갖춘 영화이다. 이런 점에서 이 영화는 이태리의 네오리얼리즘 영화를 닮았다.

주인공 해리와 모니카는 스톡홀름에 있는 영세한 공장의 노동자들이다. 그들은 젊은이로서 일종의 견습생이어서, 직장의 상사로부터 모욕을 받거나 선배 노동자들의 괴롭힘에 시달려야 한다. 또한 그들은 가정에서도 애정 어린 관심을 받지 못한다. 해리의 어머니는 병으로 돌아가셨고 모니카는 집안에서 소위 '거추장스러운 딸년'에 불과하다. 베리만은 이들이 처한 현실을 네오리얼리즘의 카메라처럼 민첩하게 그러나 결코 애정을 잃지 않은 채 그려낸다.

그런데 베리만 영화 가운데 모니카의 여름」을 심상치 않은 영화로 만드는 이유는 이런 사회성이나 계급성 때문이 아니다. 오히려 그 이유는 이 영화에서 베리만이 인물의 새로운 성격을 확립한다는 데 있다. 모니카가 바로 그런 새로운 인물이다. 베리만은 모니카의 역을 그가 당시 새롭게 발굴한 배우 해리엣 앤더슨에게 맡겼다. 해리엣은 북구의 소녀 같은 얼굴이면서도 육감적인 몸매를 가지고 있으며 동시에 강인하고 도발적인 느낌을 준다. 이런 해리엣의 이미지가 바로 극 중 모니카의 성격이다. 모니카는 헐리우드 영화에 나오는 환상에 사로잡혀 있다. 모니카는 그런 이미지에 따라 해리를 유혹하면서 사랑의 여름을 만들어낸다. 이런 모니카의 성격은 현실의 위기가 닥쳤을 때 분명하게 드러난다. 마침내 여름은 끝나가고 임신한 모니카에게 먹을 것조차 없자, 모니카는 이웃 별장에서 고기 덩어리를 훔치다 잡힌다. 그녀는 감시자들이 한눈 파는 사이 고기 덩어리를 들고 숲으로 도망친다. 숲과 늪을 지나 도둑고양이처럼 도망치는 그녀의 모습에는 야생의 생명력이 가득하다. 그리고 가을이 되어 현실로 돌아왔을 때, 모니카는 헐리우드의 영화와는 다른 현실 앞에 부딪힌다. 누추한 현실, 성가신 갓난아이 결국 모니카는 결혼한 해리를 배신하고 자신의 아이도 버리면서 자신의 욕망에 집착한다.

영화가 끝나기 직전에 카페에서 또 다른 남자를 유혹하는 모니카를 보고 관객들은 그녀가 무책임하다고 또는 헐리우드 영화의 노예라고 비난하고 싶어진다. 모니카, 너는 나르시시스트야, 알겠니? 바로 그때, 모니카는 관객을 향해 얼굴을 돌려 관객을 응시한다. 그녀는 아주 오랫동안, 관객의 비난하는 시선을 향해 전혀 굴하지 않은 채 응시한다(사진 8참조).

사진 8

모니카의 도발적인 응시 앞에 관객은 불편하다. 관객은 그녀의 욕망을 안다. 그것은 환상에 불과하다. 그 환상은 실현될 수 없는 거짓이다. 그렇지만 그 욕망은 모니카와 마찬가지로 가난하고 억압된 현실 속에서 사는 관객 역시 품고 있는 욕망이다. 나도 저렇게 살고 싶다. 왜 나는 저렇게 살 수 없는가? 관객의 의문과 분노가 들끓어 오른다. 모니카의 응시는 해결할 방법은 모르지만 들끓고 있는 무의식적 욕망을 불러일으킨다. 이런 점에서 그녀의 응시는 라캉이 말하는 '사물의 응시'이다. 관객은 모니카의 응시에 무한히 빨려 들어가면서 그것으로부터 자신의 욕망이 솟아나오는 듯한 에로틱한 느낌을 받는다.

모니카의 응시는 나중에 고다르가 그대로 모방했다. 고다르는 관객에 대한 응시를 통해 영화의 서사성을 드러내면서 소원화 효과를 불러일으키려 했다. 베리만의 경우 관객에 대한 응시는 고다르의 기법과는 전혀 다른 의미로 사용된다. 그것은 관객의 욕망을 불러일으키는 '사물의 눈'이다.

「모니카의 여름」은 대중적인 성공을 거두었다. 물론 여기에는 해리엣의 이미지(특히 누드 수영 장면에서)가 대중들에게 호소력이 있었기 때문[10]이기도 하지만, 모니카라는 인물의 나르시시즘적인 성격에 대한 관객의 공감도 상당히 기여하였다고 본다. 이런 나르시시즘적 인물은 악한 인물임에도 불구하고 결코 미워할 수 없는 매력을 지닌다.

---

10 영화감독 우디 알렌은 청소년 시절 「모니카의 여름」에 여배우가 누드로 수영한다는 소문이 돌아 가슴 설레이며 구경하러 갔다고 고백하였다. Woody Allen, Through a Life darkly,Roger W. Oliver ed., Ingmar Bergman an Artist's Journey on Stage on Screen in Print Arcade Pub., 1995

특히 이 영화는 앙드레 바쟁을 비롯한 고다르, 트뤼포 등 누벨바그 감독들에게 깊은 영향을 주었다. 이들 감독들은 이 영화가 짙은 사회성을 지니고 있어서 네오리얼리즘과 통한다고 본 것 같다. 동시에 그들은 도덕의 피안에서 순전한 욕망을 추구하는 모니카에게서 새로운 세대의 정신을 발견했던 것으로 보인다. 68혁명을 이끌었던 세대들의 기본 정신이 모니카와 같은 순전한 욕망이었다는 점에서 어떻게 본다면 이 영화는 60년대 시대정신을 예고하는 영화이었다고 보아도 과언이 아닐 것이다.

2

이 영화의 이야기는 모두 3부로 이루어진다. 흥미롭게도 베리만은 각 부를 서로 다른 영화의 스타일로 찍었다.

우선 1부는 주인공 해리와 모니카가 속한 스톡홀름의 공장과 가정의 가혹한 모습을 네오리얼리즘 영화처럼 매우 사실적으로 스케치한다. 주인공들은 이런 현실에 대해 분노하면서 탈출한다. 2부에서 해리와 모니카는 스웨덴의 화창한 여름에 스톡홀름 주변의 군도에서 두 사람만의 낭만적인 사랑을 나눈다. 그리고 가을이 오고 모니카가 임신하면서, 두 사람은 다시 도시로 돌아올 수밖에 없다. 이런 장면들은 아이젠슈타인 식의 몽타주를 통해 촬영된다. 3부에서는 베리만은 현실에 체념하는 해리와 달리 끝까지 자신의 욕망에 충실한 모니카의 섬뜩한 도발적 모습을 보여 준다. 베리만은 3부에서 상당히 표현주의적인 영상을 시도한다.

우선 1부를 보자. 타이틀이 오르면서 거리에서 자전거를 몰고 물

건을 배달하는 해리의 모습이 나온다. 해리의 뒤에는 커다란 버스가
해리의 뒤를 바짝 달라붙어 쫓아온다. 괴물 같은 버스 앞에 초라하게
보이는 해리의 모습
에서 관객은 위기감
을 느낀다(사진 9참
조).

사진 9

영화가 시작하면
서 해리와 모니카가
일하는 공장들이 마
주한 거리가 나오고,
베리만 영화에서 항상 힘든 현실을 상징하는 짐마차가 지나간다. 점
심시간에 카페에서 모니카는 해리를 발견하고 적극적으로 유혹해 저
녁에 함께 영화 보러 가기로 약속한다. 이어서 도자기 도매소에서 일
하는 해리의 모습이 그려진다. 모니카와의 만남 때문에 근무시간에
늦고 또 일도 서투른 해리는 상사와 동료 노동자로부터 야단을 맞는
다. 밤에 극장에서 모니카는 감상적인 영화에 눈물을 흘리지만 해리
는 하품을 하면서 지루함을 견딘다. 영화가 끝나고 둘은 스톡홀름의
야경이 보이는 언덕에서 서로 껴안는다.

며칠 뒤 일이 끝나고 해리가 모니카를 자기 집으로 초청하자, 모
니카는 해리가 영화에 나오는 남자처럼 친절하다고 말하며 따라간
다. 해리의 집에서 해리는 8살에 어머니가 돌아가셨다고 하면서 모
니카에게 스타킹을 선물한다. 감동을 받은 모니카는 이제 "자기의
다리는 해리의 다리"라고 말한다. 둘이 서로 사랑을 나누려 할 때

갑자기 아버지가 돌아오시고, 둘은 밖으로 쫓겨 나온다. 해리가 모니카를 집에 데려다 주고 돌아서 나오는 길에 모니카의 옛 애인인 렐레가 해리를 습격해 복수한다.

다음 장면은 모니카의 집을 그린다. 방안에 아이들이 떠들고 모니카는 침대에 누워 담배를 피면서 유행잡지를 보고 있다. 모니카의 어머니는 거추장스러운 딸의 등을 쳐서 밖으로 쫓아낸다. 모니카는 집을 나와 아파트 중정에서 공연하는 떠돌이 악사들 앞을 지나간다.

이어서 모니카가 일하는 식품소매점이다. 동료 노동자들은 모니카를 가혹하게 성적으로 희롱한다. 모니카는 화를 내면서 이를 막아보지만 역부족이고 결국 직장을 때려치우고 만다. 이어서 밤에 집으로 돌아오는 모니카 앞에 아이 하나가 폭약으로 동네 술꾼들을 놀래키는 장면이 나온다. 그 장면은 마치 모니카의 복수를 대신하는 것 같다.

저녁에 아버지가 취해 집으로 돌아와 어머니와 결혼기념 파티를 벌인다. 모니카는 아버지가 어머니와 춤추면서 자기의 구두를 밟는 것을 보고 자신에게 무관심한 것 때문에 부아가 나서 집을 뛰쳐나온다. 그녀는 곧바로 해리에게 가서는 아버지로부터 맞았다고 거짓말한다. 해리는 자기 아버지의 보트에 모니카를 데려가 함께 밤을 보낸다.

이튿날 직장에 늦은 해리는 상사에 의해 해고당한다. 그러자 해리는 선반에 놓인 유리컵을 밀어 떨어뜨려 자신의 분노를 표현한다. 해리는 짐을 싸서 보트로 돌아와 모니카와 함께 드디어 도시를 탈출한다. 도시를 벗어나는 두 사람의 보트 앞으로 청명한 하늘이 보이고, 해방을 알리는 종소리가 들린다.

　이 1부 장면들은 전형적으로 네오리얼리즘의 기법에 따라 촬영되었다. 이 영화에서 사용된 현장 로케이션, 가정이나 직장의 좁은 공간에서 사용된 롱 테이크 기법, 사람의 눈높이에서 객관적으로 관찰하는 카메라, 사회성 짙은 이야기들은 전형적인 네오리얼리즘의 기법이다. 특히 아파트의 중정에서 노래 부르는 유랑 악사의 모습이나, 술꾼들을 폭약으로 놀래키는 아이의 장난은 전형적인 네오리얼리즘의 유머이다.

3

　이어지는 장면에서 두 주인공은 화창한 여름, 군도에서 둘 만의 감각적인 사랑을 나눈다. 베리만은 아름다운 자연의 모습을 스케치 하면서 그 속에 두 사람의 감각적 쾌락의 장면을 집어 넣는다(사진 10참조). 그들의 모습은 마치 캠핑을

사진 10

떠난 젊은이들의 모습 그대로이다. 두 사람은 서로 장래를 약속한다. 해리는 장차 기술자가 되어 가정을 꾸리겠다고 하고, 모니카는 그러

면 자기는 집에서 저녁을 만들고 일요일에는 아이들과 함께 산책 나갈 것이라 한다.

감각적 쾌락에 사로잡힌 이들의 모습을 대변하는 것이 모니카의 누드 수영 장면이다. 이 장면은 당시로서는 검열을 위반하는 것이었으나 서구 청년들의 열망을 담고 있어서 이 영화가 국제적으로 엄청난 인기를 누리는 데 크게 기여했다.

주인공들이 사랑의 환상에 사로잡혀 있는 중에도 베리만은 그들의 뒤를 감싸는 죽음의 그림자를 넌지시 암시한다. 대표적인 장면이 저녁이 되어 어둑어둑한 가운데 등불을 켜고 방파제 위에서 춤추는 남녀들의 장면이다. 이 춤추는 모습은 「여름 간주곡」에서도 삽입되었으며 나중에 「제7의 봉인」에서 언덕 위를 죽음의 사신에 의해 끌려가면서 춤추는 인간들의 모습을 연상시킨다. 해리는 이런 죽음의 그림자를 회피하려 모니카를 댄스장으로부터 데려나오지만 운명은 피할 수 없다.

두 젊은 주인공들은 아직 다가오는 죽음의 그림자를 느끼지 못한다. 그러나 서서히 현실은 그들을 옥죄어 가기 시작한다. 우선 모니카를 따라다니던 옛 애인 렐레가 두 사람을 습격한다. 그는 해리와 모니카의 보트에 불을 지르지만, 해리는 모니카의 도움을 받아 그를 격퇴한다. 이때만 해도 그들은 승리의 기쁨에 들떠 있었다.

이어서 가을이 되어 날이 추워지고 먹을 것도 떨어지고, 더구나 모니카가 임신까지 한다. 야생 버섯 요리에 물린 모니카는 이웃 별장으로부터 사과를 훔쳐 먹자고 제안한다. 해리는 위험하다고 거부하지만 모니카는 물러나지 않는다. 둘은 보트를 타고 가서 그 별장에

접근한다. 해리보다 더 빨리, 서슴없이 들어간 모니카가 지하창고에서 고기를 훔쳐 나오다가 그 집의 주인 부인에게 들켜 붙잡힌다. 집 안으로 끌려간 모니카를 그 집의 주인은 경찰에게 넘기려 한다. 주인 부인과 딸이 감시하는 사이 모니카는 고기 덩어리를 들고 탈출한다.

사진 11

모니카는 숲을 지나 갈대들이 우거진 늪을 건너 밤을 꼬박 새워 간신히 해리가 기다리는 보트로 돌아온다. 모니카는 그런 사이 발목을 삐기도 하고 배고픔에 고기 덩어리를 찢어 먹으면서도 결코 굴하지 않는다. 늪 속의 갈대들 사이에 숨어 추적자를 경계하면서 어디에 있는지 모르는 해리를 찾는 모니카의 도둑고양이 같은 모습(사진11 참조)은 관객을 감탄시킨다. 그것은 바로 모니카의 온 몸에 감추어져 있는 원시적 생명력을 드러내는 장면이다.

그러나 다가오는 현실에 대한 모니카의 투쟁에도 한계가 있었다. 결국 모니카는 스톡홀름으로 돌아가기로 결정한다. 그러면서 모니카는 현실에 대해 절규한다.

"나는 아무 것도 싫어. 아무 것도 하고 싶지 않아. 왜 어떤 사람들은 항상 좋은 행운을 가지고, 다른 사람들은 결코 그러지 못하지?"

해리는 그들에게 서로의 사랑이 있지 않느냐고 모니카를 달래 보지만 그런 말은 모니카에게는 아무런 감동도 주지 못한다. 결국 모니카는 스톡홀름에 돌아가 영화 「꿈꾸는 여자」를 볼 수 있다는 희망으로 자기를 합리화하지만, 해리는 모니카와 달리 현실을 깨닫는다.

"우리 자신이 꿈꾸고 있는 거지."

돌아오는 그들의 보트 앞에는 구름이 잔뜩 낀 하늘과 시끄러운 도시와 공장 소음들이 기다린다. 여기까지가 2부이다. 2부는 두 사람의 낭만적인 감정을 표현하는 것이므로 베리만은 1부에서와 달리 짧은 쇼트로 이루어진 몽타주를 많이 이용해서, 시적인 장면들을 만들어 낸다.

4

3부는 다시 스톡홀름으로 돌아온 두 낭만적 영웅들의 초라한 모습을 그려낸다. 그 사이 해리의 아버지는 병원에 입원하였고 해리의 고모가 임신한 모니카와 다시 취직한 해리를 돌본다. 두 사람은 아직 어리지만 모니카의 임신 때문에 결혼을 허락 받는다. 해리는 두 사람의 미래를 위해 새로운 공장에서 열심히 일한다. 그 사이 모니카는 아이를 낳지만 아이에 대한 애정은 없다. 해리는 밤에 보채는 아이를 달래고 새벽에 깨어 기술자가 될 준비를 하다가, 낮이 되면 공장으로 간다. 모니카는 이런 누추하고 힘든 현실을 참을 수 없다. 마침내 모니카는 공장에 나간다고 속이고 해리의 고모에게 아이를 맡긴다. 베리만은 해리의 억눌린 고통과 모니카의 욕망을 향한 집념을 보여 주기 위해 이런 장면들에서 클로즈업이나 화면구도와 같은 표현주의적 영상을 많이 이용한다.

해리는 아이와 모니카를 부양하기 위해 떠돌이 기술자 집단에 끼여 집을 떠난다. 집을 떠나면서 해리는 모니카에게 집세를 갚으라고 돈을 주는데 모니카는 이 돈으로 옷을 사서 카페로 나간다. 카페에서 모니카는 누군지도 모르는 남자에게 담뱃불을 빌린다. 이 장면은 모니카가 해리를 처음 만났을 때 카페에서 담뱃불을 빌린 장면을 연상시킨다. 관객은 마음속으로 모니카를 비난하려 하지만, 모니카는 그 순간 관객을 오랫동안 응시한다. 관객의 비난하는 듯한 눈초리에 도전이나 하듯이 모니카의 시선은 결코 굴하지 않는다.

해리가 예정보다 일찍 돌아오게 되면서 집에서 모니카가 옛 애인

렐레와 함께 침대에 누워 있는 것을 발견한다. 그러자 해리는 모니카를 떠날 결심을 한다. 모니카는 떠나는 해리에게 절규한다(사진 12참조).

"나는 여기서 묻히기 싫어, 젊었을 때는 재미가 필요한 법이야."

모니카의 절규에 대해 해리가 폭력을 행사하려 하자 모니카는 마

사진 12

침내 꿋꿋하게 일어선다. 이제 모니카 역시 자신의 길을 가기로 결정한다.

모니카가 떠난 후 남은 가재도구들을 팔아넘긴 다음 해리는 아이를 안고 카메라 앞에 선다. 카메라는 그의 얼굴을 클로즈업하면서 주시한다. 해리의 얼굴에는 자신을 짓누르는 현실에 대한 두려움이 가득하다. 그는 아이를 기르기 위해 이 현실을 참고 견디어야만 한다. 그러나 그의 마음속에는 한때 쾌락이 넘쳤던 여름이 떠오른다. 완전히 옷을 벗어던지고 바다로 뛰어 들어가는 모니카의 뒷모습 그리고 반쯤 벗은 몸으로 뱃머리에 누워 일광욕을 하

던 모니카의 모습이 주마등처럼 그의 눈앞을 지나간다.

가혹한 현실을 받아들이고 욕망을 내버리는 해리의 얼굴(사진 13 참조) 위에 현실을 받아들이지 않고 욕망의 환상을 추구하기로 결단한 모니카의 모습이 어린다. 모니카의 관객을 응시하는 도발적인 눈은 해리의 어쩔 줄 모르는 체념의 표정과 대조된다.

5

영화는 이렇게 현실에 대한 두 태도를 대립시킨다. 체념이냐 저항이냐? 해리의 운명은 짐작할 수 있다. 그는 현실에 대한 자신의 책임을 다하면서 결국 안주할 것이다. 자신을 버린 모니카에 대한 고통은 그를 타인에 대한 냉담한 이기주의자로 만들 것이다. 그것이 바로 「산딸기」에서 의사 이삭이 갔던 길이다.

사진 13

그럼, 모니카는 어떻게 되는가? 현실에 대립하면서 자기의 욕망에 충실한 모니카는 나르시시스트가 될 것이다. 나중에 「가을 소나타」에서처럼 예술이 그녀를 구원해 주지 않는다면 그녀는 결국 그욕망의 힘에 희생당하고 말 것이다. 그것은 「늑대의 시간」에서 나르시시스트인 요한이 갔던 길이다.

Ingmar
Bergman

이 원초적인 핵(심상)이 일정한 형식을 얻으려고 처음에는 게으르고 반쯤 졸리는 듯한 방식으로 움직이기 시작한다. 이것이 끓기 시작하면 각각의 영화에 고유하고 특별한 진동과 리듬이 생겨난다. 이 리듬에 따라 회화적인 장면들에 패턴이 생겨난다. 이 패턴은 원초적인 자극으로부터 그리고 그것을 규정하는 법칙에 따른다.

(Bergman Discusses Film Making)

3

「톱밥과 반짝이」_모욕당하는 예술가

1

베리만의 영화 주제 가운데 지속적으로 등장하는 주제가 예술가의 고단한 불구적인 삶이다. 이 예술가는 바로 베리만 자신을 의미하므로 이런 점에서 그의 영화들은 '고백의 예술'이라고 일컬어지기도 한다.

베리만은 예술가를 나르시시즘적인 인간으로 보면서, 근친상간적인 욕망에 의해 지배당하는 것으로 묘사한다. 예술가는 때로 현실의 힘에 의해 희생당하면서 분열증적 증상을 보이는가 하면(「늑대의 시간」), 때로는 두려움에 사로잡힌 채 폭력적 행동을 보여 주기도 한다(「수치」). 영화 톱밥과 반짝이」[11]는 현실로부터 예술가가 받는 모욕을 다루면서, 모욕당하는 예술가의 처참한 모습을 애정어린 눈으로 응시한다.

이 영화는 40년대 후반 많은 실패를 거쳐 50년대 초 대중적인 평판을 얻는 데 성공한 베리만이 도발적인 실험을 통해 예술가로서의 입지를 획득하려 했던 영화였다. 베리만은 짧은 클로즈업 쇼트를 사용하면서 서커스 단원들의 동물과 뒤섞인, 더럽고 땀 냄새나며 조롱받는 삶을 보여 준다. 이들의 삶의 표면은 화려한 반짝이로 반짝거리지만 그 밑에는 쓰라린 톱밥이 채워져 있다. 그런 점에서 「톱밥과 반짝이」는 반 고흐의 그림인 「감자 먹는 사람들」과 비교될 수 있다. 이 영화에는 반 고흐의 그림처럼 '마구간의 냄새'가 가득 차 있다. 반 고흐와 마찬가지로 베리만 역시 서커스 단원들의 모습을 통해 단순히 비애를 불러일으키려고 하지 않는다. 오히려 베리만은 그들의 삶 속에 있는 결코 쓰러지지 않는 삶에의 의지를 부각시키려 했던 것으로 보인다.

이처럼 절대적인 삶에의 의지를 그려 내려 했기에 베리만은 이 영화를 들뢰즈가 말한 크리스털 이미지 곧 생성하는 시간 이미지로 가득 채운다. 이 영화에서 이미지들은 끝없이 거울에 반사된다. 우선 첫 장면에서 플래시백으로 보이는 서커스 단원 알마와 프로스트의

11 1953년 2-6월 촬영, 1953년 9월 개봉. 한국어 자막 번역자는 '금속 조각'으로 번역하지만, 의미상 '반짝이'라는 표현이 적절할 것으로 보인다. 톱밥은 서커스 공연을 위한 무대 마당에 모래 대신 뿌려진 것을 지시하고, 반짝이란 서커스 단원이 입는 금박으로 장식이 새겨진 화려한 옷을 의미한다. 영화상 어떤 것도 금속조각의 의미에 대응되지 않는다.

모욕받음의 테마가 영화 이야기 전체에서 주인공 알베트와 앤이 당하는 모욕받음의 스토리로 반사된다.

반사는 여기서 그치지 않는다. 주인공 알베트와 앤은 서로를 배반하려 한다. 알베트는 안정된 삶을 누리는 옛 부인 아그다에게 돌아가고자 하고 앤은 극단의 배우 프랜스에게 자기 몸을 던진다. 그러나 결국은 둘 다 실패하고 만다. 베리만은 이 두 배신의 드라마를 교차편집과 디졸브를 통해 보여 주는데 두 배신의 드라마는 마치 거울에 반사되는 듯이 서로를 반영한다.

더구나 이런 반사의 이미지는 고급 예술인 연극과 대중 예술인 서커스의 사이에도 성립한다. 특히 연극과 현실이 뒤섞이는 장면에서 이런 반사 이미지는 절정에 도달한다. 드라마의 정점에 이르러 앤을 가운데 두고 알베트와 프랜스 사이에 대결이 일어난다. 그 대결이 서커스 공연 중에 일어나면서, 이 대결이 공연의 일부인지 아니면 실제의 대결인지 혼동된다. 이 대결은 공연 중 두 어릿광대의 대결과 구조적으로 유사하므로 거울 반사는 무한히 거듭된다.

이렇게 이 영화 속에 가득한 크리스털 이미지들을 통해 주인공 앤과 알베트는 마침내 자신의 마스크를 깨고 진정한 자신의 모습을 본다. 그들이 발견한 진짜 모습은 초라하고 무기력한 모습이다. 그렇지만 베리만은 희망을 잃지 않는다. 왜냐하면 그들에게는 예술의 생명력이 있기 때문이다. 그것은 어떤 패배 앞에서도 다시 살아가기로 결단하는 자발적인 의지이다.

2

타이틀이 오르면서 서커스 공연단의 짐마차들이 새벽에 줄을 이어서 언덕을 지나간다(사진 14참조). 그 언덕은 베리만이 나중에「제7의 봉인」에서 이용했던 것과 같은 언덕이다. 텅 빈 하늘이 화면의 대부분을 채우고 그 아래 비스듬한 오르막길을 짐마차들이 지나가는데, 그것은 죽음

사진 14

의 운명적인 힘에 의해 끌려가는 모습이다. 이렇게 끌려가면서도 죽기 살기로 버둥대는 인간의 모습은 아마 신의 눈에는 어떤 희극보다 더욱 희극적인 모습일 것이다. 하지만 인간에게 그것은 애환으로 가득한 골고다의 언덕이다.

카메라는 평원의 길을 지나 다시 숲길을 지나는 서커스단의 마차들을 쫓아간다. 이 가운데 베리만은 마차 몰이꾼의 신음인지 노래인지 불분명한 소리를 효과음으로 집어넣어 인간의 운명적 고통이라는 느낌을 강화한다. 그리고 카메라는 마차에 끌려가는 곰 우리를 보여준다. 우리에 갇혀 있는 곰의 모습은 서커스 단 자체의 모습이며 곧 서커스 단장 알베트의 모습일 것이다.

이어서 주인공 알베트가 깨어나 잠든 앤의 겨드랑이에 키스를 하자, 앤은 잠결에 알베트의 목을 껴안는다. 이것은 앤과 알베트 사이

에 무의식적 차원에서 깊은 애정이 내재함을 보여 준다. 알베트는 앤의 이불을 끌어 덮어 주고 마차 밖으로 나가 마차몰이의 자리에 앉는다. 곧 이어 마차 몰이꾼의 회상을 통하여 서커스 단원 프로스트와 알마가 당한 모욕의 테마가 시작된다.

이 테마는 이 영화 전체의 주제인 모욕당하는 예술가를 보여 주는 테마이다. 그런데 베리만은 이 장면을 독특하게 처리한다. 우선 필름을 거듭 반복해서 프린트하면서 화면을 아주 강한 흑백 대조 화면으로 바꾸었다. 그리고 베리만은 아이젠슈타인의 몽타주를 연상시키는 듯한 불연속적이고 충돌적인 이미지들을 결합하였다. 또한 그는 대사를 모두 무성으로 처리하면서 대포의 포성을 효과음으로 집어 넣어 영화사에서 처음 보는 장면을 만들어 냈다. 이런 장면들은 나중 「산딸기」나 「늑대의 시간」에서도 반복적으로 이용되는데, 전체적으로 악몽이나 초현실적인 느낌을 강조한다.

해안가에 주둔한 포병들이 포사격 연습을 하고 있다. 그들은 뜨거운 여름 오후에서의 무료함을 술과 도박으로 달래고 있다. 서커스 단원 프로스트의 아내인 알마가 그들 곁을 지나가면서 치마를 흔들면서 그들을 도발한다. 그러자 장교들이 돈을 모아 알마에게 주고 알마에게 옷을 벗으라 하고 바다에서 함께 수영을 즐긴다. 그 사이 장교 중의 하나가 부대 사환에게 이 사실을 프로스트에게 알리라 한다. 사환을 통해 사정을 안 프로스트가 뛰어가 언덕 위에서 알마를 외치지만 그 목소리는 악몽에서처럼 들리지 않는다.

사진 15

프로스트는 서커스 어릿광대의 복장을 벗고, 바다에 뛰어 들어 알마를 어깨에 메고 나온다. 그 사이 부대 사환이 프로스트와 알마의 옷을 감추어 버려서 그들은 벌거벗은 채로 웃음을 터뜨리는 병사들과 서커스 단원들 사이를 지나가야 했다. 해안의 바닥은 뜨거운 햇빛으로 달아 오른 바위들로 가득한 데 이 골고다의 언덕을 프로스트는 알마를 껴안고 그 위로 수없이 넘어지면서 지나간다. 그 사이 간간히 대포가 클로즈업되고 대포 터지는 소리가 들린다(사진 15참조).

이 장면에서 베리만은 프로스트에게 가해지는 병사들의 조롱을 성적 무능력과 연결시킨다. 병사들의 대포는 남성의 과시이다. 알마가 병사들 앞에 나타나 유혹하는 것은 거꾸로 프로스트가 성적으로 무능력함을 암시한다. 이런 남성적 능력의 결여는 현실에 대한 전반적인 무능력과 연결된다.

베리만에 있어서 이런 남성적 및 현실적 무능력은 예술가에게 일반적인 것이다. 예술가는 이런 무능력 때문에 현실로부터 도피하여 환상에 빠진다. 그래서 환상 속에서 그는 자신을 보호해 주는 강력한 대타자를 만들어 낸다. 그는 자신이 대타자의 욕망의 대상이라고 오인한다. 이것이 예술가의 나르시시즘이다.

예술가의 나르시시즘은 자신의 삶을 이상화하는데, 이런 이상화가 대중들의 예술가에 대한 찬사의 기초가 된다. 대중들은 작품 속의 환상적인 인물을 예술가 자신으로 오해한다. 그러나 이런 오해가 깨어지면서 예술가에게 본래적인 무능력이 탄로나면, 그것은 예술가가 대중으로부터 모욕당하는 원인이 된다. 예술가에 대한 찬사가 크면 클수록, 예술가에 대한 모욕도 비례해서 커간다.

영화에서 프로스트는 현실에서의 모욕을 감내한다. 그는 환상으로 도피하지 않으며 결과적으로 자신의 무능력을 그대로 인정한다. 이런 모욕당함과 자기 인식을 통해서 프로스트는 나르시시즘적인 예술가로부터 희생자이며 대속자인 그리스도의 이미지로 다시 탄생한다. 프로스트의 모습은 알마라는 십자가를 진 그리스도의 모습이다.

3

서커스단의 짐마차들이 지나가는 길에서 서커스단의 도착을 경계하듯 어느 집의 대문 창살 너머로 개가 짖는다. 대문 안의 개에 대한 쇼트에서 우리 안의 곰 쇼트로 이어지는 장면에서 베리만은 안정된 사회와 유랑하는 예술 사이의 거울 반사를 보여 준다. 똑같은 철조망이지만, 개의 우리는 외부의 침입으로부터 자기를 보호하고 곰의 우리는 그 속에 갇힌 야생의 힘이 폭발하지 못하도록 억압한다.

짐마차들이 새벽에 드디어 어느 마을에 도착한다. 이 마을은 알베트가 3년 전 아내를 버려두고 서커스를 위해 떠났던 마을이다. 서커스 단원들은 때 맞춰 쏟아지는 비를 맞으면서도 공연을 위한 천막을 세운다. 그러나 그들에겐 먹을 것도 공연 의상도 없다. 그들은 이나 벼룩 때문에 시달려야 하고 또 암울한 전망 때문에 낙담한다. 그들은 옹기종기 모여 떠들지만 대책은 없다. 결국 단장인 알베트의 제안에 따라 미국에서 하는 것처럼 거리 퍼레이드를 해보려고 한다. 알베트는 일단 이 마을에 있는 극단으로부터 의상을 빌리기로 한다.

알베트가 극단을 방문하기 위해 준비하는 사이 앤은 알베트가 전부인을 만나면 서커스를 떠나서 전 부인의 품안으로 돌아갈까 보아서 두려워한다. 그러나 알베트는 앤의 걱정을 받아넘기면서 서커스가 성공하면 모든 것을 가질 수 있다고 앤에게 환상을 불어넣는다. 알베트는 앤보고 극단을 찾아가기 위해 치장하라고 말한다.

알베트와 앤은 거리의 사람들 사이로 치장한 모습을 뽐내면서 극단에 다다른다. 마침 극단의 공연 포스터가 벽에 붙어 있는데, 그 제목이 '배신'이다. 이는 앞으로 전개될 내용을 함축적으로 보여 준다. 알베트가 극단장 슈베리에게 의상을 빌려 줄 것을 요청하자 슈베리는 돈은 문제가 아니고 의상이 좀이나 벼룩 등에 상하면 어떻게 되냐면서 거부한다. 이에 알베트가 왜 자기를 모욕하는가 하자, 슈베리는 극단과 서커스의 차이를 이렇게 묘사한다.

"우리는 같은 쓰레기에 같이 비참한 악당들이지. …자네는 포장마차에 살고 우리는 더러운 호텔에 사네. 우리는 예술을 하고 자네는 술책을 쓰지. 우리의 가장 저급한 자도 자네 중 최상의 자에게 침을 뱉지. 왜냐하면 당신은 삶에 모험을 걸지만 우리는 자존심을 걸기 때문이지. 자네는 우스꽝스럽고 과장되게 옷을 입었지. 자네의 어린 부인은 치장하지 않았더라면 더 빛나게 보일 수 있어. .... 비루한 우아함, 화장한 얼굴, 과장된 어투 그런 것 때문에 차라리 우리가 더 바보로 보일 텐데..... 그러니 내가 자네를 왜 비난하지 않겠나?'

이 장면에서 슈베리의 말장난은 서커스나 연극이 동일한 기만(과장 또는 화장)에 기초하고 있다는 데서 나온다. 그러면서도 슈베리는 서커스는 술책으로, 연극은 예술로 분류하는데 그것은 서커스와 연극이 각자 걸고 있는 것의 차이에 기인한다고 말한다. 서커스는 삶을, 연극은 자존심을 건다는 것이다.

목숨을 걸기 때문에 오히려 경멸당한다는 논리는 사회적 질서와의 관계를 통해서만 이해될 수 있다. 서커스는 폭발하는 생명력을 표현한다. 그것은 목숨을 건 행위이다. 그러므로 서커스는 항상 사회의 질서를 파괴할 위험을 지닌다. 서커스에서의 기만은(즉 과장이나 분장)은 이런 서커스의 위험성을 은폐하고 서커스가 안전하다는 환상을 만들어낸다. 반면 연극은 기만을 통해 환상 속에서 이상적인 사회를 보여 주지만 이런 이상화는 항상 현실의 사회적 질서를 보존하는데 기여해 왔다. 서커스는 실패한다면 목숨을 희생당한다. 그러나 연극은 실패하더라도 연극인으로서의 능력 곧 자존심에 상처를 받을 뿐이다. 그러기에 서커스는 사회적으로 천대 받는 반면 연극은 사회적으로 우대 받아 왔다는 것이다. 서커스와 연극의 이런 대비는 앞에서 말한 '우리 안의 곰' 과 '우리 안의 개' 의 대비와 서로 호응한다. 여기서 '우리' 란 곧 서커스나 연극에 공통적인 것 곧 기만의 기술을 의미한다.

이처럼 동일한 기만이 서로 대칭적인 방향으로 작동하고 있다는 점에서 연극과 서커스는 거울반사이다. 이런 점에서 슈베리는 아이러니컬하게도 입으로는 서커스를 경멸하지만 실제로는 오히려 연극의 정체를 폭로하고 생명력으로 가득 찬 서커스를 옹호한다.

그래서 슈베리는 의상이 상할 것이라면서 거부했던 처음 입장을 바꾸어 자기의 연극단원들을 초청하는 대가(서커스의 생명력을 보고 배우라는 뜻이 아닐까?)로 알베트에게 의상을 빌려준다.

이 장면에 이어서 앤과 프랜스 사이의 대결이 일어난다. 알베트가

의상실을 둘러보는 사이 앤은 무대 뒤를 구경한다. 여기서 베리만은 앤의 모습을 거울에 비추어지는 모습으로 쇼트한다. 이

사진 16

는 앤이 아직 자신의 아름다움에 대해 스스로 오인하고 있음을 보여준다. 그런데 프랜스는 앤에게 매혹당한 척하면서 앤을 유혹한다(사

진 16참조). 그러자 앤은 자기의 환상 때문에 더욱 오만해지면서 프랜스에게 무릎을 꿇고 머리를 조아리라고 한다. 프랜스가 그렇게 하자 가볍게 키스하고 앤은 도망친다.

이 장면 전체에서 앤의 경우는 젊고 생동적인 측면이 강조되지만 프랜스의 얼굴에서는 시체와 같은 모습이나 기만적인 미소가 강조된다. 이런 점에서 서커스가 연극에 비해 찬양받는다. 그러나 앤의 자기 확신 속에는 이미 어떤 공허함이 엿보인다. 앤은 겉으로 반발하더라도 프랜스의 명성과 부를 부러워한다는 것을 감출 수 없다.

앞에서 슈베리와 알베트 사이에서 보여 주었던 연극과 서커스의 관계가 이 장면에서 전도된다. 앞 장면에서 슈베리는 서커스를 경멸하면서도 사실은 서커스가 가진 긍정적 측면(생명력)을 드러냈다. 그런데 이 장면에서 서커스가 찬양받음에도 불구하고 앤이 프랜스를 부러워하는 장면을 통해 연극의 명성과 부 앞에 무너지는 서커스의 가난함이 드러난다.

서커스와 연극의 이런 관계를 아래와 같이 간단하게 도표로 작성해 보자.

	서커스	연극
본질	생명력	이상화된 사회
장점	사회를 파괴할 위험성	명성과 부
한계	명성과 부를 부러워함	생명력을 소망

서커스와 연극

연극과 달리 서커스가 가진 사회적 위험성은 곧 이어서 벌어지는 서커스 단원들의 퍼레이드 장면에서 분명하게 드러난다. 서커스 단원들이 길거리 퍼레이드를 통해 마을 사람들의 시선을 끄는 데 성공하자 곧바로 경찰이 나타나서 그들의 퍼레이드를 금지시키고 심지어 마차를 끄는 말을 빼앗아 버린다. 마을 사람들 앞에서 지금껏 의기양

양했던 서커스 단원들은 갑작스럽게 비참하게 전락한다. 마을 사람들이 조롱하는 가운데 단원들은 몸으로 마차를 끌면서 지나간다 (사진 17참조). 다시금 희생당하는 예술가의 이미지가 강조된다.

사진 17

베리만은 서커스와 연극 사이의 거울 반사를 그려 낸 다음, 알베트와 앤 사이의 거울 반사를 그려 내기 시작한다. 여기서 알베트와 앤은 서로를 배반하지만 그들의 배반은 모두 실패로 돌아간다.

우선 극단장 슈베리로부터 의상을 빌린 서커스 단원들은 저녁 공연을 위해 준비한다. 알베트는 그 사이 3년 전 그가 버렸던 부인 아그다를 방문하러 가려 한다. 앤은 알베트가 다시 돌아오지 않을까 봐서 두려워 한다. 그래서 앤은 알베트를 떠나지 못하게 막으며 만일 그래도 알베트가 떠난다면 자기도 떠나겠다고 한다. 알베트는 앤의 경고를 무시하고 아그다를 만나러 간다. 앤 역시 극단 방문 중에 만났던 프랜스를 만나러 극단으로 간다. 베리만은 알베트의 아그다 방문 장면과 앤의 프랜스 방문 장면을 교차 편집한다.

우선 알베트가 아그다의 담배 가게에 들어가자 가게에는 아이가 혼자 있다가 알베트를 맞는다. 알베트와 아이는 부자 사이지만 서로 낯선 사람처럼 서먹서먹하다. 집안에서 아그다가 점심 준비를 하다가 나와서 점심을 먹고 가라며 알베트를 집안으로 끌어들인다. 아그다는 새로 담배 가게를 인수했다는 것을 자랑하면서 알베트의 코트의 떨어진 단추를 꿰매주겠다 한다. 알베트가 코트를 벗자, 아그다는 알베트가 셔츠를 입지 않았다는 것을 보고 셔츠를 새로 사주겠다고 한다. 알베트는 자존심이 상한 듯 화를 내면서 아그다가 엉터리 여배우였다고 비난한다. 그러자 아그다는 알베트가 추구하는 예술의 정체를 폭로한다.

"당신이 나를 떠나고서야 나는 평화를 찾았어요. 삶은 다시 내 것이 되었죠. 지긋지긋하고 끔찍한 서커스는 더 이상 안 해도 되죠. 모든 사람들이 소리치고, 욕설하고, 기생충, 병균들과 거리에서 살고.."

아그다는 비록 예술을 떠났지만 예술에게는 결여된 안정과 풍요를 가지고 있다. 알베트는 아그다가 가진 안정과 풍요를 간절히 바라지만 아직은 예술을 포기하지 못한다. 그래서 알베트는 흔들리는 자기 마음을 다잡으려는 듯이 "자기에게는 이 모든 것이 아무 것도 아니다" 라고 말하면서 아그다를 떠나려 한다. 알베트의 이 말에 아그다는 마치 분노를 참으려는 듯 눈을 감은 채 창문을 바라본다. 여기서 베리만은 커트하여 프랜스를 방문하러 극단에 들어간 앤의 얼굴로 디졸브한다.

앤은 무대에 쳐진 커튼의 헤진 구멍 사이로 프랜스의 연습장면을 지켜본다. 앤은 연습이 끝난 뒤 빈 무대 위에 올라가 본다. 무대 한가운데는 전등이 켜져 있는데, 이 장면에서 앤은 무대 위에서 스포트라이트를 받는 자기 모습을 상상하는 것처럼 보인다(사진 18참조). 앤은 무대 뒤를 통해 프랜스의 방으로 간

사진 18

다. 그리고 바로 프랜스에게 서커스를 떠나고 싶다고 말한다. 프랜스는 앤에게 말 냄새, 싸구려 향수 냄새와 땀냄새가 난다면서 앤에게 비싼 화장품을 선사한다.

자신의 가난에 부끄러움을 느낀 앤은 프랜스에게 자기에게는 강한 생명력이 있다는 것을 자랑하려 한다. 그래서 앤은 프랜스와 팔씨름을 하지만 앤은 지고 만다. 팔씨름으로 땅에 쓰러진 앤을 프랜스가 덮치려 하자 앤은 아직 포기하지 못하고 반항한다. 이때 프랜스는 앤에게 진주 목걸이를 선사한다. 그것은 아주 비싸게 보이는 것이지만 사실은 모조품에 불과하다. 베리만은 프랜스가 내민 목걸이를 마치 조금 전 무대 위에 걸려 있던 전등과 유사한 구도로 쇼트하면서, 연극의 스포트라이트와 가짜 목걸이 사이의 유사성을 폭로한다. 둘 다 대상을 빛나게 하지만 사실은 모두 기만적인 것이다. 앤은 프랜스가 던진 이 마지막 미끼에 더 이상 견디지 못하고 굴복하고 만다.

베리만은 무너진 앤의 얼굴로부터 다시 커트하여 창가에 눈을 감은 아그다의 얼굴로 디졸브한다. 이제 알베트는 고쳐진 코트를 입고 방문을 나서려 한다. 그때 아이가 들어와서 아그다에게 손풍금 아저씨의 원숭이를 구경하러 가고 싶다면서 돈을 달라고 하자, 알베트는 자기가 대신 주겠다고 지갑을 꺼내지만 지갑에는 돈이 없다. 마침내 자신의 초라한 처지를 깨달은 알베트가 무너진다. 알베트는 자기는 이제 서커스 하기에는 너무 늙어서 아그다하고 조용히 살고 싶다고 아그다에게 간청한다. 그러나 아그다는 더 이상 모험하기 싫다면서 거절한다.

아그다의 거절하는 얼굴에서 카메라는 다시 일을 끝내고 벽에 걸린 거울에 비친 앤의 모습으로 이동한다. 앤은 프랜스가 내민 목걸이를 잡아채어 밖으로 나온다. 다시 카메라는 밖으로 나온 알베트의 모습을 비추어 준다. 알베트는 멀리서 전당포에 들어가는 앤의 모습을 보고 무슨 일이 일어났는지를 깨닫는다. 알베트는 처참한 분노에 빠진다.

알베트와 아그다 그리고 앤과 프랜스는 서로 닮은꼴이다. 알베트와 앤은 아그다와 프랜스가 있는 현실을 갈망한다. 이런 갈망 때문에 알베트와 앤은 서로를 배반한다. 하지만 이런 배반은 실패로 돌아가고 만다. 물론 실패로 돌아가는 이유는 서로 다르다. 알베트는 아직도 예술의 위험성을 간직한다. 그러므로 아그다는 알베트는 받아들이기를 거부한다. 반면 앤은 이미 예술을 포기한 상태이지만 현실로부터 기만당한다. 현실이 가진 것은 사실 사기에 불과하다. 베리만은 두 거울 반사를 통해 예술(서커스)와 현실(연극)을 대비시킨다. 예술은 생명력이 가득하지만 위험하고, 현실은 풍요롭지만 사실은 사기라는 주장은 여전히 계속된다.

5

마차로 돌아온 알베트는 앤과 맞부딪친다. 앤은 알베트가 다그치자 계속 발뺌하지만 끝내 프랜스에게 속았다는 것을 고백한다. 알베트는 자기도 마찬가지로 앤을 배반하려 했다는 것을 상기하면서 앤에게 더 이상 화를 내지 못한다. 알베트는 마침 자기를 찾아온 프로스트에게 권총을 겨누면서 분노를 터뜨린다(사진 19참조). 여기서 프로스트는 다시 한 번 희생자라는 이미지를 갖는다. 알베트는 프로스트의 희생 덕분으로 자신의 분노를 마음에서 지울 수 있었다.

저녁이 되어 서커스 공연이 시작된다. 이 서커스 공연은 베리만의 거울 반사적인 이미지를 가장 탁월하게 보여 주는 장면이다.

사진 19

이 공연 장면은 네부분으로 이루어져 있다. 우선 어릿광대의 치고 박는 공연이 일어난다. 이어서 알마의 곰 쇼가 벌어진다. 곰은 이미 깊이 병들어 더 이상 알마를 따르지 않는다. 곰은 마치 우리에서 뛰쳐나와 사람들을 덮칠 듯하다. 이걸 간신히 수습한 다음 세 번째로 앤의 말타기 공연이 벌어진다. 그런데 객석에 있던 프랜스가 앤을 모욕하는 말을 던지자, 무대 위의 알베트가 채찍으로 프랜스의 모자를 낚아채면서 복수한다. 이때 극단장 슈베리가 알베트와 프랜스의 결투를 선언하면서 두 사람은 무대 위에서 결투를 벌인다. 이런 결투에서 프랜스는 바닥의 톱밥을 던져 알베트의 눈을 멀게 함으로써 결정적으로 승리한다(사진 20참조). 결투가 끝난 후 마지막으로 프로스트가 공연이 끝났다고 하자, 앤이 프랜스에게 달려들어 손톱으로 얼굴을 할퀸다.

사진 20

이 공연 장면은 무척이나 흥미롭다. 우선 베리만는 여러 단계에 걸쳐서 이미지를 반사시킨다. 어릿광대의 공연과 알베트와 프랜스의 실제 결투 사이에 일차 반사가 이루어진다. 그리고 알베트와 프랜스의 결투는 무대와 객석 사이에서 벌어지다가, 무대 위에서 벌어진다. 그런 다음 알베트를 대신한 앤이 무대 아래서 프랜스와 결투한다. 그 결과 이 결투가 실제 결투인지 아니면 무대 위의 공연인지 모호해 진다.

무대와 현실 사이의 모호한 구별은 후일 베리만의 영화의 가장 주요한 이미지가 된다. 대표적으로「제7의 봉인」에서 마차 위의 무대에서 벌어진 간통 장면을 들 수 있다. 무대의 공연에 따라 실제로 마차 뒤에서 간통이 일어난다. 여기서 무대와 현실 사이의 구별이 모호해진다.

주요한 것은 이런 거울 반사 이미지를 통해 새로운 생성이 일어난다는 것이다. 이 영화에서는 그런 생성은 우리 안에 있던 곰이 탈출하려는 것을 통해 암시된다. 곰은 예술의 생명력을 상징한다. 이

예술은 현실에 갇혀 있다. 현실을 탈출하려는 곰은 현실로 볼 때는
병든 것이다. 그러나 예술의 편에서 볼 때 그것은 예술이 본래성을
회복하는 것이다. 마찬가지로 알베트는 우리에 갇힌 예술이다. 프랜
스는 현실이라는 우리를 의미한다. 무대와 현실이 뒤섞임으로써 알
베트는 예술의 현실 파괴적인 힘을 발휘한다.

5

　이렇게 우리로부터 뛰쳐나온 곰, 알베트에 대해 현실은 가혹하게
보복한다. 프랜스의 야비한 술책에 의해 알베트는 무참하게 패배하
게 된다.
　공연이 끝난 후 패배한 알베트는 자살을 결심한다. 그래서 마차
의 문을 걸어 잠
그고 권총에 탄
환을 넣고 관자
놀이에 발사한
다. 그런데 요행
히 권총은 발사
되지 않는다. 권
총의 약실에 탄
환이 없었던 것

사진 21

이다. 알베트는 이번에는 거울에 비친 자기 얼굴을 향해 권총을 발사
하는데, 이번에는 탄환이 제대로 발사된다(사진 21참조). 결국 현실
의 성공과 패배는 우연이다. 왜냐하면 현실 자체가 우연으로 이루어

져 있기 때문이다.

알베르는 이런 현실의 우연성을 깨달으면서 지금은 자신이 패배했지만 언젠가는 다시 승리할 수도 있겠다는 희망을 가진다. 주요한 것은 이런 성공의 희망이 실현될 수 있다는 것이 아니다. 그런 희망은 언제라도 기만으로 끝날 수 있다. 그것은 전적으로 현실의 우연에 맡겨져 있다.

그러므로 주요한 것은 오히려 예술의 생명력이다. 그것은 끝없는 패배에도 불구하고 영원히 다시 살아나는 힘이다. 그것은 어떤 패배에도 불구하고 스스로 살겠다는 절대적으로 자발적인 결단이다. 알베르가 깨달은 것은 바로 그런 절대적인 삶에의 의지이다.

알베르는 밖으로 나와 병든 곰이 있는 우리로 달려간다. 곰을 책

사진 22

임진 알마의 간절한 애원에도 불구하고 알베르는 총으로 곰을 쏘아 죽인다(사진 22참조). 여기서 곰은 예술을 의미하고 곧 알베르 자신을 의미한다. 그럼에도 불구하고 알베르는 이 병든 곰을 쏘지 않을 수 없다. 왜냐하며 병든 곰은 현실을 파괴할 위험을 지니기 때문이다. 병든 곰은 예술의 원시적 힘으로의 복귀이다. 하지만 현실이 파괴된 이후에 예술은 더 이상 존재할 수 없다.

그러므로 예술은 현실과의 긴장된 대립 속에서만 존재할 수 있다. 현실에 뿌리내리면서도 현실을 넘어서려는 데서 예술의 가능성이 존재한다. 그러므로 예술은 항상 현실에 의해 재갈 물린 존재이다. 예술에게 희생자라는 이미지가 부착되는 이유도 여기에 있다. 예술은 재갈을 벗어던지고 자기의 생명력을 회복하려고 몸부림치는데 그런 몸부림이 곧 예술의 생명력이다.

그러므로 알베트가 곰을 쏘아 죽였다는 것은 예술을 포기하려는 것이 아니다. 오히려 그것은 현실과 긴장된 대립을 유지해야 한다는 결단에 속한다. 이런 알베트의 태도는 희생자로서 예술가의 이미지를 지닌 프로스트와 대립된다. 병든 곰을 쏘아 죽이고 평온을 되찾은 알베트에게 프로스트가 다가와서 자기 꿈을 이야기 한다. 프로스트의 꿈은 자궁 속으로 들어가는 것이다. 그 꿈은 죽음의 본능을 의미한다. 그러나 프로스트의 길과 알베트의 길은 여기서 나누어진다. 알베트는 서커스 단원을 재촉해서 또 다른 공연을 위해 떠나려 한다. 마차들이 떠나기 시작하고 따라서 떠나려는 알베트 앞에 앤이 기다리고 있다.

Ingmar
Bergman

리듬과 분위기의 원초적인 복합체로부터 가장 만족스럽
게 전달되는 유일한 것은 대화이다. 이 대화조차 감각
적 질료를 갖고 있어서 리듬과 분위기를 수용하는데 저항
한다. 쓰여진 대화는 음악의 보표와 같아서 일상적인 사
람에게는 거의 이해되지 않는다. 그것의 해석을 위해서
는 기술적인 기교와 특정한 상상력과 느낌이 필요하다.

(Bergman Discusses Film Making)

4

「제7의 봉인」 _신의 침묵

1

이 영화[12]의 이야기는 단막극이다. 영화의 배경은 14세기 페스트가 만연하던 유럽이며, 영화의 주인공인 기사는 오랜 십자군 원정에 지쳐 자기 고향의 성으로 돌아가려 한다. 그는 성으로 가는 도중 많은 사람들을 만나지만, 그 사람들은 모두 이미 죽음의 손아귀에 들어가 있다. 기사는 그를 기다리는 죽음의 사신과 장기내기를 하면서 자신에게 닥쳐온 죽음을 지연시키지만 마지막 순간 그는 죽음의 사신과의 내기에서 패배하고 만다. 약속대로 죽음의 사신이 성에서 그를

---

12 1956년 7−8월 촬영, 1957년 2월 개봉, 1957년 5월 칸느 영화제 심사위원 특별상 수상. 베리만은 1955년도에 촬영, 개봉한 「한 여름밤의 미소」로 56년도 칸느 영화제 심사위원 특별상을 받은 이래로 연속적으로 이 상을 수상했다. 그는 「한 여름 밤의 미소」를 촬영 중 주인공 역을 맡은 비비 앤더슨(Bibi Anderson)을 사랑하게 된다.

기다리고 있다가 이미 죽음의 손아귀에 들어간 사람들과 함께 죽음의 나라로 끌고 간다. 죽음에 이르는 여행 중 처음에 기사는 신의 존재에 대해 회의적이었으나, 마지막 죽음의 손에 끌려가면서 다시 신앙을 회복한다. 기사가 만난 사람들 가운데 곡예사 가족만은 죽음의 손아귀로부터 벗어날 수 있었다. 그것은 기사가 죽음의 사신과 내기에서 자신의 죽음을 담보로 죽음의 사신을 속였기 때문에 가능했다.

'죽음과의 내기'라는 함축적인 에피소드를 지닌 「제7의 봉인」은 베리만의 영화 가운데 가장 널리 알려져 있는 영화이다. 그럼에도 불구하고 양식상 베리만의 영화로서는 매우 예외적인 작품에 속한다.

일반적으로 베리만의 작품은 실내악적인 영화라 말해진다. 간결한 이야기가 그 핵심적인 특징이면서 이런 이야기는 풍부한 감각적 이미지를 통해서 전개된다. 그의 영화 이야기는 매우 충격적인 사건을 포함하고 있지만 그것은 마치 원경에 보이는 작은 그림자나 멀리서 들리는 외마디 비명처럼 은닉되어 있다.

그런데 「제7의 봉인」의 경우 세트는 사실적이라기보다는 양식화되어 있고 추상적이다. 심지어 세트는 시멘트 바닥인 스튜디오라는 냄새를 일부러 풍기는 듯하다. 배우의 의상이나 연기도 상당히 연극적이다. 사건은 실제로 일어나는 사건이라기보다는 상징적인 사건이다. 이 사건은 영화의 철학적 주제를 전개하기 위한 수단처럼 보인다. 추상적인 죽음을 의인화하거나 죽음의 사신과 장기내기를 둔다는 에피소드 역시 연극적인 발상이다.

물론 베리만이 이 영화에서 영화적인 기법을 사용하지 않은 것은 아니다. 짧은 쇼트로 이루어진 몽타주를 집어넣는다든지, 등장인물의 시점을 도입하거나, 클로즈업을 통해 배우들의 내면을 표현하는 등 풍부한 영화적 언어를 사용한다. 그럼에도 불구하고 전체적으로 이 영화는 영화라기보다는 연극이라는 느낌을 준다. 다시 말해 영화에 연극적 기법을 끌어들였다고 평가되기보다 오히려 연극인데 영화적 기법을 차용했다는 느낌이 든다.

「제7의 봉인」이 이처럼 연극성을 지닌다면, 그 원인은 무엇일까? 본래 이 영화가 베리만이 말머 시립극장에서 연극 연출을 담당할 때(1954년), 학생들을 훈련시키기 위한 목적으로 만들어진 단막극(「나무판 위의 그림」)에서 유래했다는 데 한 원인이 있을 것이다. 그는 1956년 이 희곡을 각색하여 이 영화를 만들었다. 또 다른 이유는 이 영화의 주제의식과 관련된다. 이 영화가 다루는 주제 즉 임박한 죽음, 신앙에 대한 회의와 구원의 가능성이라는 주제는 심각하면서도 추상적인 주제이다. 베리만은 유사한 주제를 50년대 말의 3부작 중의 하나인 「겨울 빛」에서도 다루지만, 그때 베리만은 영화의 고유성을 살리면서 이런 문제를 풀어나갈 만큼 성숙했다. 그 결과 「겨울 빛」이라는 영화는 베리만의 실내악적 영화의 스타일에 충실하게 머무른다. 반면 50년대 초반에 만들어진 「제7의 봉인」의 경우 베리만의 성급한 마음이 앞섰던 것이 아닐까 한다. 그 결과 철학적 주제가 직접적으로 다루어지면서 연극적 표현 방식이 강화된 것이다.

2

이 영화의 배경은 14세기 유럽이지만, 그 배경은 핵전쟁으로 인류가 파멸할 위험이 눈앞에 다가왔던 1950년대 서구에 대한 알레고리로 보인다. 여기서 주요한 것은 인류의 파멸이 눈앞에 다가왔다는 것이다. 이런 임박한 파멸 앞에서 사람들은 신의 존재라는 문제에 직접 부딪히지 않을 수 없다.

바로 이런 시기가 『요한 묵시록』에서는 '신의 침묵'의 시기이다. 『요한 묵시록』에서 세상의 종말을 알리는 여러 전조들에 이어서 마지막으로 7번째 봉인이 뜯기자, 30분간 세상에는 아무런 소리도 들리지 않았다고 한다. 이 침묵의 시기는 신이 존재하는지 않는지가 확인되지 않는 시기이면서 동시에 신의 존재 여부가 삶의 결정적인 문제로 등장하는 시기이다. 이 시기에 사람들은 내적인 회의에 휩싸여 있다. 신이 침묵하는 시기는 신약에도 나온다. 십자가에 매달려 죽기 전 예수도 마찬가지로 회의한다. 자신의 죽음 앞에서 신은 아무런 응답이 없다. 신의 철저한 침묵 앞에 예수는 자신이 버림받은 것이 아닌가 하는 의문 속에 "나의 하느님, 나의 하느님, 어찌하여 나를 버리셨나이까?"(『마태오 복음』 27장 47절, 『마르코 복음』 15장 34절)라는 고통스러운 질문을 던진다. [13]

이 영화에서 주인공인 기사 역시 이런 내적인 회의에 빠졌다. 기사 블록은 성배를 찾기 위해 행복한 결혼생활조차 버리고 십자군 원

---

13 위의 두 복음에는 예수가 이렇게 부르짖은 다음 큰 소리를 지르고 숨을 거두었다고 되어 있다. 반면 『루가 복음』에서는 "저 사람들을 용서하여 주십시요"라고 말하고, 『요한 복음』에서는 예수가 "이제 다 이루었다"고 하면서 숨을 거두었다고 되어 있다.

정을 떠날 만큼 경건했으나, 오랜 원정 끝에 아무 것도 얻지 못한 채 돌아왔다. 그는 이제 신의 존재에 대해 회의적이지만 아직은 마지막 희망을 버리지 않는다. 그는 신의 존재를 두 손으로 생생하게 확인하기를 소망한다.

반면 그의 시종 연스는 철저한 유물론자이다. 그가 부르는 노래 대로 "매춘부의 가랑이 사이에 눕는 것"이 그가 바라 마지 않는 삶이다.

> "나의 작은 위가 나의 세계이다. 나의 머리가 나의 영원이며 나의 손이 두 개의 놀라운 태양이다. 나의 다리는 저주스러운 시간의 추이고 나의 더러운 발은 나의 철학을 위한 두 찬란한 출발점이다. "(대본,p125)[14]

연스는 철저한 유물론자로서 어떤 환상이나 이념에 사로잡히지 않고 자유롭고 현실적인 삶을 추구한다. 그런데 유물론자는 대체로 이기주의자이지만 연스에게는 타인에 대한 공감의 능력이 있다. 그래서 그는 부정의에 분노하고 고통 받는 사람들에 대해 동정한다. 어떻게 보면 연스는 50년대 실존주의 철학자 카뮈가 『이방인』이나 『페스트』에서 그려냈던 허무주의자들과 닮았다. 그들은 세상을 허

---

14 이 말은 대본에 나오는데 고행하는 신도들의 무리가 지나간 다음, 연스가 기사에게 그들을 비난하면서 하는 말이다. 영화에서는 이 장면이 생략되고 바로 객주집 장면으로 넘어간다. 대본은 Four Screen Plays of Ingmar Bergman, tr. Lars Malmstrom & David Kusher, Simmon & Schuster, 1989를 사용.

무하게 보지만 타인에 대한 공감을 가지고 성실한 삶을 추구한다.

기사와 시종의 대립은 회의주의적인 경건주의자와 공감을 느끼는 허무주의자 사이의 대립이다. 양자는 대립된 두가지 성격을 동시에 가지고 있지만 서로 강조점이 다를 뿐이다. 그러기에 두 사람은 서로 대립하면서도 함께 길을 간다. 영화에서는 신의 존재를 회의하게 하는 장면과 신의 존재를 긍정하게 하는 장면을 교대로 보여 준다.

3

영화가 시작되면서 하늘에는 운명을 알리듯 매가 높이 떠 있고, 블록과 연스는 마치 난파당한 배에서 간신히 살아 돌아온 것처럼 바닷가 자갈 사이에 사지를 뻗고 자고 있다. 아침이 되어 이윽고 기사가 눈을 뜨자, 그의 앞에는 죽음의 사신이 기다리고 있다(사진 23참조). 기사는 죽음의 사신에게 장기내기를 제안하면서 자신의 죽음을 연기시킨다.

사진 23

장기 내기는 일종의 지혜를 의미한다. 이런 지혜는 운명을 막을 수는 없지만 연기시킬 수는 있다. 인간이 지혜로써 신을 속인다는 설화는 오디세이 신화에 대한 아도르노의 해석에서 보이듯이 계몽적 이성의 본질이다. 그런데 기사가 왜 자신의 죽음을 연기시키려 하는가? 그는 구차하게 목숨을 구하려는 것 같지는 않다. 오히려 그는 이제 마지막으로 의미 있는 삶과 신의 존재를 확인할 기회를 얻고 싶었던 것으로 보인다.

영화는 블록과 연스가 여행을 시작하는 장면에서 커트하여, 이 두 인물에 대립되는 곡예사 가족을 소개한다. 아침이 되자 곡예사 요프는 잠든 아내 미아의 이불을 덮어준 다음 마차 밖으로 나온다. 아침 햇살이 비치면서 요프는 성모가 풀밭에서 아기 예수를 데리고 걸어가는 것을 본다. 요프는 미아를 깨워서 자신이 본 것을 설명하지만 미아는 요프가 환상에 빠진 것으로 단정하고 만다.

이런 환상의 능력은 베리만의 어릴 때 환상을 자주 보았다는 일화를 연상시킨다. 베리만은 이 능력을 예술가의 가장 기본적인 능력으로 간주한다. 반면 미아는 막 태어난 아이 미카엘을 따뜻하게 보살피는 어머니의 모습이다. 요프와 미아 그리고 미카엘은 요프 자신이 환상으로 본 성가족을 실제로 구현한다. 요프와 미아로 이루어진 성가족은 베리만이 긍정하는 삶의 모습이다. 그것은 생명력이 넘치는 삶이며 그 생명력의 표현이 환상과 현실의 크리스털 이미지로 나타난다. 요프와 미아의 쌍은 블록과 연스로 이루어진 경건주의와 유물론자의 쌍에 대립한다.

여기서 영화는 다시 커트하여, 고향의 성으로 돌아가는 블록과 연

믿음이나 추측이 아닌
정확한 지식을요.

사진 24

스를 따라간다. 여행 중에 처음 들른 곳이 성당 이다. 이 성당에 서 연스는 성당 벽화를 그리는 예술가와 대화하 면서 예술의 의 미를 묻는다. 연

스는 예술조차 돈을 받고 민중을 위협하는 그림을 그리든가 아니면 민중에 즐거움을 파는 수단으로 타락했음을 깨닫는다.

반면 기사 블록은 기도실에서 자신의 고뇌를 고백한다. 베리만은 여기서 블록의 고백을 통해서 '신의 침묵'이라는 주제를 형상화했 다(사진 24참조).

기사는 자신의 내적 공허를 고백한다.

"이 공허함은 제 자신을 비추는 거울입니다. 거기 제 모습이 보이는 데 역겹고 두렵습니다."

그의 이런 공허는 자신의 삶에 의미를 부여하는 신의 존재를 확 신하지 못한다는 것을 의미한다. 과거 그가 가졌던 확신은 오랜 십자 군 원정 속에서 사라졌다. 베리만에게서 삶의 공허는 항상 타인으로

부터의 고립을 의미하며, 이는 삶의 '환영성(phantomatic)'과 동의 어이다.

　기사 블록은 이제 거의 희망을 가지지 않지만 아직 마지막 기대를 가지고 있다. 그것은 바로 신의 존재를 마치 손으로 잡을 수 있을 것처럼 생상하게 느껴보는 것이다. 그렇게 된다면 그의 삶도 충만할 것이고 타인과 사랑 속에서 그 역시 실재할 것이다. 그러나 안타깝게도 블록은 신의 존재를 느낄 수 없다. 그러기에 그는 이렇게 외친다.

> "죽음의 사신 : 그럼 뭘 기다리지?
>
> 　기사 : 인식을 원해요.
>
> 죽음의 사신 : 보장을 원한다는 말이군.
>
> 　기사 : 당신이 무어라 부르든, 하느님을 감각적으로 포착하는 것이 그렇게도 어려운 것입니까? 왜 그는 안개와 같이 반쯤 말해진 예언이나 눈으로 보지 못하는 기적 속에 자기를 감추고 있는가요? "(대본, p112)

　그는 신의 존재를 알기 위해 지금까지 철학적으로 제시된 간접적인 방식도 비판한다.

> "어떻게 우리 자신을 믿을 수 없을 때 믿고 있는 누군가를 믿을 수 있다는 것인가요? 믿기를 바라지만 믿을 수 없는 자에게 어떤 일이 일어날까요? 믿고 싶지도 않고 믿을 수도 없다면 그는 무엇이 될까요?"(대본, p112)

첫 번째 문장은 예를 들자면 목사를 믿으라는 말에 대한 반박이다. 신도 믿지 못하는데 목사를 어떻게 믿겠는가? 두 번째, 세 번째는 믿지 않는 자를 처벌한다는 교리에 대한 반박이다. 믿기를 원했든 아니든, 믿을 수 없다는 것은 사실적인 인식의 문제이며 고의적인 것은 아니니 그의 책임이 아니다. 그러니 그가 어떻게 처벌되겠는가?

블록의 회의는 이처럼 철저하다. 그런데 문제는 그 자신이 믿음을 쉽게 포기할 수 없다는 데 있다.

"왜 나는 내 속에 있는 신(신에 대한 갈망)을 없앨 수 없는가요? 왜 신은 이런 나의 저주를 받으면서, 내 심장으로부터 내동댕이쳐지면서도 비참하고 모욕적으로 계속 내 마음 속에 살아남아야 하는가요?"
(대본, p112)

그는 신을 포기할 수 없는 것이다. 그러기에 그의 고통은 더욱 처절하다.

"신앙은 고통이지요. 무슨 말인지 알겠어요? 그건 저기 어둠 속에 있으면서 아무리 크게 불러도 결코 나타나지 않는 자를 사랑하는 것과 같아요." (대본, p137)

왜 이렇게 고통스러운 신앙을 버리지 못하는 것일까? 여기에 블록은 단연코 대답한다.

"삶은 더할 수 없는(outrageous) 공포입니다. 아무도 죽음의 면전
에서 이 모든 것이 무의미하다는 것을 알면서 살아갈 수는 없어요"
(대본, p112)

의미가 없다면 삶은 공포라는 주장은 베리만의 철학의 전제이다.
베리만에게서 의미가 없다는 것은 들뢰즈가 말한 응시의 상황과 연
결된다. 의미가 없다면 인간은 마치 니체가 말한 줄 위에 선 광대의
운명과 같다. 광대는 앞으로 나아가도 위험하고 뒤로 돌아가도 위험
하다. 가만히 서있는 것도 위험하다. 이런 상황에서 인간은 그저 닥
쳐온 것들을 응시하고 있을 수밖에 없다.

그런 끔찍한 응시의 상황은 때로 행복하고 때로 실패하기도 하는
그런 상황과는 단적으로 구분되는 상황이다. 이런 상황을 하이데거
라면 세계가 무너지는 무의 도래라고 할 것이며 사르트르라면 사물
의 질서가 해체되는 구토의 상황이라 하였을 것이다.

블록은 고백을 통해 아무런 응답을 얻을 수 없었으며 오히려 그
의 내면 속에서 불확실하던 공허가 더욱 분명해 졌던 것으로 보인다.
아이러니컬하게도 블록의 고백을 듣고 있는 자는 바로 죽음의 사신
이다. 죽음의 사신은 이제 블록의 마음속에 있는 죽음에 이르는 절
망을 알아차렸다. 블록은 스스로 죽음 쪽으로 무너져 있다. 그러므
로 장기내기는 이미 죽음의 사신의 승리로 결정된 것이나 마찬가지
이다.

블록과 연스가 성당에서 나오자 성당 밖에는 젊은 여자가 마녀로 지목되어 묶여 있다. 사람들은 이 마녀가 죽음을 퍼뜨리는 페스트의 원인이라고 생각한다. 마녀를 지키는 병사들은 그녀에게 독한 냄새가 나는 국물을 던지고, 신부는 그녀 주위에 향을 피우면서 마녀에게 들린 귀신을 쫓아 내려 한다. 연스는 그들의 어리석음을 비웃지만, 블록은 묶인 여자에게 마녀를 보았는지 확인하려 한다. 그러나 그녀가 거의 실신상태에 있어서 블록은 아무 답을 얻지 못한다.

블록과 연스가 성당을 떠나 어느 마을에 다가갔는데 그 마을에는 이미 인적이 없다. 페스트로 사람들이 전부 죽었기 때문이다. 연스는 우물을 찾으러 마을을 돌아보던 중에 빈 마을에 남아 있던 소녀를 겁탈하려는 라발이라는 강도를 만나게 된다. 라발은 기사가 십자군 원정을 떠나기 전에는 신학생이었는데, 기사를 설득해서 십자군 원정을 떠나도록 했던 사람이다. 연스는 라발로부터 소녀를 구한 다음 행복하게 살던 기사를 십자군 원정이라는 절망 속으로 몰아 넣은 라발에게 복수하겠다고 말하면서 라발을 위협해 쫓아낸다. 여기서 등장하는 라발은 인간의 지혜가 개인의 이기적 목적을 위해 봉사하는 수단으로 사용되고 있다는 것을 상징한다. 그런 점에서 라발은 지혜를 통해 죽음의 사신과 대결하는 블록과 대비되는 인물이다.

연스가 구출한 소녀와 함께 이제 세명으로 불어난 기사 일행이 도시에 이르자, 광장에는 요프와 미아와 곡예단장이 출연하는 연극 공연이 펼쳐진다.

이 연극 공연의 내용은 아내를 빼앗긴 남자가 사람들로부터 모욕당하는 내용이다. 공연 도중 곡예단장은 뒤로 빠져서 마차 뒤로 간다. 마차 뒤에는 곡예단장에게 반한 대장장이의 아내가 기다린다.

사진 25

베리만은 이 장면에서 연극에서 공연되는 내용과 마차 뒤에서 실제로 일어나는 사건을 마치 거울에 비친 영상처럼 대조시킨다(사진 25참조). 그래서 한편으로는 마차 앞에서 부르는 공연의 노래에 따라서 곡예단장과 대장장이의 아내가 행동하는 것처럼 보인다. 그래서 실제로 일어나는 일이 연극처럼 보인다. 반면 마차 앞에서의 연극 공연은 곡예단장과 대장장이의 아내의 행동을 그대로 묘사하면서 풍자하는 것처럼 보이며, 이 장면은 거꾸로 매우 사실적인 느낌을 준다. 여기서 베리만은 연극과 현실 사이의 크리스털 이미지를 만들어 내고 있다

이렇게 연극의 공연이 진행되던 중에 갑자기 사람들의 울부짖는 소리가 들리면서 고행하는 신자들의 무리가 광장으로 들어온다. 갑자기 사람들은 자신의 잘못을 회개하는 듯 눈물을 흘리면서 이들 무리를 환영한다. 그들의 무리의 앞에 신부가 나서서, 다가오는 파멸은 곧 인간 자신의 죄 때문이므로 빨리 죄를 회개하라고 외친다(사진 26 참조).

사진 26

베리만은 신부의 쉰 목소리, 대중들에 대한 경멸적인 표현, 신도들의 끔찍한 고행 그리고 환희에 찬 사람들의 모습을 짧은 몽타주를 결합해 보여 준다. 매우 영화적인 이런 기법에도 불구하고 이 장면은 전체적으로 보면 마치 연극적으로 연출되어 있다는 느낌을 주는데,

심지어 바닥이 시멘트로 된 스튜디오가 아닐까 하는 의심마저 들게
된다.

이렇게 베리만은 육체적 욕망에 사로잡힌 사람들과 죄의식으로
고행하는 사람들을 대비시켜서 죽음 앞에서 불안해 하는 사람들의
모습을 그려낸다.

고행하는 무리들이 떠나고 이어지는 장면은 동네 객주집의 장면
이다. 객주집에서 마을 사람들은 다가오는 죽음 앞에 두려워하며 어
쩔 줄을 모른다. 공연을 끝낸 요프가 목을 축이러 여기에 들렀다가
곡예단장에게 아내를 빼앗긴 대장장이를 만난다. 이때 라발이 술집
에 있다가 요프가 바로 그 아내를 훔친 곡예사라고 말한다.

갑자기 사람들의 분노가 요프를 향한다. 그들은 자기에게 닥친 운
명이 모두 요
프 때문인 것
처럼 요프에게
가혹하게 군
다. 라발은 이
런 군중을 이
용해서 요프에
게 식탁에 올
라 곰춤을 추
라고 강요한다

사진 27

(사진 27참조). 요프는 어쩔 수 없이 곰춤을 추고 있는데 연스가 객
주집에 들어와 라발의 장난을 발견하고 요프를 구한다. 연스는 라발

이 다시 장난치지 못하도록 그의 얼굴을 칼로 벤다. 그 사이 요프는 라발이 마을에서 훔쳤던 팔찌를 가지고 달아난다.

이 장면에서 곰춤을 추는 곡예사 요프의 모습은 사람들이 위기 앞에서 어떻게 희생양을 만들어내는가를 잘 보여 준다. 사람들의 불안은 마을 공동체의 외부 이방인에 대한 증오로 표출된다. 특히 곡예사와 같이 경계선 상에 있는 인물은 이런 희생양이 되기 쉽다. 베리만은 이 장면 역시 짧은 몽타주를 이용해서 묘사하는데 그는 마을 사람들의 이유 없는 분노와 그런 분노에 희생당하는 희생양의 고통을 아주 박진감 넘치게 전달한다.

5

사진 28

요프가 간신히 술집을 탈출할 무렵, 기사는 숲에서 미아와 미카엘이 노는 모습을 지켜본다. 그 사이 요프와 연스도 돌아온다. 요프가 저녁놀을 보면서 류트에 맞추어 노래하는 사이, 미아는 기사와 그 일행들에게 산딸기를 대접하는데 기사는 이것으로부터 깊은 감동을 받는다(사진 28참조). 기사는 이 순간을 잊지 못할 것이라고 말하면서 이렇게 말한다.

> "이 순간을 잊지 못할 거요. 이 고요함.. 딸기와 우유,...저녁놀에 물든 당신들의 얼굴, 수레 안에 잠든 미카엘, 류트를 타는 요프, 우리들이 나눈 이야기를 기억하면서, 이 기억을 신선한 우유가 철철 넘치는 그릇처럼 내 두 손에 조심스럽게 간직할 것이오. 그리고 이 기억은 나에게 커다란 충만함 그 자체가 될 것이오."

산딸기 한 그릇을 대접받는 것은 어떻게 보면 매우 작은 사건에 불과하다. 이 작은 사건이 기사의 마음을 이토록 충만하게 채운다는 것은 어찌 보면 과장처럼 보인다. 그러나 베리만은 항상 아주 작은 사건 속에 담겨져 있는 깊은 의미를 포착해 왔다. 그런 점에서 다시 생각해 보면, 한 그릇의 산딸기를 대접하는 바탕에는 다른 사람에 대한 깊은 애정이 전제되어 있다. 비록 현실적인 힘이 부족해 한 그릇의 딸기 밖에는 바치지 못하지만 그가 표시하는 타인에 대한 애정은 자연적인 물질적 힘 자체를 넘어서는 것이다. 따라서 이 한 그릇의 산딸기 대접 속에 신의 전 존재가 의지하고 있다고도 할 수 있다.
　기사는 이 한 그릇의 산딸기 대접을 통해 자신이 찾으려는 삶의 의미를 찾았다. 그것은 바로 이 아름다운 애정을 지닌 성가족을 죽음으로부터 지키는 것이다. 그래서 기사는 성가족 일행이 자기를 따라 숲을 넘어가도록 요청한다.

마침내 밤이 되어 기사의 일행은 숲 속으로 들어간다. 마침 아내를 찾던 대장장이도 숲으로 따라 들어오는데, 그는 숲길에서 곡예단장과 자기의 아내를 만나게 된다.

대장장이와 곡예단장의 만남은 매우 희극적으로 그려진다. 대장장이의 아내는 곡예단장과 대장장이 사이에서 줄다리기를 하고, 무식한 대장장이는 곡예단장과 어떻게 싸워야 하는 줄을 몰라, 연스가 불러주는 대로 말을 한다. 반면 곡예단장은 연극에서 사용하던 칼을 뽑아 자결하는 척하면서 위기를 모면한다. 연극과 현실 사이의 모호한 구별은 이 장면에서도 두드러지게 나타난다.

이윽고 달이 뜨면서 희극적인 분위기는 으시시한 분위기로 바뀐

손이 닿을 정도로 가까이에요

사진 29

다. 기사 일행이 공포에 떨면서 숲을 지나가는 사이 마녀를 화형시키려는 군인들과 부딪힌다. 회의주의자 블록과 유물론자 연스는 마녀가 화형당하는 숲 속에서 서로 대립한다. 기사는 마녀가 자기의 눈 속에 들어 있다고 주장하는 악마를 보려고 죽어가는 마녀의 눈을 들

여다본다(사진 29참조). 그러나 그는 아무 것도 발견하지 못한다. 그는 오직 죽음 앞에 떨고 있는 두려움 밖에 볼 수 없었다. 하지만 마지막 희망을 버리지 못하는 그는 이를 악물고 자기가 본 것에 대해 끝내 입을 다물고 만다. 하지만 연스는 기사의 마음을 꿰뚫어 본다. 기사가 공허 밖에는 보지 못했다는 것을 그는 안다.

> "연스: 누가 그 아이를 내려다보고 있던가요? 천사, 아니면 신, 아니면 악마? 아니면 오직 공허뿐인가요? 주인님, 공허가 맞죠?
> ‥‥‥‥‥‥‥‥‥
> 연스: 왜냐하면 그녀가 본 것을 우리도 보고, 우리의 공포나 그녀의 공포는 같은 것이기 때문이죠." (대본, p148)[15]

기사는 마녀의 죽어가는 고통을 덜어 주기 위해 진통제를 준다. 여기서 기사의 마음은 두 갈래로 갈라진다. 그는 미아로부터 산딸기를 대접받았을 때 미아의 행위를 통해 신의 존재를 확신했다. 그런데 그는 마녀의 눈 속에 들어 있는 공허로부터 신의 존재에 관해 다시금 회의에 빠지게 된다.

기사의 마음이 이런 극단적인 갈등 속에 있을 때 드디어 죽음의 추수가 시작된다. 우선 이성을 욕망의 수단으로 사용하는 라발이 페스트에 걸려 비참하게 쓰러진다. 이어서 육체적 욕망을 마음껏 추구하던 곡예단장 역시 나무 꼭대기에 매달려 있다가 죽음의 사신이 나

---

15   위의 인용문 가운데 뒷 부분은 영화 대사에서는 생략되었다.

무 밑둥을 베자 떨어져 죽는다.

밤은 더욱 깊어 가고 바람은 세차게 부는데 숲 속에서 드디어 죽음의 사신과 블록의 마지막 대결이 벌어진다. 이때 이미 기사는 죽음의 사신과의 장기내기를 포기하는 대가로 성가족 일행을 구하기로 결심했다. 그래서 그는 망토로 장기판을 쓸어 버린다. 그는 죽음의 사신이 허겁지겁 장기판을 다시 복원하는 것을 기다린다. 그 사이에 환상을 볼 줄 아는 요프는 기사가 죽음의 사신과 내기를 하는 것을 본다. 요프는 미아를 깨워서 마차로 도망친다. 기사는 요프가 도망치는 것을 확인한 다음 드디어 죽음의 사신 앞에 항복을 선언한다.

이런 기사의 행동은 신에 관한 베리만의 일반적 사유를 전제로 할 때 비로소 이해된다. 인식을 통해서 신을 확인하려는 어떤 시도도 불가능하다. 그 시도는 항상 신의 존재와 부재, 두 가지 가능성 모두를 열어 놓기 때문이다. 베리만은 여기서 그 스스로 신적인 행동을 취할 때 그래서 사랑과 자유, 생명력이 넘치는 삶 곧 절대적으로 자발적인 삶을 살아갈 때, 그는 그 스스로가 신적인 존재가 되면서 신이 존재하는 것을 입증한다고 주장한다. 이런 베리만의 사유를 고려해 볼 때 기사는 자신의 목숨을 대가로 성가족 일행을 구했는데, 바로 그런 사랑의 행동을 통해서 기사는 자신의 신앙을 확신할 수 있었던 것이다.

이제 기사에게 남은 것은 죽음의 사신에 끌려가는 것이지만, 그는 더 이상 죽음을 두려워하지 않는다.

숲 속에 폭우가 쏟아지는 사이 기사 일행은 마침내 성에 이른다. 그 성에는 기사의 부인이 그를 기다리고 있다. 그러나 이미 죽음의 분위기가 성안을 지배하고 있다. 기사의 부인은 기사와 그 일행에게 최후의 만찬을 베푼다. 그때 기사의 부인은 『요한 묵시록』에서 일곱 번째 봉인이 뜯기는 부분을 낭독한다. 그러자 드디어 죽음의 사신이 도착한다.

마지막 죽음의 사신 앞에서도 블록과 연스는 서로 대립한다. 이 순간 지금까지 회의하던 기사는 이미 경건성을 회복했다. 그래서 블록은 신에게 자비를 베풀어 주기를 기도한다.

기사: "어딘가에 있고 어딘가에는 있어야 할 주여, 우리에게 자비를 베푸소서"(대본,p162)

반면 연스의 유물론적 태도는 더욱 단호하다. 그는 마지막으로 신의 존재를 비난한다.

연스: "사람들이 말하기를 당신(하느님)이 있다고 하는 그 어둠 속에 아마도 우리 모두도 있겠지만.. 그 어둠 속에서 당신은 이제 당신의 외침에 귀 기울이거나 당신의 고통에 감동 받는 사람들이 아무도 없다는 것을 발견하게 되겠죠. 당신의 눈물을 씻고, 당신의 지금까지의

(사람들에 대한) 무관심 속에 당신을 비추어 보세요." [16](대본, p162)

연스는 신을 비꼬지만 결국 신은 없고, 사람들은 신에 무관심하게 될 것이라고 말한다.

여기서 우리는 기묘한 화해를 발견한다. 연스의 신의 부재에 대한 확신과 블록의 신의 존재에 대한 확신은 서로 대립되면서도 서로의 이면인 것처럼 서로 붙어 있다. 이 영화에서 두 사람의 고백은 마치 신부와 신도들 사이의 연도(連禱)와 같이 울려 퍼진다. 베리만이 이 영화의 마지막 장면을 이렇게 처리한 이유가 무엇일까? 어떻게 보면 유물론적 확신과 신앙의 확신은 서로가 서로를 보강해 주는 것이 아닐까? 만일 신이 인식을 통해 얻어질 수 있다고 한다면, 그것은 결국 외부에 존재하는 명령하는 신이 된다. 그 경우 인간은 행복을 위해 그런 신의 명령을 지켜야 한다. 인간은 노예가 된다. 여기서 신은 인간의 필요의 산물이면서 인간을 지배하는 존재이다.

반면 베리만의 신앙은 절대적인 유물론에서 출발한다. 유물론적으로 철저해야만 인간의 외부에 존재하면서 인간에게 명령하는 신을 거부할 수 있다. 그렇게 되면 인간은 허무 속에 있지만, 바로 이 순간 자기 내면 속에서 삶에의 의지를 느낄 수 있고, 이 의지는 아무런 동기가 없이 자발적으로 떠오른다. 이 의지가 바로 자유와 사랑 그리

---

16 영화에는 이 부분이 "영생에 관한 걱정을 덜어드려야 했는데, 너무 늦어버렸네요. 마지막 순간까지 살아 있다는 승리감만은 부디 누리십시오." 라고 되어 있다. 신의 부재라는 의미는 동일하지만 대본과 상당히 다르다.

고 아름다움의 힘이다. 베리만에게서는 그런 의지가 곧 신적인 존재
이다. 베리만은 인간의 절대적 자발성 속에서 신이 존재한다는 확신
을 얻을 수 있다고 본다. 그러므로 베리만에게서는 철저하게 유물론
적으로 될 경우 오직 그런 경우에만 신앙을 향하여 도약할 수 있다.

마침내 죽음의 사신의 손에 끌려 언덕 위를 사람들이 춤추면서
지나간다. 그들 위로 자비의 빗물이 떨어지면서 고단한 생애 동안 그
들이 흘렸던 눈물을 씻어낸다. 새벽이 되어 폭풍우가 사라진 다음 요
프는 밝은 햇살 속에서 깨어난다. 그는 환상을 통해 죽음의 신에 의
해 끌려가는 사람들의 모습(사진 30참조)을 보면서 다시 한 번 성모
의 환상에 빠져든다.

엄한 죽음의 사자가
춤사위를 이끌며

사진 30

Ingmar Bergman

대본은 영화를 위해 불완전한 기초적인 기술이다. 내가 언급하고 싶은 맥락과 연관하여 또 다른 주요한 것이 있다. 영화는 문학과 무관하다. 두 예술의 성격과 본질은 보통 갈등한다. 이것은 아마도 마음의 수용과정과 연관될 것이다. 쓰인 언어는 지성과 연합하여 의식적인 의지에 의해 해석되고 동화된다. 그것은 점차 상상력과 감정에 영향을 미친다. 이 과정은 영화와 다르다. 우리가 영화를 경험할 때, 우리는 의도적으로 환상을 맞을 준비를 한다. 의지와 지성을 제쳐놓고 우리는 상상 속에서 환상을 위해 길을 열어 놓는다. 영화의 장면들은 우리의 감정에 직접적으로 작용한다.

(Bergman Discusses Film Making)

5

「산딸기」 _ 허무주의와 모성

1

영화 「산딸기」[17]는 죽음을 눈앞에 둔 노인 이삭의 회상을 담고 있다. 영화는 이런 회상을 로드 무비의 형식을 빌려 표현한다. 영화 속에서 이삭은 명예박사 학위를 받기 위해 여행을 하던 중 과거를 회상하고 동시에 여러 사람들을 만나면서 자신을 반성하게 된다. 베리만은 이삭의 죽음에 대한 불길한 예감과 이삭의 삶에 못처럼 박혀 있던 고통스러운 기억을 향수 어린듯 그려 냈다. 동시에 그는 이삭의 자기 자신의 삶에 대한 냉정한 반성을 독특한 영화적 형식으로 표현하였다.

---

17 1957년 7-8월 촬영, 1957년 12월 개봉, 1958년 6월 베를린 영화제 금곰상 수상. 그는 1959년 9월 피아니스트인 셰비 라레테이(käbi Laretei)와 결혼했다.

이 영화에서 베리만은 꿈의 형식을 자주 사용했다. 베리만은 꿈의 불길함을 표현하기 위해 필름 프린트를 반복 복사하여 이미지를 지우고 흑백의 대조를 강조하였다. 이 기법은 이미 「톱밥과 반짝이」에서 사용하였고 후일 「늑대의 시간」에서 다시 사용해서 베리만을 대표하는 영화적인 기법이 되었다.

또한 베리만은 이른바 자유간접화법을 이용하였다. 베리만은 현재 노인 이삭이 과거 그가 사랑했던 사촌 사라를 시간을 뛰어 넘어 직접 만나게 만든다. 이삭이 사라를 만나는 장면은 영화 전체에서 세 번에 걸쳐 나오는데, 그때 마다 약간의 형식을 달리한다. 처음 숲 속에서 사라가 사촌인 지그프리트와 키스하는 장면에서는 현재의 이삭이 부르는 소리를 과거의 사라가 듣지 못한다. 두 번째 과거의 사라가 숲 속에서 현재의 이삭에게 늙고 지친 이삭 자신의 얼굴을 거울에 비추어 주는 장면에서는 사라가 말하지만 이삭은 대답하지 못한다. 세 번째로 과거의 사라가 현재의 이삭을 데리고 이삭의 부모를 찾아 줄 때는 이제 두 사람이 시간을 넘어 대화한다. 이는 마침내 서로 화해가 이루어졌음을 암시한다.

이런 독특한 형식과 더불어 이 영화의 이름을 높인 것은 이야기의 정교한 극적인 구성이다. 회상 속에 보여지는 이삭과 사라 사이의 관계는 현재의 이삭이 자동차 여행 중에 만난 사라와 그 친구들의 관계 속에 재연된다. 반면 극에서 또 하나의 축인 이삭의 아들 에발트와 며느리 마리안느 사이의 관계는 이삭과 그의 아내 카린 그리고 여행 중에 만난 알만의 부부의 모습을 그대로 닮는다.

물론 과거의 사라와 현재의 사라가 동일한 성격은 아니다. 과거의 사라가 수동적이었다면 현재의 사라는 적극성을 지닌다. 마찬가지로 이삭이나 알만과 달리 에발트는 마침내 차가운 이성을 버리고 열정적인 삶을 긍정한다.

과거가 현재에 반복되지만 그럼에도 현재에서는 과거에서와 달리 긍정성이 발견된다. 그 때문에 이 영화는 매우 아름다운 향수를 자아낸다. 그런 향수는 이삭이 고통스러운 과거를 회상함으로써 과거의 기억이 지닌 주술적인 속박으로부터 해방되면서 출현한다. 고통스러웠던 구세대는 가고 해방의 힘이 새로운 세대를 통해 살아 난다.

영화 「산딸기」는 치밀하게 짜여진 이야기 구조를 통해 인간 삶의 가장 기본적인 문제를 철학적으로 제기한다. 그것은 곧 과학과 삶의 문제이다. 니체가 말했듯이 이성에 토대를 둔 과학은 현실에 대한 패배감에서 나온다. 반면 삶의 결단이란 곧 패배를 무릅 쓴 운명애적인 의지이다. 과학과 삶의 이런 대립을 염두에 둔다면, 이 영화에서 이삭과 마리안느의 역할이 서로 대칭적이라는 점이 이해될 것이다. 도덕적인 이삭은 사촌 사라를 육체적인 지그프리트에게 빼앗김으로써 패배한다. 이런 패배에 의해 상처를 받은 이삭은 냉혹한 이성적인 삶을 택한다. 그래서 그는 세상과 단절하고 과학에 몰두한다. 그의 아들 에발트는 이러한 이삭의 삶을 극단화시킨 허무주의자이다. 그는 임신을 고백하는 마리안느에게 아이나 자신 중의 하나를 택하라고 강요한다. 이런 허무주의자에 대해 마리안느는 이혼을 무릅 쓰고 아이를 선택한다. 마리안느는 구원의 어머니 상이다. 마리안느는 니체가 말한 운명애적인 의지를 선택한 것이다.

2

타이틀이 오르기 전에 주인공 이삭이 보이스오버로 자기를 소개한다. 그는 진실을 알고 싶지만 무엇이 진실인지 확신할 수 없지만 끊임없이 조금씩 앞으로 나가려는 학자라고 자기를 소개한다. 사회 생활이라는 것이 대개 타인을 비평하는 행동들로 이루어지는데, 진실은 이처럼 모호하므로 타인에 대한 비평은 항상 허위가 될 가능성이 있다. 그는 결국 진실을 추구하는 삶 때문에 점차 타인과의 관계를 단절하고 혼자 살아가게 되었다고 말한다. 그는 특히 감정의 폭발이나 눈물, 아이들의 소란스러움을 싫어한다고 말한다.

이삭의 자기 소개는 회색의 이론적 탐구에 지쳐서 생명의 삶을 찾아보려는 파우스트 박사를 닮았지만, 이삭의 태도는 파우스트와 달리 체념적이다. 그러면서도 이삭은 자신의 삶이 고통스러웠다고 하면서, 풍요한 삶의 기쁨을 누리지 못했다는 것에 대해 안타까운 심정을 감추지 않는다.

타이틀이 진행된 다음 영화는 곧 이어서 이삭이 새벽에 깨기 전에 꾸었던 꿈을 소개한다. 그 꿈은 앞에서 말한 것처럼 초현실적인 느낌을 불러일으키는 기법으로 표현된다. 꿈에서 이삭은 아침 산책을 나갔다가 길을 잃어 낯선 거리로 들어선다. 거리에는 인적이 없는 건물들만이 강렬한 햇빛을 받아 눈을 멀게 할 정도로 하얗게 타오른다.

그는 안경점 광고판에 걸린 시계를 보았는데 그 시계에는 시계바늘이 없다. 시계 밑에는 두 눈이 그려져 있고 그 중 한쪽 눈에는 마치 피눈물이 흐르는 듯했다. 놀란 그가 자기 주머니의 회중시계를 꺼내자 그 시계 역시 시계바늘이 없다. 그가 귀에 시계를 대자 시계소리 대신 심장의 박동소리가 크게 들린다.

돌아보니 아무도 없는데 거리 끝에 중절모를 쓰고 코트를 입은 사람이 서 있는 게 보여 이삭이 그에게 다가간다. 다가가서 그의 얼굴을 보니 그의 얼굴은 마치 눈과 귀와 입이 일그러져 달라붙은 것처럼 보인다. 그의 어깨에 손을 대는 순간 그는 먼지처럼 사라지고, 빈 옷가지만이 허물처럼 떨어진다. 빈 옷깃에서는 피가 흐른다.

조금 뒤 그의 앞으로 마차가 다가온다. 마차는 그를 지나가다가 가로등 기둥에 바퀴를 부딪친다. 그 충격으로 가로등이 쓰러지고, 바퀴가 빠져 그에게 굴러오자 그는 간신히 그것을 피한다. 바퀴가 빠진 마차가 기울어지면서 찌걱거리는 소리가 마치 아이가 우는 소리처럼 들린다. 마차의

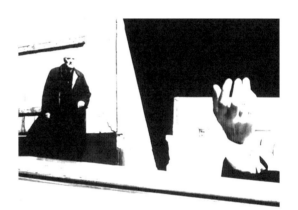

사진 31

문에는 아이의 얼굴이 그려져 있다. 마차에 실린 관이 땅에 떨어지고 말은 부서진 마차를 달고 도망친다. 떨어진 관 뚜껑 사이로 사람의 손이 비죽 나와 있다. 그가 그 손을 잡자 갑자기 그 손이 그를 관속으로 끌어당긴다. 그 손길에 이끌려 그가 관 속의 얼굴을 보자 누워 있는 시체는 바로 그 자신이었다(사진 31참조).

베리만이 제시하는 이런 꿈의 내용을 일일이 해석할 필요는 없을

것으로 보인다. 주요한 것은 이런 꿈 전체를 지배하는 어떤 분위기이다. 그 분위기는 꿈꾸는 이삭의 의식 속에 억압되어 있던 무의식적 감정의 분출이다. 그 감정은 죽음이 예고도 없이 닥칠 수 있을 때의 느낌으로 보인다. 그런데 전반적으로 불길한 이 분위기 속에서 마차가 찌걱대는 소리가 아이의 울음 같아서 무언가 새로운 탄생의 가능성을 예고하는 것처럼 보인다.

3

꿈에서 깨어난 이삭은 명예박사 학위수여식에 참여하려 한다. 그것은 그가 의사로서 50년 동안 과학(박테리아학)에 봉사한 대가이다. 수여식은 중세의 대학 도시인 룬트에서 진행되는데 이삭은 거기까지 비행기로 가려던 계획을 바꾸어 차를 몰고 가려 한다. 이삭에게 충실한 가정부 아그다가 비행기로 함께 가지 못해 이삭이 "자기 생각 밖에 못한다"라고 불만을 터뜨리지만, 이삭은 이를 무시한다. 마침 집에 와 있던 며느리 마리안느가 목적지인 룬트(아들 에발트의 집이 거기 있다)까지 태워 달라고 해서 이삭은 그녀와 동행하기로 한다. 이렇게 해서 이 영화의 두 축인 이삭과 마리안느의 여행이 시작된다. 이 여행은 이삭의 반성의 여행이면서, 마리안느가 결단을 내리는 여행이기도 하다. 이삭의 반성과 마리안느의 결단은 서로 영향을 주고받는다.

처음 동행했을 때 이삭과 마리안느의 관계는 매우 건조하고 심지어 약간 적대적이었다. 이삭은 마리안느가 아들을 만나러 룬트까지 가는 것을 마리안느가 서로 헤어지려는 것으로 생각하고 마리안느를 싫어한다. 그래서 이삭은 마리안느가 차안에서 담배를 피우지 못하게 한다. 또한 그는 마리안느 앞에서 자기 아들을 옹호한다. 그는 자기와 에발트는 원칙을 지키려 하는 동일한 성격을 지녔다는 것이다.

이삭의 이런 공격 앞에서 마리안느 역시 지지 않는다. 마리안느는 이삭을 '냉혹한 이기주의자'라고 몰아 부친다. 마리안느는 이삭의 옛날 어른 같은 온화한 가면 뒤에는 못과 같은 단단한 이기심이 감추어져 있다고 한다. 그러면서 마리안느는 예를 들어 이삭에게 자신들의 결혼 문제를 상의하려 했을 때, 그가 자기 문제는 자기가 처리해야 한다면서 만일 필요하다면 정신과 의사나 목사를 만나보라고 말했다고 비난한다.

이삭은 마리안느의 이런 노골적인 공격 앞에서 멈칫거린다. 그러면서 마리안느가 집에 있어서 그동안 즐거웠다고 말하는데, 마리안느는 그것은 마치 집에서 기르는 고양이를 반가워하는 것과 같았다고 비난하면서 노골적으로 자기는 이삭이 싫다고 말한다. 그러자 이삭은 마리안느의 말에 깊은 충격을 받는다. 지금까지 차안에 나란히 앉은 두 사람을 교대로 잡고 있던 카메라는 이때 바퀴가 굴러가는 땅바닥을 포착하면서 이삭의 추락하는 느낌을 표현한다.

여기서 자극 받은 이삭은 무언가를 보여 주려는 듯이 큰길을 벗어나 그가 스무 살까지 여름이면 놀러왔던 바닷가 별장으로 마리안느를 데리고 간다. 이렇게 해서 이삭의 회상 장면이 시작된다.

별장은 지금 황폐화되어 있다. 별장 앞에서 두리번거리는 이삭에게 마리안느는 관심을 잃어버린 듯 차라리 수영이나 하고 오겠다고 한다. 마리안느가 떠난 뒤 이삭은 풀 숲 사이에서 어릴 때 기억이 묻혀 있는 산딸기 밭을 발견한다. 이 산딸기라는 단서를 통해 이삭은 사촌 사라에 대한 사랑의 기억으로 빠져든다. 이삭의 눈가에는 이른 아침 산딸기를 따는 사라의 모습이 생생하게 떠오르고 이쪽 현재의 문턱에 있는 이삭은 저쪽 기억 속에 있는 사라를 부르지만 사라는 듣지 못하고 열심히 산딸기만 딴다.

이때 사라의 뒤에 지그프리트가 나타나 사라에게 노골적으로 치근댄다. 사라는 지그프리트의 접근을 이삭과의 약혼을 핑계로 막지만 사라의 마음은 이미 지그프리트에게로 넘어가 있다. 지그프리트가 갑자기 사라에게 키스를 하자 처음 저항하던 사라는 오히려 열정적으로 지그프리트에게 키스한다. 사라는 다시 지그프리트를 밀쳐내고 이삭과의 약혼을 깨뜨렸다는 죄의식을 지그프리트의 유혹 때문이었다고 변명한다. 이 장면에서 베리만은 도덕적인 이삭을 사랑하면서도 지그프리트에게 육체적으로 끌려드는 사라의 심리를 생생하게 표현한다.

이어서 집안에서 아침 식사가 시작된다. 그 자리에 이삭과 그의 부모들은 없지만 모든 사촌들과 삼촌 그리고 숙모들이 모여서 20세기 초 중산층 가정의 생활의 활기를 보여 준다. 아이들은 서로 싸우고 떠들고 어머니들은 야단치고 그런 가운데 집안의 가장에 대한 존경심이 베어 있다. 식사 도중에 사라의 사촌 동생들이 사라와 지그프리트가 키스하던 장면을 폭로하자, 사라는 울면서 자리를 뛰쳐나간다. 사촌 언니 지그브리트가 사라를 달래기 위해 사라에게 다가가고, 이삭 역시 그들의 눈에 띄지 않은 채 그들을 따라간다.

사라는 지그브리트에게 자기의 마음을 고백한다. 이삭은 시나 피아노, 내세에 관심을 가지고 어둠 속에서만 키스를 하고 그래서 도덕적이지만 열정이 없다는 것이다(사진 32참조). 이삭은 오랜 세월이 흐른 지금에서야 비로소 사라가 자신을 떠난 이유를 이해하게 된다.

그 사이 식당에는 여전히 즐거운 잔치가 벌어지는데, 사촌 언니와 함께 식당으로 되돌아온 사라는 다시 이삭을 찾겠다고 밖으로 나간다. 그때 이삭은 꿈에서 깨어난다.

사진 32

4

꿈에서 깬 이삭은 과거의 사라가 사라진 바로 그 자리에서 새로운 사라를 만난다. 그녀는 나무 위에 올라가 쉬다가 이삭 앞에 내려온다. 사라는 이탈리아로 여행하는 중이었다. 친구들 즉 목사를 지망하는 안데쉬와 의사를 지망하는 무신론자 빅토르가 사라와 동행한다. 사라와 안데쉬 그리고 빅토르의 관계는 옛날 사라와 이삭 그리고 지그프리트의 관계를 그대로 되풀이한다. 그때와 마찬가지로 사라는 마음으로는 안데쉬를 사랑하지만 현실적으로는 빅토르에게 끌린다.

이제 새로운 여행객들로 차안이 가득 차 있다. 이삭이 운전하던 중 마주 보고 오던 차와 충돌할 뻔했다. 그 차에는 알만 부부가 타고 있었다. 그들 차의 바퀴가 빠져서(꿈속에서 마차 바퀴를 피하는 것을 그대로 재연한다) 그들은 가까운 주유소까지 이삭의 차를 타고 가기로 했다. 알만 부부는 차안에서도 끊임없이 서로 싸운다. 알만은 자기 아내가 연극을 한다고 비난하고, 알만 부인은 남편의 성적 무능력을 조롱한다. 이 부부는 서로 싸움을 벌이지만 서로 의존한다. 그들의 상호 의존은 상호의 이기심에 기초한다.

　　"이기심마저 없었다면 벌써 서로 죽었겠죠."

　　결국 마리안느의 요청에 의해 두 사람은 차에서 쫓겨난다. 이들 부부의 싸움은 이삭에게 이삭과 아내 카린과의 관계를 상기시킨다. 그것은 마리안느에게도 마찬가지이다. 마리안느 역시 이 부부의 싸움이 자기 부부의 싸움과 다를 바 없다고 생각한다.

　　베리만은 이 장면에 이어서 잠시 이삭의 또 다른 면모들을 보여준다. 이삭이 처음 의사로서 근무했던 지역을 지나면서 주유소에 들르자, 주유소 부부로부터 과거에 이삭이 그들에게 베풀었던 치료 때문에 과도한 칭찬을 받는다. 이것은 명예박사를 받는 것과 마찬가지로 성실하게 자신의 의무를 다하는 이삭의 태도를 잘 보여 준다. 이 장면은 의무의 수행이 비록 삶으로부터의 도피라 할지라도 긍정적인 측면을 지닌다는 베리만의 평가를 담고 있다.

　　또 한 가지 에피소드는 일행이 아름다운 호숫가에서 점심을 먹을 때의 일이다. 새로운 사라를 둘러싸고 목사 지망생 안데쉬와 의사 지망생 빅토르가 격돌하는데 그들은 이번에는 신앙의 문제로 싸운다.

그들의 논쟁은 평범한 것이다. 신앙은 기만이고, 반대로 과학은 인간의 고통을 이해하지 못한다는 주장이다. 그런데 두 사람의 신학 논쟁 끝에 사라가 이삭에게 의견을 묻자, 이삭은 자기 의견을 밝히기보다는 포도주에 취한 듯 한편의 시를 읊는다. 그가 읊는 가운데서 기억이 나지 않아 머뭇거리자 마리안느가 이를 이어 받고 다시 안데쉬까지 가담하여 그들의 낭독이 합창을 이룬다.

"내가 애타게 찾던 친구는 어디 있는가?/ 새벽은 고독과 걱정의 시간이었으나/ 황혼이 올 때도 나는 여전히 갈망하고 있다네. 비록 내 심장이 애타지만 나는 그의 영광과 힘의 흔적을 보나니. 낟알의 귀 속에서 그리고 꽃의 향기 속에서, 바람이 숨쉬는 모든 갈피에, 그의 사랑이 저기 있으니. 그의 목소리가 여름 미풍에 .." [18]

이 시는 자연에 충만한 신의 존재를 주장하는 자연신학적인[19] 입장을 보여 주면서, 과학자 이삭에게 감추어져 있는 경건함을 드러 낸다. 이런 자연신은 자연 속에 들어 있는 생명력, 자발적이고 약동하는 창조적 힘이다. 그것은 니체가 말한 삶에의 의지와 직결된 것이다. 이런 자연신은 베리만이 인정하는 유일한 신앙이다. 이런 자연신

---

18 이 시는 대본(p204)에서 다시 번역한 것이다. 대사는 원래 시의 경건함을 살리지 못했다. 대본은 Four Screen Plays of Ingmar Bergman, tr. Lars Malmstrom & David Kusher, Simmon & Schuster, 1989를 사용.

19 자연신학적 입장이란 자연 속에 신이 내재한다는 범신론적인 입장을 말한다. 이 입장은 스피노자, 괴테 등으로부터 유래해서 쉘링 등으로 계승되어 왔다.

은 인간이 스스로 자유를 향해 결단하는 가운데 스스로 확증된다.

이 장면을 통해서 이삭은 원래 자연신을 그리던 신비주의적인 인간임이 드러난다. 그러나 이삭은 가혹한 현실 앞에서 좌절하면서 도피하는데 그가 택한 것은 바로 과학을 통해 가능한 한 조심스럽게 살아가는 삶이다.

그런데 이삭은 과학을 통해 언젠가는 자연신에 다시 이를 수 있지 않을까 하는 기대를 가지고 있다. 이런 기대 때문에 이삭은 지금까지 과학적 진리를 찾는 길에서 멈추지 않았다.

그런 점에서 이삭의 이기주의는 자신을 위해 모든 것을 희생시키는 나르시시스트적인 이기주의와 구분된다. 바로 이런 점이 이삭이 감추고 있는 긍정성이다.

그러나 자연의 질서 속에 신적인 힘을 발견한다는 희망이 실현되지 않을 때 또는 자연의 질서에는 부조리와 맹목성만이 충만할 때, 이삭의 경건함은 무너진다. 그에게 남은 것은 현실의 두려움 앞에서 자기를 보존하려는 지극히 작은 인간, 냉혹한 이기주의의 인간 즉 니체가 말한 '종말인'이다.

이삭의 아들 에발트에게서 이삭의 경건성이 난파하고 남은 허무주의의 모습이 발견된다. 이 영화에서 이삭과 에발트의 쌍은 이 영화 직전에 만들어진 「제7의 봉인」에서 경건한 기사와 허무주의적인 시종의 쌍에 대응한다. 기사와 시종의 쌍이 동일한 성격의 이면이듯 이 영화에서 아버지 이삭과 아들 에발트는 동일한 인간성의 이면이다. 즉 이삭의 이면에는 허무주의자 에발트가 있고 거꾸로 에발트의 이면에는 경건한 이삭이 존재한다.

5

베리만은 이렇게 이삭의 긍정적인 측면을 서술한 다음 곧 이어서 이삭의 부정적인 측면을 서술한다. 이 측면은 이삭이 어머니를 방문하는 장면에서부터 연속적인 꿈장면들까지 계속된다.

이삭은 근처에 있는 어머니의 집을 방문한다. 그의 어머니는 저택에 오직 간호사와 함께 산다. 이삭이 방문할 때의 분위기를 미리 예고하듯 갑자기 폭풍이 몰려온다. 이삭이 오자 어머니는 상자 속에 사진이며 인형 그림책을 꺼내 자신이 길렀던 아이들을 회상하지만, 그 회상에서는 더 이상 어떤 생명감도 느껴지지 않는다. 회상은 그저 메마른 한 때의 기억처럼 남아 있을 뿐이다.

이삭의 어머니는 이삭에게 자신은 항상 배 속에 추위를 느끼면서 살아간다고 호소하면서 의사로서 도와주기를 부탁하지만 이삭은 자신이 더 이상 어떻게 할 수 없다는 것을 안다. 이삭이 떠나기 전 이삭의 어머니는 지그브리트의 아들에게 아버지의 금시계를 주고 싶다고 하면서 상자에서 금시계를 꺼내는 데 이삭의 새벽 꿈에서처럼 그 시계에도 시계바늘이 없다. 이삭은 다시 불길한 예감에 사로잡힌다.

어머니 집을 나온 이후, 죽음에 대한 불길한 예감으로 피곤한 이삭은 마리안느가 운전하는 사이 차안에서 잠에 골아 떨어진다. 잠 속에서 그는 연속적으로 많은 꿈을 꾼다. 그 꿈은 모두 이삭의 불길한 예감과 연관된다.

우선 과거의 사라가 산딸기 밭이 있던 곳으로 다시 나온다. 사라는 이제 현재의 이삭에게 거울을 보라고 한다. 사라는 이삭이 곧 죽을 나이지만 자기의 인생은 이제 막 시작이라고 말한다. 그러면서 사라는 이삭에게 상처를 받더라도 진실을 외면하지 말고 바로 보라고 말한다. 사라는 자기는 이제 지그프리트와 결혼할 것이라고 또한 이삭은 박사인데도 아직도 진정 필요한 것은 모른다고 말한다.

사라의 이 말은 사실 노인이 된 이삭이 자기 자신에게 하고 싶은 말일 것이다. 그는 사라가 육체적 욕망 때문에 지그프리트의 유혹에 빠져 자기를 버렸을 것이라고 생각해왔다. 그렇게 생각함으로써 그는 자신의 결함에 대해 눈을 감았던 것이다. 그는 이제 사라를 이해하게 되었다. 사라가 자신을 떠난 것은 지그프리트나 사라의 책임이 아니라 자기 즉 이삭 자신의 현실에 대한 두려움 때문이었다. 그의 엄숙한 도덕적 의식 뒤에는 삶에 대한 두려움이 감추어져 있다. 사라가 거울을 꺼내 이삭의 늙고 지친 얼굴을 보여줄 때(사진 33참조), 그

사진 33

얼굴은 현실 앞에 두려워하는 이삭의 얼굴이었다. 그것이 사라가 말한, 이삭이 반드시 알아야만 하는 진실이다.

사라는 꿈속에서 이런 말을 하면서 사촌 언니인 지그브리트의 아이를 돌보러 간다. 사라가 아이를 안고 자장가를 부른다. 그 자장가는 "바람을 두려워하지 마라, 새를 두려워하지 마라, 갈가마귀와 갈매기.. 바다의 파도를 두려워 마라.

여기 너를 보살피는 이모가 있잖니" 라는 내용이다. 이 내용은 바로 이삭이 원했던 것, 그의 어머니가 그에게 베풀어주기를 바랬던 보호이었다. 그러나 그 자장가는 이삭이 아닌 다른 아이에게 향한다. 그 때문에 이삭은 한없이 가슴 아파한다.

이어서 사라는 아이를 내려놓고 또 뛰어가서 이번에는 지그프리트 앞에서 피아노를 치면서 노래를 부른다. 사라의 뒤를 쫓아가던 이삭은 창밖에서 회한으로 가득 차서 사라와 지그프리트의 포옹을 지켜본다. 그들을 바라보는 이삭의 얼굴에는 사라에 대한 이해와 자신의 책임 그리고 사라진 사라에 대한 그리움이 가득 담겨 있다. 그 순간 화면 속에서 못 박히는 소리가 들리면서 그의 손바닥이 문가의 못에 걸려 찢겨진다. 그것은 이삭의 내적인 고통을 표현하는 이미지로 보인다.

이어지는 꿈에서 이삭이 창문 안을 바라보는 사이 문이 열리고 알만이 나와 그를 안으로 데려간다. 알만 역시 이삭의 분신이므로, 여기서 이어지는 꿈의 장면들은 모두 이삭이 자신에게 하는 말이라고 볼 수 있다.

이삭이 들어간 곳은 대학교에서 보이는 것 같은 원형 강의실이다. 거기서 그는 시험을 치른다. 시험관은 알만이고, 이삭이 여행에서 동반한 모든 사람들이 감시관으로서 원형 강의실에 앉아 있다. 시험은 우선 알만이 가지고 왔던 수첩을 검토하는 것으로부터 시작된다. 그 수첩 속에는 이삭에 대한 다양한 평가표가 들어 있다. 이어서 알만은 현미경을 보고 세균 표본을 확인해 달라고 하는데 이삭이 현미경을 들여다 보자 거기에는 자기를 바라보는 커다란 눈동자만이 보인다. 이것은 이삭을 지배해온 아버지의 이미지일 것이다. 이삭은 이런 검열자의 도덕적 명령에 따라 삶의 욕망을 억제해 왔다.

곧 이어서 알만은 이삭에게 칠판에 쓰인 글자를 해석하라 한다. 이삭은 그 글을 이해할 수가 없다. 알만은 이 글은 의사의 본분과 관계 된다면서 의사의 본분을 물어 보는데 이삭은 이 질문에 대답할 수 없다. 알만은 의사의 본분은 용서를 구하는 일이라고 알려준다.

알만은 다시 죄 중의 죄가 무엇이냐고 묻는데 이 질문에 대해도 이삭은 대답할 수 없다. 그러자 알만은 이삭은 자기가 왜 고소당했는지도 모른다고 수첩에 적는다. 이삭은 자기는 심장이 약한 노인이니 이를 참작해 달라고 요청하지만 알만은 그런 기록은 없다면서 거절하고 이어서 환자의 상태를 검토해 달라고 한다. 수술대 위에 누워 있는 환자는 알만의 부인이다. 이삭은 그녀가 죽었다고 말한다. 그 순간 알만의 부인은 일어나 이삭의 잘못된 판정에 대해 냉소를 터뜨린다. 그러자 알만은 이삭이 무능력하다고 판정한다.

이런 알만의 판정은 모두 과학의 활동과 연관된다. 젊었을 때 과학을 통해 자연신의 존재를 추구했던 이삭은 과학에 몰두하면서 이성의 오만에 빠졌다. 위의 장면에서 의사의 본분이나, 죄 중의 죄란 모두 이삭이 빠진 과학자로서의 오만을 지시하는 것으로 보인다.

이삭은 이런 오만에 빠진 것 이상으로 잘못을 범해 왔다. 그것은 그의 부인과 연관되는 잘못이다. 알만은 이삭의 부인이 그를 냉정함, 이기주의, 무정함으로 고소했다고 말하면서 그를 집 밖의 낯선 곳으로 인도해 간다. 늪지를 지나 숲 속의 공터에 그의 부인이 있다[20]. 그의 부인은 낯선 사람과 만나 사랑을 나눈 후 만약 이 사실을 이삭에게 알리면 이삭은 자기를 불쌍하다고 하면서 모든 게 이삭 자기의 잘못이라고 말할 것이라 한다. 그러나 이삭의 부인은 이삭의 그런 말은 아무 의미가 없고 이삭은 진정으로 냉혹하고 차디찬 사람이라 말한다(사진 34참조).

사진 34

---

20 대본에는 이삭이 늪을 지나면서 뱀을 만나는 것으로 그려진다. 여기서 뱀은 성적인 욕망을 상징한다. 이것을 통해 이삭이 부인에 대한 성적인 욕망을 억압해 왔거나 심지어 성적으로 무능력하다는 것을 알 수 있다. 영화에서 이 부분은 생략되었으나, 전체적인 분위기는 대본과 일치한다.

이삭의 부인은 여기서 이삭의 성적인 무관심을 비난 하는 것으로 보인다. 부인의 이런 비난에는 이삭을 사랑하는 부인의 마음과 이삭의 무관심에 대한 부인의 도발적인 감정이 복합적으로 얽혀 있다. 부인의 신경질적인 냉소가 그것을 입증한다.

부인에 대한 무관심의 원천은 사라의 배신에 기인한다. 사라의 배신은 본래 이삭이 가진 성격적인 결함에 기인한다. 그의 성격은 차가운 그의 어머니로부터 단절되었다는 경험으로부터 유래하는 것으로 보인다. 이제 그는 사라의 배신을 이해했으며 따라서 이삭은 부인의 부정과 신경질적인 냉소도 이해하게 된다.

알만은 이삭이 30년 동안 부인의 이 배신 장면을 잊지 않았다고 비난한다. 알만의 비난은 이삭 자신의 자기에 대한 비난인데, 이삭이 이 장면을 잊지 않은 이유는 무엇일까? 거기에는 그가 사랑했던 사라의 배신으로부터 받은 고통과 함께 어머니의 차가움으로부터 받은 상처가 중첩되어 있기 때문이 아닐까?

자신의 잘못을 깨달은 이삭이 고통스러운 듯 뒤를 돌아보자 그의 부인도 사라지고 모두들 사라지고 알만만이 남았다. 알만은 이삭에 대한 이런 심사는 고통도, 출혈도 오한도 없는 완벽한 것이라고 말한다. 그러자 이삭은 처벌을 묻는다. 알만은 외로움이 곧 처벌이라 하자 이삭은 "은총은 없는가" 라고 반문하면서 마침내 꿈에서 깨어난다.

6

그가 깨어나자 차는 서 있고 옆자리에 마리안느가 있다. 아이들은 모두 밖으로 산책 나갔다 한다. 깨어난 이삭은 마리안느에게 꿈 얘기를 하면서 자기를 살아 있는 송장에 비유한다. 마리안느는 에발 트도 똑같은 비유를 썼던 것을 상기한다. 여기서부터 마리안느의 고 백이 이어진다. 마리안느는 몇 달 전 에발트에게 자신이 임신했다고

말하자, 에발트는 자신 과 아이 중의 하나를 선택하라고 했다. 이때 에발트는 아이를 기를 수 없다는 이유를 이렇 게 설명했다.

사진 35

"이런 쓰레기 (세상) 를 만들어 놓고 행복 하기를 바라는 것은 모순이야.

뭐라고 해도 좋아. 나 역시 지옥 같은 결혼에서 원치 않은 아이로 태어났어. 내 아버지가 누군지 잊었어?
....
역겨운 삶을 견딜 수도 없고, 하루라도 더 살 구실을 만들기 싫어.
....
난 죽고 싶어, 완전한 죽음을 원해." (사진 35참조)

에발트의 이런 표현들은 세계의 질서는 부조리하고, 삶은 맹목적 이라는 허무주의의 표현으로 보인다. 이런 에발트의 태도는 과학에

매진해온 이삭의 태도와 표면적으로 보면 대립적이다. 그러나 사실 양자는 동일한 원천을 지닌다. 그것은 현실에 대한 두려움이다. 이 두려움을 피하기 위해 이삭이 과학으로 도피했다면, 에발트는 죽음을 택한 것이다.

이제 마리안느는 이삭에게 자신의 결단을 알린다. 그 결단은 이삭의 어머니로부터 받은 인상에서 출발한다. 마리안느는 차가운 태도가 이삭의 어머니로부터 이삭을 거쳐 마침내 에발트에게까지 흘러내렸다고 말한다. 이런 점에서 마리안느의 결단은 이삭이 앞 장면에 나온 꿈속에서 모든 추위와 고독의 궁극적 원천이 어머니로부터의 단절이었다는 것을 발견한 것에 대응한다. 그러면서 마리안느는 이렇게 말한다.

"배 속의 아이를 생각했죠. ……
그래요 추위와 죽음과 고독 밖에 없어요.
….여기서 멈추어야 해요. "

마리안느에게서 아이를 낳는다는 것은 곧 남편인 에발트와 헤어진다는 것을 의미한다. 그게 에발트의 요구사항이었다. 그럼에도 불구하고 마리안느는 아이를 낳기로 결심한다. 그것은 이 추위와 죽음과 고독을 멈추기 위해서이다. 마리안느의 태도는 곧 운명애적인 의지를 보여 준다. 이런 운명애적인 의지가 위협적인 현실로부터 도피하지 않고 현실을 직시하는 유일한 방식이다.

이제 이 영화의 결정적인 갈등이 해소된다. 남은 것은 대단원이다. 베리만은 우선 새로운 사라와 아이들이 이삭에게 꽃을 바치는 것으로 대단원을 시작한다. 이 꽃은 마침내 자신에 대한 진실을 깨달은 이삭에 대한 헌화이다.

이어서 대학 도시 룬트의 중세 건물 속에서 장엄한 명예박사 학위

사진 36

수여식의 의례가 거행된다(사진 36참조). 이 장엄한 의례는 실제로는 지루하고 무의미하다. 그렇지만 이런 의례를 지치지 않고 빠짐없이 거행한다는 것은 인간의 성실성을 보여 주는 것이다. 즉 이런 의례는 끊임없이 인간의 삶을 침식해 들어오는 죽음과 파괴의 위협 앞에서 인간이 자신의 삶과 문화를 지키는 최후의 보루이다.

이런 점에서 의례는 과학에 대응한다. 과학은 자연 속의 진실을 추구하지만 진실을 획득할 가능성은 보이지 않는다. 진실은 항상 모호하게 남아 있다. 그럼에도 인간은 진실을 찾기 위해 개미처럼 매달려 있다. 이 개미들의 집단적 의지가 곧 과학이다. 이런 과학은 진실을 발견하려는 데 목적이 있는 것이 아니고, 침식해 들어오는 죽음의

힘을 막아내는 데 그 목적이 있다.

이런 장엄한 의식에 대한 베리만의 찬양은 이삭에 대한 베리만의 긍정적 평가와 관련된다. 결국 인간은 어머니로부터 분리되며, 현실의 위협에 직면한다. 이 위협 앞에서 삶의 결단을 내리는 것이 중요하다. 베리만은 분명 마리안느와 같은 결단을 요구한다. 그러나 이삭처럼 어머니를 상실한 고통을 묵묵히 참고 견디는 것 역시 삶이다. 이런 삶은 엄숙한 의식이나 진지한 과학적 추구를 통한 삶이다. 그런 삶은 죽음과 끝없는 전투를 지속한다는 의미를 지닌다.

이렇게 의식이 끝난 다음 밤에 잠들기 전에 이삭은 가정부 아그다 부인에게 아침에 화를 냈던 것에 대해 용서를 빈다. 잠들기 직전 그는 에발트가 마리안느와 함께 살기로 결정했다는 소식을 듣고 안심한다. 새로운 사라와 친구들이 창밖에서 그에게 축가를 들려준다. 지금껏 이삭의 모든 고통을 위로한다는 듯 새로운 사라는 과거의 사라를 대신해서 영원히 이삭만을 사랑할 것이라고 말하며 떠난다.

마지막 장면은 다시 꿈의 장면이다. 여름 별장 앞에서 다시 헤매고 있는 이삭 앞에 과거의 사라가 등장한다. 마침내 이 장면에서 늙은 현재의 이삭과 과거의 사라는 서로 말이 통하게 된다. 사라는 이삭이 아버지와 어머니를 찾는 데 도와주겠다고 말하면서 이삭을 들꽃들이 피어 있는 동산으로 데리고 간다(사진 37참조). 저 멀리 바닷가 바위 위에 어머니와 아버지가 앉아 이삭을 발견하고 손을 흔든다.

이 장면은 실제로 있었을 법하지 않다. 왜냐하면 앞에서 베리만은 어머니의 성격을 차가운 성격으로 그려놓았기 때문이다. 그러므로 이 장면은 이삭이 그리워마지 않던 어머니, 현실에 존재하지 않고 다만 환상으로만 존재하는 어머니의 이미지일 것이다.

사진 37

결국 환상 속에서 이삭은 어머니의 따뜻함을 다시 되찾는다. 그러면서 이삭은 깊이 잠든다. 매일 고통스러운 허무를 묵묵히, 과학의 추구를 통해 견디어온 이삭의 삶이 이렇게 끝난다.

Ingmar Bergman

음악도 마찬가지로 작용한다. 나는 음악보다 영화와 공통적인 예술형식은 없다고 생각한다. 두 가지는 지성을 통하지 않고, 감정에 직접적으로 작용한다. 영화는 주로 리듬이다. 그것은 지속적인 숨 내쉬기와 들이 마시기이다.

(Bergman Discusses Film Making)

6

「거울을 통해 어렴풋이」 _거미신

이 영화[21]의 제목 '거울을 통해 어렴풋이'는 고리도 전서(1장 13절)에서 바울이 한 말이다.

"우리가 지금은 거울에 비추어 보듯이 희미하게 보지만, 그 때에 가서는 얼굴을 맞대고 볼 것입니다. 지금은 내가 불완전하게 알 뿐이지만, 그 때에 가서는 하느님께서 나를 아시듯이 나도 완전하게 알게

---

21 1960년 7-9월 촬영, 1961년 10월 개봉, 1962년 4월 아카데미 최우수 외국 영화상 수상. 이 영화를 촬영한 배경이 포러 섬이다. 그는 이후부터 포러 섬에 지극한 애정을 지닌다. 그가 황량한 이 섬에 왜 그렇게 애정을 지녔는지는 그의 철학을 통해 드러난다. 그의 철학에서 철저한 허무주의가 절대적인 삶에의 의지의 이면이다. 그는 황량한 이 섬에서 오히려 따뜻한 욕망의 꿈에 빠질 수 있었다.

될 것입니다."

고린도 전서의 이 말은 신적인 인식에 비해 인간의 인식이 한계를 지닌다는 뜻이다. 그런데 이 영화에서 이 말은 부정적이라기보다는 오히려 긍정적으로 사용된다. 즉 이 말은 적어도 어렴풋하게나마 알 수 있다는 것을 의미한다.

이 영화에서 주요한 것은 얼마만큼 아는가가 아니라, 오히려 무엇에 대해 아는가이다. 이 영화의 소재는 아버지와 딸의 근친상간적인 욕망이다. 아버지는 이런 욕망을 끝내 회피하여 예술에 몰두하지만 딸은 마침내 사회가 그어놓은 근본적인 금기를 넘어선다. 그 결과 딸은 절대적인 공허에 이르지만 이것을 통해 역설적으로 어떤 인식에 이른다. 그 인식은 삶의 가장 기본적인 힘에 대한 인식이다.

이 영화에서 제기되는 '공허를 통한 인식'이라는 주장은 50년대 서구 사상계를 지배한 실존철학의 주장과 상통한다. 하이데거가 무를 통해 존재의 해명에 이르고, 사르트르가 구토를 통해 즉자의 세계에 부딪힌다고 했을 때 그 의미가 이 영화의 메시지와 일치한다. 우선 영화의 흐름을 해부하여 보자.

2

영화는 어두워지는 황혼에 시작된다.

"황혼이 지면서 반쯤 어두운 가운데 일렁이는 파도로부터 외침과 웃

음소리가 들렸다." (대본, p15)[22]

사진 38

세계는 어두워지고 있다. 이 어둠 속에 어떤 무서운 것들이 다가
오는 줄 모르고, 아니 막연하게 예감하면서 사람들이 놀고 있다. 그
들의 놀음은 무언가 과장된 듯이 보이며 그래서 감추어진 불안을 잊

22 이하 대본은 The Three Films by Ingmar Bergman, tr. Paul Britten Austin, Grove
Press,Inc. 1970을 사용. 이 영화의 대사는 너무 축약되어 그 의미를 이해하기 어렵다. 그래
서 인용은 가능하면 대본에 따른다. (유의: 인용이 밝혀지지 않은 말은 대사이다.)

으려는 듯하다(사진 38참조).

영화의 배경은 북해의 황량한 섬이다. 검은 바위들이 톱니처럼 모래톱을 썰고 있다. 영화에서 가끔씩 흘러나오는 바흐의 우울한 첼로 소리가 이런 황량함을 더한다. 이런 황량한 배경은 이곳이 세계의 변방이거나 비현실적인 공간이라는 것을 의미한다. 이런 배경을 통해 영화가 다루는 사건은 단순히 현실적인 사건이 아니라 인간 삶의 어떤 근본적인 사건임이 암시된다. 영화의 배경은 마치 연극의 무대와 같은 역할을 담당한다.

영화는 황혼에서 시작되어서 다음날 새벽에 끝난다. 여기에 네 명의 사람이 등장한다. 아버지 다비드는 작가이다. 그는 고향을 떠나 외국을 떠돌아 다닌다. 그는 막 하나의 소설을 거의 끝내고 아이들이 있는 고향집으로 돌아왔다. 카린은 그의 딸이다. 정신병을 앓고 있어서 얼마 전까지 병원에 있었으나 지금은 집에 머무르고 있다. 미누스는 이제 막 사춘기에 들어간 소년이다. 그는 무섭게 자라나서 입고 있는 옷들이 비좁아 보인다. 그리고 카린의 남편 마틴은 의사이면서 스스로 카린을 보호하는 자라고 확신하고 있다.

이런 가족 구조에서 빠져서는 안되는 어머니가 이 영화에서 보이지 않는다. 다비드의 아내는 오래 전에 죽었다. 그런데 극 중의 아무도 그녀를 기억하지 않는다. 마치 기억하지 않는 것을 바라는 듯 그들은 모두 죽은 이에 대해 침묵한다. 이런 침묵은 사실 누군가 그녀를 대신한다는 의미이다. *그*가 바로 다비드의 딸 카린이다.

이 영화의 줄거리는 빈약할 정도로 단순하다. 아버지인 다비드가 소설을 마치고 집으로 돌아오자, 가족들은 그를 환영하면서 함께 저녁을 먹는다. 카린과 미누스가 함께 만든 연극 공연을 끝으로 하여 그들은 흩어져 잠든다. 새벽에 카린은 이층 방에 올라가 환상에 빠지고, 다비드는 소설의 한 줄을 퇴고하느라 끙끙거린다. 환상에서 깨어난 카린은 다비드를 찾아와 다비드의 침대에 잠든다. 잠든 카린을 남겨두고 다비드가 미누스와 그물을 치러 간 사이 카린은 다비드의 일기를 읽고 다비드가 자신을 관찰해 왔음을 알고 충격을 받는다.

이튿날 아침 다비드는 마틴과 장을 보러 시내로 배를 타고 나간다. 배 위에서 마틴과 다비드는 카린에 대하여 심각하게 논쟁한다. 그들이 떠난 사이 카린은 미누스에게 자신의 환상을 설명하지만 미누스는 이해하지 못한다. 오후에 카린은 바닷가에 버려진 폐선 속에서 동생인 미누스와 근친상간을 범한다. 돌아온 다비드에게 카린은 자신의 정신적인 고통을 고백하고 마침내 정신병원으로 들어가기로 결심한다. 떠나기 직전 카린을 데리러 온 헬리콥터의 그림자 때문에 다시 환상에 빠진다. 카린은 마침내 신을 보았다고 하면서 그 신은 다름 아닌 거미신이라고 주장한다. 카린은 그 이후 정신적인 공허에 빠지면서 병원으로 실려 간다.

영화는 극적인 사건 없이 네 명의 등장인물 사이의 대화를 통해 이어지는데, 어떻게 보편 평범한 대화 속에 끔찍하고 무서운 것이 감추어져 있다. 그들 자신도 그것을 의식하지 못한다. 마치 꿈이 진실을 은폐하면서 드러내듯 그들의 대화도 마찬가지이다.

3

이 영화에서 주요 관계는 다비드와 카린의 관계이다. 마틴과 미누스는 독립적인 인물이라기보다는 오히려 다비드의 한 측면이나 분신으로 이해될 만하다.

우선 마틴을 보자. 카린과 마틴의 관계에 대한 비밀은 둘 사이의 대화에서 분명하게 드러난다. 이 대화는 카린이 아버지 다비드의 일기을 엿보고 돌아온 다음 일어난다. 카린은 마틴이 원하듯이 "아이를 낳고 침대 위에서 커피를 대령해 주지 못해서"(대본, p37) 미안하다고 한다. 즉 자기는 마틴이 원하는 "크고, 따뜻하고 아름다운 여인"(대본, p37)이 못 된다는 것이다. 그러자 마틴은 "카린 외에는 아무도 원하지 않을 거야"(대본, p37)라고 말하는데, 여기에서 카린은 결정적으로 이렇게 말한다.

> "이상한 일이예요. 당신은 항상 올바른 말을 하고, 정확히 올바른 일을 하지만, 그것들은 항상 잘못이에요. 올바르다 할지라도 말이에요. 왜 그렇죠?"(대본, p38)[23]

카린의 말은 모순적이다. 올바른 말을 하는데, 그것이 잘못된 말이라니? 왜 그럴까? 마틴이 카린에게 어떤 억압적인 질서를 의미한다고 본다면 카린의 말이 이해된다. 그 질서는 정상적인 질서이다. 그러나 그것은 억압을 의미하기에, 정상적 사회에서 진리라 할지라도 카린에게는 잘못이다. 결국 마틴은 카린에게 금기를 명령하는 자

---

23 대사에서는 "당신 뜻은 옳지만 행동은 안 그래요"라고 축약되어 있어 의미를 짐작하기 어렵다.

, 정신분석학적으로 말하자면 상징계의 아버지에 속한다. 마틴은 실제 아버지 다비드에게서 결여되어 있는 상징계의 아버지를 대신한다. [24]

이런 마틴은 다비드와 두 차례에 걸쳐 대화한다. 첫 번째 대화는 수영을 마친 후 저녁 먹기 전에 그물을 걷으면서 일어난다. 이때 마틴은 카린의 병세가 악화되어 간다는 것을 말하며 다비드의 창조 행위에 방해되더라도 이를 알려야 했다고 말한다. 그는 아버지인데도 이를 알지 못하는 다비드를 넌지시 비난한다. 그러면서 마틴은 "카린이 의지할 데는 오로지 자기 뿐"이라고 말한다.

마틴의 이런 태도는 두 번째 대화에서 더욱 심화된다. 다음 날 아침 마틴과 다비드가 배를 타고 장을 보러 간다. 배 위에서 마틴은 다비드가 카린을 몰래 관찰해 일기에 적어 왔다는 사실을 비난한다.

마틴은 이런 행위가 카린을 희생시키는 행위라고 간주한다. 마틴에게 애정의 대상인 딸을 관찰의 대상으로 만든 것은 냉담한 태도로 보였기 때문이다. 그것은 '괴물과 같은 창의성(monstrous inventiveness)'이다.

다비드는 자기가 그런 것을 알고 있다고 말한다. 그러나 그는 카

---

24 마틴은 저녁식사 준비를 하던 중 와인 병을 따다가 손가락 끝을 다친다. 이때 그는 자기는 "손가락 끝을 다치는 걸 정말 증오한다."라고 말한다. 이렇게 말함으로써 마틴은 무의식적으로 자기의 손가락이 곧 성기를 의미한다는 것을 암시한다. 마틴은 손가락 끝을 다쳤다. 즉 거세되어 있다. 이때 카린은 마틴의 손가락을 보고 피를 빤다. 영화에서는 분명하게 드러나지 않지만, 대본에는 카린이 "갑자기 열정적으로" 빨았다고 되어 있어서, 이 역시 카린의 무의식을 폭로한다. 카린은 마틴의 거세를 회복시키고 싶은 것이다.

린에게 무서운 '관찰 충동'을 느낀다고 변명한다. 그 관찰 충동은 어쩌면 마틴의 사랑과는 다른 종류의 사랑이다. 마틴은 다비드의 이런 충동의 의미를 이해하지 못한다. 그래서 마틴은 다비드가 소설에서 '사랑이 곧 신이라'는 등의 말을 했다는 것을 상기시키면서, "그런 거짓말은 너무 세련되어서 마치 진리처럼 보인다"(대본, p46)라고 한다. 마틴의 비난은 결국 다비드가 자신의 말 즉 사랑을 실천하지 않는다는 뜻이다.

> "장인은 공허하면서도 영리해요. 이제 장인은 자신의 공허를 카린의 소멸로 채우려 생각해요. 이해할 수 없는 것은 왜 장인은 이 모든 것을 신과 버무릴 수 있다고 공상하는가에요. 신은 그 어느 때보다 더 수수께끼 같을(inscrutable) 뿐이에요."(대본, p46)

처음 마틴의 이런 비난 앞에서 잘못을 인정하던 다비드는 마틴의 공격이 도를 넘어서자 반격을 가하면서 마틴이 말하는 애정의 정체성을 폭로한다. 다비드는 마틴의 보호하려는 애정이 곧 억압하려는 욕망이라는 것을 알고 있다.

이런 공격은 마틴을 곤혹스럽게 한다. 마틴은 카린이 "비참하게 고통 받는 동물로 전락하는 것을 지켜볼 수밖에"(대본, p46)없다고 말한다. 그는 그런 무기력은 어쩌면 병을 치료할 능력이 없어서라기보다, 그녀가 거부하기 때문이라는 것을 고백한다.

"이미 나는 그녀에게 도달할 수 없다는 것을, 그녀가 어떻게 내게

등을 돌리고 있는지를 알고 있어요. 어떤 때는 거의 그녀가 나를 증
오하는 것처럼 보입니다."(대본, p47)

이번에는 미누스를 살펴보자. 미누스는 다비드의 아들이며 이제
막 사춘기에 들어섰다. 미누스는 다비드에게 이중적 태도를 취한다.
한편으로 미누스는 다비드를 모방한다. 그는 다비드와 마찬가지로
작가가 되고 싶어한다. 그래서 그는 이번 여름 미친 듯이 많은 작품
을 쏟아 냈다.

다른 한편 미누스는 다비드에게 거리감을 느낀다. 미누스는 저녁
식사전 우유를 가지러 가면서 카린에게 이렇게 말한다.

"아빠와 진지한 대화를 하고 싶어, 일에만 빠져 계셔."

사춘기 시기의 이런 거리감은 아버지에 대한 적대감의 표현이다.
아버지가 자기를 돌보지 않는다는 것은 일종의 변명이다. 이런 적대
감은 정신분석학적으로 말하자면 미누스가 느끼는 거세 위협을 투사
한 것이다. 아버지에 대한 적대감과 아버지에 대한 동일화는 상징계
로 이행하는 모든 사춘기 아이들의 전형적 특징이다.

그런데 미누스에 대한 카린의 태도는 도를 넘는다. 카린은 멈추
어 서서 미누스의 얼굴을 응시하면서 갑자기 웃음을 터뜨린다. 그러
면서 카린은 미누스에게 과도하게 신체적으로 접촉하면서 그를 지분
거린다. 또한 카린은 미누스가 훔쳐보던 포르노 잡지를 빼앗아 함께
본다. 카린이 이처럼 자꾸만 미누스를 지분거린 이유는 무엇일까?

그들의 관계에는 근친상간적인 요소가 있다. 그런데 미누스는 아직 카린의 행동의 의미를 이해하지 못한다. 카린은 적극적으로 행동하지만 그녀에게 미누스는 아버지 다비드를 대신하는 존재로 보인다.

4

이제 이 영화의 가장 기본 축이라 할 수 있는 카린과 다비드의 관계를 살펴 보자. 카린의 다비드에 대한 감정 또는 다비드의 카린에 대한 감정은 은폐되어 있지만 몇 가지 사실들을 통해 거의 노골적으로 드러난다.

네 명이 다 같이 모여서 저녁 식사를 할 때, 다비드는 갑자기 다시 떠나게 되었다고 하며 아이들에게 선물을 나누어 준다. 그리고 다비드는 방안으로 들어가 울음을 터뜨린다. 다비드는 이제 막 돌아왔는데 왜 아이들이 바라는 대로 고향 집에 오래 머무르지 않고 곧 떠나려 하는 것일까?

물론 거기에 합리적 이유들이 제시되기는 하지만, 그런 이유들은 사소한 것처럼 들린다. 그 비밀은 오히려 다비드가 터뜨리는 울음에서 폭로되는 것이 아닐까? 그 울음은 그가 내심으로 여기에 머물고 싶지만 어떤 강박이 그를 밖으로 몰아내고 있음을 누설한다. 그를 밖으로 몰아내는 것은 무엇일까?

이런 물음을 풀어주는 단서는 저녁식사 이후 미누스와 카린이 벌인 공연 즉 극

중극에서 나타
난다. 여기서
예술가인 주인
공은 무덤 속
에 있는 공주
의 기다림에도
불구하고 끝내
무덤 속에 들
어가지 않는다
사진 39
(사진 39참조). 그 이유는 현실 때문이다.

> "내가 무슨 짓을 하려는 거지? 내 삶을 희생시켜? 대체 무엇 때문
> 에. 영원 때문에. 완벽한 작품 때문에? 사랑 때문에? 내가 미쳤나?"

이 극중극은 예술가와 현실의 문제를 다룬다. 예술가는 입으로는
미의 완성을 위해 죽음을 불사하지만 현실 때문에 감히 그런 죽음을
택하지 못한다. 이것은 예술가의 비겁한 태도 또는 한계를 말해준다.

베리만 영화에서 극중극이 항상 영화 전체의 테마를 알린다는 점
을 고려해 볼 때, 여기서 예술가의 태도는 카린에 대한 다비드의 태
도를 암시하는 것이 아닐까? 즉 다비드는 카린에 대한 욕망을 느끼

면서도 현실 때문에 그것을 억압한다. 그래서 다비드는 카린으로부터 도피하여 그 욕망을 예술작품의 창조를 통해서 해소하려 한다.

사진40

이런 단서는 그 다음 장면에서 분명하게 확인된다. 저녁 공연 이후 그들은 각자 흩어진다. 카린은 마틴과 함께 잠들고, 다비드는 새벽까지 잠들지 못하고 자기의 소설을 교정한다. 이윽고 새벽이 되자, 잠들었던 카린이 누군가의 부르는 소리에 깨어난다. 카린은 이층 빈 방에 올라가서 환상에 빠진다. 거기서 그녀는 누군가가 그녀에게 말하는 것을 듣는 것처럼 보인다. 태양이 떠올라 그 빛이 벽지 위에 그려진 나뭇잎들을 불타오르게 하자, 카린은 다리를 벌리고 서서히 성적 쾌락 속에 빠진다(사진 40참조). 그런 다음 카린은 아버지 다비드가 일하는 방으로 내려온다.

카린의 환상 장면과 소설을 고치는 다비드의 장면은 동시적으로 일어난다. 다비드가 고치고 있는 소설 구절의 내용은 이렇다.

"그녀는 그에게 다가왔고 기대로 헐떡거리면서, 칼칼한 바람 속에서 그녀의 얼굴은 붉게 물들었다."(대본, p33).

관련된 맥락을 볼 때 다비드의 이 표현이 카린을 언급하고 있다는 것은 말할 것도 없다. 다비드는 이 구절을 고치면서 최종적으로 중립적인 표현으로 바꾸어 버린다.

"그녀는 그에게 달려갔다."(대본, p33)[25]

이렇게 표현을 바꾸는 것, 그것은 정신분석학적 의미에서 검열의 과정이 아닐까 한다. 카린이 다가오자, 다비드는 "원하는 게 있니?" 하고 묻는다. 이 부분에 대해 대본은 이렇게 설명하고 있다.

"카린은 응답하지 않고 방안으로 들어와서 그녀 뒤의 문을 닫았다. 그녀는 그녀의 아버지에게 다가가 그의 무릎에 앉아 그녀의 팔로 그

---

25 이 말은 대본에 대문자로 지문에 삽입되어 있다. 이 말 다음에 그는 한숨을 쉰다. 이 때문에 오히려 은폐의 의도가 노출된다.

의 목을 끌어안았다." (대본, p34)

다비드는 카린을 안고 자기의 침대 위에 누인다. 그러자 카린은
이렇게 말한다.

"어릴 적 생각이 나요."

이런 표현들은 카린과 다비드 사이의 근친상간적 욕망을 전제로
해야만 이해될 수 있지 않을까? 이 근친상간적 관계에서 카린이 용
기 있게 그 한계를 넘어서려 한다면, 다비드는 이를 회피하고 예술에
몰두한다.

5

이렇게 아버지와 딸 사이의 근친상간적 욕망이 전제될 때, 이 영
화의 많은 수수께끼들이 이해될 수 있다.

앞에서도 말했지만 다비드가 카린에 대한 관찰충동을 느낄 때,
그것은 카린에 대한 욕망과 금기가 결합된 도착적 욕망의 표현이라
고 해석할 수 있다. 그러므로 마틴이 다비드를 비판하면서 소설 소재
를 찾기 위해 관찰한다고 비난한 것은 다비드를 이해하지 못한 것이
라 하겠다.

다비드와 마틴이 장을 보러 간 사이 이 영화에서 결정적인 사건
이 일어난다. 그들이 떠난 뒤 미누스를 지분거리던 카린은 미누스에
게 자기의 환상에 대해 설명한다. 미누스가 쉽게 납득하지 못하자,

카린은 미누스를 데리고 이층 방으로 올라간다. 카린은 미누스가 보는 앞에서 환상 속에 빠진다. 그 환상 속에서는 사람들이 모여 있고, 그들은 모두 누군가가 오는 것을 기다린다. 미누스가 그게 누구냐고 묻자 카린은 그건 신이라고 말한다.

> "어떤 신이 산으로부터 내려올 거야. 그 신이 어두운 숲을 지나는데 어둠 속 그리고 침묵 속 곳곳에 야수들이 있어. 그게 틀림없이 현실이 될거야. "(대본, p43)

이 구절에서 카린은 신이라는 표현에서 바로 '야수' 라는 표현으로 넘어간다. 그것은 죄의식을 전제로 한다. 즉 초자아의 발현인 것이다. 이어지는 미누스와의 대화는 카린의 마음을 지배하는 것이 무언지 분명하게 드러낸다.

> "카린 : 나는 그것을 할 수 없어. 물론 내가 너한테 그리고 마틴에게 잘못하는 것을 알지.
> 미누스: 그러면 아버지는? 왜 그에게는 아니지?
> 카린 : 몰라. 설명할 수 없어.
> 미누스: 왜 못하지?
> 카린 : 그러면 네가 아버지를 증오하게 되기 때문이지. 나는 그걸 원하지 않아. 불쌍한 아버지, 그의 질투 때문에. 아버지한테 잘 해.

미누스, 그건 그에게 가장 힘든 것이 될 거야." (대본, p43.)[26]

이 대화를 보면 카린과 미누스는 서로 통하지 않는다. 그것은 무언가가 감추어져 있기 때문이다. 감추어진 것은 역시 아버지에 대한 카린의 욕망이다.

이 대화 뒤에 이윽고 저 먼 바다 위에서부터 비가 오기 시작한다. 카린이 이것을 먼저 발견한다. 이어서 바다 새의 끼룩거리는 소리가 반복해서 들린다. 카린 옆에서 흔들의자에 페인트칠하던 미누스는 불안에 빠진다. 그가 집안에 들어갔다가 다시 나온 사이 카린이 사라진다. 미누스가 카린을 찾아 헤매다가 마침내 바닷가에 버려진 폐선의 바닥 칸에 누워 있는 카린을 발견한다. 그리고 둘 사이에 결합이 이루어진다. 베리만은 그 장면을 이렇게 묘사한다.

"그녀는 팔과 다리로 그를 그녀에게 꼭 붙들었으나, 그녀의 얼굴은
그의 눈을 회피하고 그녀는 입을 악물었다." (대본, p49)

베리만은 죄의식을 담지한 근친상간의 장면을 이렇게 표현한다. 근친상간은 미누스와 더불어 일어나지만 다비드와 카린 사이의 감추어진 욕망을 전제로 할 때, 미누스는 다비드를 대신하는 것에 지나지 않는다고 볼 수 있다.

---

26 이 부분은 영화 대사에서 대폭 축약되어 카린의 "어쩔 수가 없어" 라는 한마디로 처리된다.

6

근친상간이 일어난 순간 하늘은 암흑에 가까웠고 마침내 빗방울이 쏟아지면서 폐선의 갑판을 두들긴다. 빗방울은 점차 더욱 세차게 내리친다. 이런 빗방울의 이미지는 「제7의 봉인」에서도 나타난다. 그 영화 마지막 장면에서 기사의 일행이 죽음의 춤을 추며 갈 때, 비가 내려 그들의 소금기 어린 눈물을 닦아 주었다고 한다. 이 영화에서도 쏟아지는 비는 카린과 미누스의 죄를 씻어준다는 의미를 지닌 것으로 보인다. 이윽고 비가 그친 후, 카린과 미누스에게 갑작스럽게 빛이 찾아든다(사진 41참조). 베리만의 묘사에 따르면 이렇다.

사진 41

"점차 비가 그쳤다. 스콜이 물러났고, 몇 방울의 빗방울만이 떨어졌다.....다시 조금 뒤 구름의 둔덕이 뒤로 물러나며 저녁해가 그 사이를 뚫고 비추기 시작했다. 폐선의 내부에 빛줄기가 어둠 속의 십자가처럼 가로질렀다."(대본, p51)

여기서 이 영화를 이해하는 데 가장 결정적인 문제가 제기된다. 근친상간 이후 돌연 출현한 이 빛은 어디에서 유래하는가? 그리고 그 빛은 무엇을 의미하는가?

결론부터 말하자면 베리만은 근친상간을 이중적인 측면에서 이해한다. 한편으로 근친상간은 현실의 가장 근본적인 질서를 깨뜨리는 파괴적인 행위이다. 그런 점에서 근친상간은 세계의 공허를 의미한다. 또 다른 한편 근친상간은 어떤 근원적인 생명력의 표현이다. 그 힘은 현실에 대해서는 파괴적이라도 새로운 질서를 낳을 수 있는 힘을 지닌다. 이것은 예술창조의 원천을 의미하기도 한다.

베리만에게서 근친상간의 두 가지 측면은 상호 밀접하게 연관되어 있다. 그것은 마치 하이데거에서 모든 존재자가 떠내려가는 무속에서 존재의 진리가 계시되는 것과 같다. 또한 그것은 사르트르가 구토 속에서 비로소 즉자 존재를 만나는 것과 같다.

이어지는 장면에서 베리만은 근친상간의 이런 이중적인 측면을 제시한다. 우선 근친상간의 파괴적인 힘은 거미신의 개념과 연결된다.

미누스와의 근친상간 이후에 정신병원으로 떠나기 직전 카린은 이층 방으로 다시 올라간다. 카린은 그녀가 보는 환상 속의 사람들이 그녀를 부르는 소리를 듣는다. 그들이 기다리던 신이 마침내 도래한 다는 것이다. 그래서 카린은 이층 방에 올라 기도하면서 경건하게 신 의 도래를 기다리고 있다.

이때 밖에서 카린을 데리러 온 헬리콥터가 마당으로 내려온다. 그 소리와 더불어 나뭇잎 무늬 사이에 있던 작은 문이 열리면서 카린 은 환각에 빠진다. 그리고 얼마 뒤 환각에서 깨어난 카린은 신을 보 았다고 말한다. 그리고 그녀는 그녀가 본 신의 모습을 설명한다. 그 것은 커다란 거미신이다. 거미신은 카린의 내부로 파고 들다가(성적 인 암시) 카린이 저항하자 가슴을 밟고 얼굴을 넘어 지나갔다. 카린 은 그 순간 거미신의 눈을 보았다. 그 눈은 차고 조용했다. 그것은 공허 자체의 모습이다(사진 42참조).

사진 42

담담하게 설명하는 카린의 표정 배후에는 무한한 공포가 전율하고 있다. 대본에 있는 베리만의 표현을 빌리자면 "이 공포의 재빠르게 자라나는 뿌리들은 뒤얽혀 그녀의 영혼을 둘러쌌다."(대본, p59)

그렇다면 카린에게 나타나는 이 거미신은 무엇인가? 베리만은 여러번 거미신에 대해 언급했다. 이 거미신은 우리를 보호하는 신의 변용이다. 신은 현실에서 닥쳐오는 위험과 고통으로부터 우리를 보호한다. 이런 보호의 신은 거꾸로 우리를 자신의 수단으로 사용하며 우리를 지배한다. 그러므로 그 신은 무서운 공포의 신이기도 하다. 이런 공포의 신이 곧 거미신이다. 베리만은 우리를 보호하는 신을 찾으면 우리는 불가피하게 이런 거미신에게 인도된다고 한다.

베리만은 이 영화를 통해서 지금까지 신학적 차원에서 제시되어 왔던 거미신의 의미를 정신분석학적인 개념과 중첩시킨다. 우리를 보호하는 신은 상징계의 질서를 확립하는 대타자를 의미한다. 반면 거미신은 실재계의 이드를 의미한다. 그것은 우리를 매혹시키는 쾌락의 원천인 동시에 우리를 죄의식으로 공격하는 초자아 곧 죽음의 본능이기도 하다. 프로이드가 말했듯이 이드와 초자아는 동일한 몸에서 나온 서로 대립된 머리이다.

카린에게 거미신은 이드이면서 초자아인 아버지를 의미한다. 그러므로 거미신과의 만남은 근친상간을 의미하며, 그것은 카린에게서 쾌락의 원천이면서 동시에 절망적인 전율의 원천이기도 하다.

7

베리만은 근친상간의 이런 파괴적인 힘과 동시에 긍정적인 측면에 관해 언급한다. 이 긍정적인 측면은 카린의 근친상간 이후에 계속 출현하는 빛과 연관된다. 이 긍정적인 측면은 베리만의 철학에 기초한다.

여기서 베리만의 철학을 다시 한 번 되새겨 볼 필요가 있다. 다비드가 장보러 가다가 배위에서 꺼내 놓은 이야기를 상기해 보자. 다비드는 스위스에 있을 때 자살하려고 절벽을 향해 차의 액셀러레이터를 밟았는데, 차의 엔진이 고장 나는 바람에 차 앞바퀴가 절벽에 걸려 간신히 살아났다고 한다. 그러면서 다비드는 이렇게 말한다.

"나의 공허로부터 내가 감히 범접할 수 없는 무언가가 태어났어. 곧 사랑이지."

베리만이 자신을 살려놓은 기적에 감읍하여 신을 믿게 되었다고 말하는 것이 아니라는 점이 강조되어야 한다. 그런 기적은 곧 다른 불운을 맞이해서 절망으로 바뀔 것이다. 여기서 베리만은 오히려 부조리의 세계를 말하고 싶었던 것이다. 그는 죽고 싶었지만 부조리하게도 살아난 것이다. 그런데 세계가 이렇게 부조리하다는 것은 우리에게 미리 주어진 어떤 법칙도 금기도 존재하지 않는다는 것을 의미한다. 그러므로 우리는 이런 부조리한 세계에서 절대적으로 자유롭다. 이런 부조리 때문에 우리의 내면 속에는 살아 움직이는 생명력이 해방된다. 이 생명력은 스스로 생산하는 절대적으로 자발적인 의지이다. 이렇게 절대적으로 자발적인 힘 그것이 곧 자유의지이며, 사랑이다.

이런 절대적으로 자발적인 사랑을 확인하기 위해서는 그 스스로 죽음과 같은 경지에 이르지 않으면 안 된다. 그렇지 않은 경우 사랑은 항상 어떤 심리적 동기와 결합해서 어떤 목적을 얻기 위한 수단으로 전락해 버리기 때문이다. 절대적인 공허 속에서만 절대적인 자발성이 출현할 수 있다. 따라서 베리만의 영화에서 주인공은 항상 절망과 파괴의 극한에 이르기까지 거침없이 나아간다.

베리만은 영화의 마지막 장면에서 미누스와 다비드의 대화 속에서 다시 한 번 이와 유사한 얘기를 언급한다.

> "갑자기 공허가 풍요로 변화할 것이다. 절망이 삶으로 변화한다. 미누스야, 그것은 죽음의 선고를 받았다가 용서받는 것과 같단다."(대본, p61)

베리만의 이런 철학을 전제로 해 볼 때, 이제 이 영화에서 근친상간 이후 절대적 죽음 속에서 오히려 희망의 빛이 떠도는 이유를 이해할 수 있다.

카린과 미누스 사이에 근친상간이 일어난 이후 이윽고 다비드가 마틴과 함께 도착하자, 미누스가 카린의 상태를 알린다. 그러자 그 둘은 폐선에 있는 카린에게 뛰어가지만, 카린은 마틴은 폐선 안으로 들어오지 못하게 하고, 오직 다비드만 들어오게 해서 함께 얘기한다. 다비드가 카린 옆에 앉자, 그녀는 가물거리며 떨고 있는 물을 굽어보고 있었다. 그런데 그 물은 빛을 반사한다. 둘은 이렇게 대화한다.

"카린: 숨쉬기 너무 힘들어요. 수년 동안이나 울어왔던 것 같아요. 아버지!

(중간 생략)

다비드: 용서하렴. 나는 너에게 늘 죄의식을 느꼈어. 나는 내 마음을 더욱 강하게 먹으면서 돌아섰어.

카린: 아버지는 혼란을 겪고 싶지 않았어요.

다비드: 내가 예술을 위해 희생한 삶을 생각해 볼 때, 정말 미칠 지경이야.

(중간생략)

다비드: 이런 것 같아. 마술의 원을 자기 주위에 그어서 고유한 사적인 게임 속에 자리 잡지 않는 모든 것을 쫓아내지. 그러나 매번 삶이 이 원을 내리치고 게임은 다시 회색의, 작은, 우스꽝스러운 것 속에 빠져들지. 다시 새로운 원을 그리고, 새로운 벽을 쌓는 거야.

카린: 불쌍한 아버지

다비드: 불쌍한 아버지는, 현실 속에 살아야만 했어.

(중간생략)

지문: 그들은 함께 집으로 걸어갔다…빛은 격렬해졌고 거의 비현실적인 것 같았다.

카린: 빛이 너무 강해요." (대본, p52-p55)

두 사람 사이의 대화에서 다비드는 삶이 현실 속으로 침투하는 것을 막기 위해 벽을 쌓았다고 한다. 이 벽안이 바로 그의 현실이다. 그런데 삶은 이 현실의 벽을 늘 내리쳤다. 이런 삶을 다시 막으면서 새로운 가공의 벽 즉 예술이 성립했다. 결국 현실과 예술은 이쪽 벽안의 세계이다. 그 벽의 바깥에는 삶이 지배한다.

그런데 삶의 힘은 인간의 밖에 있는 힘이 아니라, 인간의 내면 속에 뿌리박혀 있는 근원적인 생명력이므로 아무리 벽을 쌓는다 할 지라도 이미 벽을 넘어 안으로 들어와 있다. 그러므로 어떤 벽을 통해서도 그 힘을 막아낼 수는 없다. 그러므로 삶의 힘으로부터의 도피는 근본적으로 불가능하다.

삶의 힘이 인간의 근원적인 생명력이므로, 그 힘은 현실을 파괴하면서도 동시에 새로운 질서를 생성하는 힘이 될 수 있다. 우리는 이 삶의 힘에 기초하여 자발적으로 선택한다.

이렇게 두 사람이 마침내 삶의 힘 즉 욕망의 힘을 인정하게 되었을 때, 그것은 죽음과 같은 절망이지만, 그만큼 그들에게서 빛은 격렬해 진다. 그 빛은 비현실적으로 강한 빛이다.

이런 빛의 의미를 베리만은 이어지는 장면에서 몇 가지 상징을 통해 드러내 준다. 카린이 집으로 돌아오던 중 지난 저녁 연극공연에서 사용했던 은박종이로 만든 왕관을 집어든다. 그것은 사랑의 증거이다. 또한 베리만은 이때 "정원은 생명으로 가득차 있고, 비 온 뒤 강한 향기가 코를 찔렀다"고(대본, p55) 쓴다. 바로 이어서 다비드는 드디어 책상 위에 있던 원고뭉치들을 차례로 불태우고 만다. 마침내 벽을 넘어 삶의 세계가 시작된다.

8

이 빛은 또한 미누스에게도 출현하다. 카린과의 근친상간 직후, 미누스의 태도에는 지금까지와 다른 단호함이 엿보인다. 대본에서는 베리만은 이렇게 표현하고 있다.

> "미누스는 텅 비었고 지쳤으며 얼어붙었다. 그가 지금까지 알고 있
> 던 실재는 산산조각 나고 존재하기를 그쳤다. …그의 마음은 자비로
> 운 무지의 속살(membrane)을 벗어나야 했다. 이 순간부터 그의 감각
> 은 변할 것이고 강해지고 그의 감수성은 예리해지며 그는 순진함의
> 가짜 세계로부터 통찰의 고통으로 나아갈 것이다." (대본, p51)

베리만은 미누스가 근친상간 이후 처음으로 무의 세계에 부딪혔
다는 것을 말해 준다. 그는 아직도 이 무로부터 자발적인 삶의 결단
곧 사랑에 이르지는 못했다. 하지만 무 앞에서 그가 부딪힌 혼란은
새로운 가능성을 예고하고 있다. 이 새로운 가능성은 무의 세계에 부
딪히지 않은 자에게는 나타나지 않는 가능성이다.

이 영화의 마지막 장면에서 카린이 분열증적 발작 이후, 병원으
로 실려 간 다음, 아버지인 다비드와 아들인 미누스 사이에 대화가
이루어진다. 여기서 미누스는 현실이 산산조각 나는 듯하다면서, 이
제 더 이상 살아갈 수 없다고 말한다. 그러자 다비드는 그래도 살아
갈 수 있다고 말하면서 신에게 의존하면 된다고 한다. 미누스는 신이
존재한다는 증거를 내놓으라 하자, 다비드는 "신은 곧 사랑"이라고
말한다.

하지만 미누스는 아직 다비드의 이런 철학 즉 공허로부터 사랑이
출현한다는 철학을 이해하지는 못한다. 그러나 이미 무를 경험하였
으므로 새로운 가능성이 출현한 것이다. 그 자신은 그것을 모르고 있

지만 베리만은 이런 가능성을 근친상간 이후 미누스를 감도는 빛으로 상징한다.

다비드와 미누스의 대화 장면에 대한 대본을 보면 다음과 같은 구절이 나온다.

"그들은 낮은 모래톱까지 걸어나갔다. 이 모래톱은 거의 보이지 않고, 물속에 잠겨있었다. 그들은 마치 그들의 머리 위에 여름 하늘의 밝음과 더불어 있는 바다의 밝음 한 가운데 서 있는 것처럼, 그래서 공처럼 보이는 우유 빛 거울 아래에 갇힌 것처럼 보인다. 그들은 침묵하는 안개의 밝음 속에 무한히 작은 것처럼 보인다." (대본, p60)

영화에서 이 부분은 오히려 실내 장면으로 처리된다. 창문을 배경

사진 43

으로 다비드와 미누스가 대화 하는 사이 창문 밖으로 바다에 해가 뜨고 있다. 그 해의 밝은 빛이 공처럼 수평선에 걸려 있어서 하늘과 바다를 동시에 환하게 비추어주

고, 이 빛은 또한 창문을 통해 들어와서 이를 등진 미누스와 다비드를 후광처럼 비추고 있다(사진 43참조).

모래톱이든, 실내이든 주요한 것은 그 빛이다. 이 빛은 우유 빛 거울(또는 창문)을 통해 보이는 빛이다. 이 빛은 어떤 인식을 의미한다. 그 인식은 곧 신이 사랑이라는 인식이다. 그렇지만 그 인식은 아직은 어렴풋할 뿐이다. 그 인식은 이 영화에 이어서 발표된 「겨울빛」에서와 마찬가지로 희미한 인식에 지나지 않는다.

Ingmar
Bergman

대본을 쓰는 시기는 힘들지만 유용하다. 왜냐하면 그것
은 내 아이디어가 타당한지 논리적으로 검증할 수밖에 없
도록 하기 때문이다. 대본을 쓰면서 나는 갈등 속에 사로
잡힌다. 그것은 복잡한 상황을 시각적인 이미지로 전달하
려는 욕구와 절대적 투명성을 위한 욕망 사이의 갈등이다.

(Bergman Discusses Film Making)

7

「겨울 빛」_ 영적인 교감

1

이 영화[27]는 빛에 관한 영화이다. 영화는 처음 시작하면서 성찬식 의례를 보여 준다. 시간은 정오이다. 밖은 이미 눈이 내렸고 앞으로 더 내릴 듯이 캄캄하다. 북구의 겨울 빛은 차갑고 약하다. 겨울 빛은 마치 불투명한 잿빛 유리를 통과하는 것처럼 어렴풋하게만 드러난다. 그 겨울 빛 아래 박수근의 그림에서 나오는 듯한 나목이 간신히 버티고 서 있다.

교회 안은 어두컴컴하다. 감독은 아예 소리조차 죽여 놓아, 교회

---

27 1961년 10월 촬영, 1963년 2월 개봉. 1963년 1월 베리만은 스톡홀름 왕립 극장 대표로 임명되었다.

안에는 정적만이 흐르고 있다. 성찬식에 모인 신도들은 손으로 헤아릴 정도이다.

사진44

그 정적 속에서 교회(북구 루터파 교회)의 목사인 토마스가 엄숙하지만 아무런 생명력이 없는 성찬식[28]을 거행하고 있다. 그는 내적으로 고독하다. 불확실한 현실의 온갖 짐들이나 불행으로부터 그를 감싸 안아 왔던 아내가 죽은 이후, 그 충격 때문에 그는 더 이상 신앙을 유지할 수 없다. 그런 가운데서도 그는 내적으로 신앙을 되찾으려

---

28 다른 개신교와 달리 루터파 개신교는 성찬식을 인정하고 있다.

는 필사의 고투를 펼치고 있다. 그래서 그는 성찬식을 힘겹게, 의무를 위한 의무로서 수행하고 있다(사진 44참조). 그의 이 필사적인 고투를 상징하는 것이 바로 겨울 빛이며 또한 앙상한 나목이다.

영화「겨울 빛」은 베리만의 미니멀리즘(minimalism)이 돋보이는 영화이다.「겨울 빛」은 정오에서 시작하여 오후 세시에 끝난다. 장소는 몇몇 장면을 제외하고는 아침 미사와 오후 미사가 이루어지는 두 개의 교회에 한정되어 있다. 사건은 교회의 한 신도의 자살과 목사와 그의 애인의 만남에 불과하다. 그러나 이런 사건을 통해 베리만은 죽음의 절망에 처했던 목사의 구원과 신앙의 회복이라는 극적인 사건을 보여 준다.

2

영화의 첫 장면에 이어서 목사 토마스의 절망을 더욱 처절하게 만드는 사건들이 벌어진다. 그 가운데 첫 번째 사건은 어부 페르손의 자살이다. 성찬식이 끝난 뒤 페르손 부부가 찾아온다. 침묵하는 페르손을 대신해 그 부인이 남편의 두려움을 토마스에게 전해준다. 페르손은 개인적인 불행 때문에 두려워하지 않는다. 오히려 페르손은 세계가 앞으로 맞이하게 될 파국에 대해 두려워한다. 페르손은 중국인들의 증오가 자라나고 있는데 중국이 곧 핵개발을 마치면 그 때문에 세계가 파멸할 것이라는 소식을 듣고 이를 믿는다. 페르손은 이런 세계적 파국을 신이 막아 주기를 기대한다. 페르손은 침묵하는 가운데서도 간절하게 토마스를 쳐다보지만[29], 토마스는 그 시선 앞에서 무기력하다. 토마스는 자신이 페르손을 구하지 못하면 페르손이 자살할 것이라는 것을 직감한다. 그래서 떠나려는 페르손에게 "하지만 계속 살아야 하지"라고 말했지만 페르손은 이 말에 담긴 토마스의 뜻을 이해하지 못한다.

페르손이 30분 정도 뒤에 다시 온다고 약속한 다음 토마스는 안절부절 못하면서 페르손이 다시 오기를 기다린다. 그의 심정은 시계의 초침소리를 확대함으로써 표현된다. 그 사이 그는 그를 짝사랑하는 마르타의 편지를 읽다가 잠시 잠이 들었는데, 꿈인지 생시인지 분명하지 않는 가운데 다시 페르손을 만난다. 토마스는 자신의 진심을 페르손에게 털어 놓는다.

토마스는 자신이 어릴 때는 어머니가 모든 악과 위험으로부터 자기를 보호해 주어서, 요람 속의 아이처럼 현실의 잔인함에 대해서는 전혀 몰랐다고 고백한다. 그런데 그는 리스본에 있는 선원들의 목사가 되었을 때 스페인 내전을 무대의 맨 앞줄에서처럼 경험하게 되었고 거기서 현실을 알게 되었다고 한다. 그는 현실을 인정하기를 거부했고, 자신을 보호해 주는 신의 품 안으로 도피했다고 말한다.

"나와 신은 이 편에 특별하게 정돈된 세계에 살고 거기서 모든 것은

---

29 대본에는 "불안의 반짝임이 전기 쇼크나 한방의 주먹처럼 그를 꿰뚫었다" (p74)고 표현되어 있다. 대본은 The Three Films by Ingmar Bergman, tr. Paul Britten Austin, Grove Press,Inc. 1970을 사용.

의미가 있었지. 실제 삶의 참상들은 도처에 있었으나, 나는 그것들을 보지 않고, 오직 나의 신을 향해서만 응시했었을 뿐이었어." (대본, p85)

토마스에게서 이 신은 "불가능한, 전적으로 개인적인, 아버지와 같은 신"(대본, p84)이며 그 신은 "인류를 사랑하지만 무엇보다도 자기를 가장 사랑하는 신"(대본, p85)이었다. 토마스에게 이 신은 "나를.. 죽음의 두려움, 삶의 두려움으로부터 보호해주는 신"(대본, p85)이었다.

토마스에게서 아내는 이렇게 자기를 보호해 주는 신을 현실에서 대신해 주는 사람이었다. 그러나 그의 아내가 죽은 이후, 이렇게 그를 보호해 주는 신은 더 이상 나타나지 않았다. 이것이 바로 토마스가 부딪힌 신의 침묵이었다 (사진 45참조).

사진 45

이런 신의 침묵 이후 토마스는 그런 보호하는 신이 가짜 신이라는 것을 알게 되었다.

"이 신이 내가 믿고 있다고 생각했던 신이었어. 이 신은 내가 여러 원천들로부터 빌려 와서, 내 손으로 주조한 신이지." (대본, p85)

그런데 자기를 보호해 주는 신이라면, 이 신은 동시에 자기를 능욕할 수도 있지 않을까? 그러기에 토마스는 이렇게 말한다.

"내가 마주친 현실에 항상 나는 이런 신에 부딪혔네. 그는 추하고, 반역적이며, 거미 같은 신이 되었지. 즉 괴물이지. 그 때문에 나는 그런 신을 빛과 삶에 드러나지 않도록 숨겨왔어. 어둠과 외로움 속에 나는 그를 꽉 껴안고 있었지. 내가 이런 신을 보여 준 유일한 사람이 나의 아내이었어. 그녀는 나를 지지해 주고 격려하고 도와주었으며 구멍에 빠진 나를 건져 올렸지. 그 구멍이란 바로 나의 꿈을 말하는 것이네." (대본, p85)

이렇게 보호하는 신의 끔찍한 이면을 폭로한 이후 토머스는 페르손의 불안이 이유 없다는 것을 밝힌다. 인류가 파멸 될 위기 앞에서 인류를 구원할 신을 찾는다면 굳이 그런 신은 필요하지 않을 것이다. 왜냐하면 이 세상이 잔인하고, 이해할 수 없는 고통으로 가득 차 있다는 것이 사실이라면, 그것에 못지않게 확실하게 행복과 평화도 있다는 것도 사실이기 때문이다. 이런 행복과 평화 역시 잔인과 고통과 마찬가지로 이해할 수 없는 방식으로(우연히) 다가올 것이다. 토마스는 이 모든 것들은 인식할 수 있든 아니든 자연적인 질서일 뿐이라고 말한다.

"허공에 떠 있는 별이나, 세계 그리고 하늘, 이 모든 것은 스스로 발생하고, 서로 서로 발생시킨다네. 창조자란 없고, 이 모든 것을 조화롭게 조정하는 자란 없다네. 또한 우리의 머리를 돌게 만드는 불가해한 생각이란 것도 없다네." (대본, p86)

토마스는 페르손에게 말한다.

"그러니 어둠은 영원히 계속되는 것은 아니고, 당신도 곧 당신의 딸기밭과 꽃향기를 얻을 것이니,… 멀지 않아 지상의 천국도 나타날 것이라네." (대본, p86)

토마스는 그래서 페르손에게 그때가 오기까지 무조건 살아야 한다고 말했던 것이다. 토마스의 이런 고백은 페르손을 더욱 절망하게 만든다. 페르손이 찾는 신이 없다는 것을 토마스가 분명히 했기 때문이다. 그러기에 페르손은 토마스를 떠나는데, 토마스는 페르손을 찾지만, 이미 그는 거기 없다. 그가 페르손을 만났다는 것이 사실인지 꿈인지조차 모호할 뿐이다. 절망에 사로잡힌 그는 마침내 이렇게 외친다.

"오, 주여, 왜 나를 버리시나이까?"

마치 예수의 마지막 외침과 같은 이 말은 신의 부재에 대한 선언문과도 같다. 그런 부재증명은 자신을 보호하는 신 또는 자신을 능욕하는 거미신의 존재에 대한 부정이다. 토마스 자신도 자기의 고백 앞에 놀란다. 오랫동안 그의 마음속에 맴돌고 있던 생각이 비로소 뚜렷한 형상을 얻은 것이다. 그러기에 그의 절망적인 고백은 정반대로 전환되면서 그는 이렇게 독백한다.

"나는 자유이다. 마침내 자유이다."

사진 46

보호하는 신이 없다면 명령하는 신도 없다. 그러니 이제 모든 것은 자유이다. 이렇게 신의 부재를 확인하고, 자신의 자유를 확인한 순간 그에게 역설적으로 또는 불가해하게도 신의 빛이 비추어진다. 이 빛은 차가운 바닥에 쓰러진 토마스 머리 위에 비추고 있다(사진

46참조). 그 빛을 토마스는 아직 모른다. 침묵 속에서 다가온 이 빛은 아직 겨울 빛이다. 그의 절망은 아직도 캄캄하다.

3

죽음의 절망에 사로잡혀 있는 토마스에게 또 하나의 시련이 기다리고 있다. 그것은 바로 그를 짝사랑하는 마르타이다.

마르타는 이미 오래 전에 사랑을 고백하는 편지를 토마스에게 보냈다. 토마스는 이 편지를 지금껏 그의 지갑에 넣어 두고 펼쳐 보지 않았다. 그런데 그는 페르손을 안절부절 못하고 기다리는 중에 마침내 그 편지를 꺼내 읽는다.

이 장면에서 편지를 읽는 토마스에 대한 쇼트로부터 마르타의 얼굴의 클로즈업으로 넘어가면서 화면은 마르타의 고백 장면으로 바뀐다. 고백 가운데 잠시 플래시백 화면이 삽입되지만 무척이나 긴 이장면 내내 마르타의 얼굴의 클로즈업이 이어진다. 정면에서 쇼트되는 마르타는 눈도 한 번 깜빡거리지 않는다. 마르타는 완전히 내면 속에 잠겨 있다. 관객은 이런 마르타를 객관화하지 않고 오히려 마르타와 동일시하여 마르타의 내면을 스스로 느끼게 된다.

편지에서 마르타는 자신의 누추한 삶을 고백한다. 못생긴 모습, 서투른 솜씨, 온 몸에 번지는 습진 등, 마르타는 이런 누추함 때문에 불만이다. 그녀는 자신의 누추함 때문에 아무도 그녀를 사랑하지 않는다고 믿는다.

"하느님, 불만에 가득 찬 저를 왜 만드셨나이까? 이렇게 무섭고 이토록 괴로운데...왜 저는 비참함을 느끼며 살아야 합니까? 왜 저는 가치 없다는 것을 느끼며 살아야 합니까? ”

그녀는 유물론자이고 신의 존재를 믿지 않는다. 그러나 자신의 누추한 삶에 지친 그녀는 내기를 건다. 신이 은총을 베풀어 자기 손

사진 47

바닥의 습진을 고쳐준다면, 신의 종이 되겠다는 것이다. 그러나 신은 그런 기적을 행사하지는 않았다. 절망 속에서 그녀는 새로운 내기를 건다. 비록 신이 자연을 뜯어 고치는 기적을 행사할 수는 없지만 자신의 삶에 의미를 부여할 수는 있지 않을까? 그렇다면 자기에게 그런 의미를 달라. 그러면 그녀는 신을 믿겠다는 것이다(사진 47참조).

　“제가 겪는 고통의 이유가 있다면 말씀해 주십시요. ...저는 강하답니다. 주님은 제 심신을 모두 강하게 창조하셨습니다. 하지만 그 힘을 가치있게 사용할 일을 주시지 않았습니다. 제게 삶의 의미를 주세요. 그러면 당신의 종이 되겠나이다.”

마르타의 생각도 왜곡되어 있다. 마르타는 자신의 삶에 의미가 있어야 한다고 집착한다. 그런데 이런 집착은 자신의 누추한 삶에 대한 보상에 불과하다. 더구나 신은 그런 의미에 관해서도 침묵한다. 그래서 마르타는 사실 스스로 자기의 의미를 만든다. 마르타는 이렇게 만들어진 의미를 신의 명령으로 위장하려 했다. 결국 마르타가 부여받은 의미란 토마스에 대한 사랑이었다.

> "올 가을, 그 기도에 대한 답변이 왔어요. ...당신을 사랑한다는 사실을 깨달은 거죠. 내 힘을 쏟을 임무를 기원했고 그 임무를 부여받았어요. 그건 바로 당신이에요."

베리만은 후일 집착적인 사랑을 영화 「애착」 에서 본격적으로 다룬다. 여기서 안나는 자신의 삶에 대한 보상으로 자신의 사랑의 이상을 설정한다. 그녀는 그 이상이 현실에 실현되고 있다고 자기를 기만한다. 그 결과 안나의 사랑에 의해 질식된 남편이 안나를 벗어나려 하자, 안나는 심지어 그를 죽여버리려 한다. 관객은 그녀의 집착과 기만이 그녀의 고통스러운 삶에 대한 보상이었음을 깨닫고 그녀를 무서워 하면서도 안타까워 한다. 그런데 이 영화에서는 마르타의 애착이 처음에 부정적으로 다루어지지만 결말에서는 긍정적인 의미를 가지게 된다.

마르타의 이런 보상을 위한 사랑 앞에서, 토마스는 일단 다시 한번 깊은 절망에 빠진다. 토마스는 마르타의 간절함에도 불구하고 그

녀를 외면한다. 편지를 다 읽은 후 토마스는 잠시 잠들었다가 앞에서
설명했듯이 꿈속에서 페르손과 대화하고 깨어나자 곧 이어서 페르손
의 자살 소식을 듣는다. 토마스는 그 사이 다시 찾아온 마르타를 뿌
리치고 혼자서 서둘러 현장으로 간다. 계곡물이 굉음을 내면서 흘러
가는 다리목에 페르손의 시체가 있다.

사진 48

카메라는 롱 쇼트로 토마스의 움직임을 찍는다. 이 장면에서 주
요한 것은 이 모든 사건들을 덮고 있는 굉음이다. 인류의 파멸이라는
위기, 그 앞에서의 신의 침묵, 절망적인 죽음, 이런 엄청난 사건에도

불구하고, 자연의 굉음은 모든 것을 무의미하고 사소한 것으로 만들어 버린다(사진 48참조).

이어서 토마스는 뒤따라온 마르타와 함께 그녀가 선생으로 일하는 학교에 들른다. 여기서 토마스는 마침내 마르타의 집착적인 사랑에 단절을 선언한다.

단절을 선언하는 토마스의 모습은 마치 심판을 내리는 정의의 신의 모습과 같다.

사진 49

　"나는 당신의 사랑에
지쳤어요 당신의 호들
갑, 당신의 충고, 당
신의 촛대와 테이블
보, 당신의 단순한 생
각에 난 질렸소. 당신
의 형편없는 손, 당신
의 불안, 당신의 정성
이 깃든 사소한 장식들, 당신은 내가 당신의 건강을 신경쓰도록 만들
었소. 당신의 약한 소화력, 당신의 뾰루지, 당신의 월경, 추위에 차
가워진 당신의 뺨, 이번에는 이 바보 같은 집착들로부터 벗어나야겠
소."

토마스의 이 말은 마르타의 일방적이고 집착적인 사랑을 폭로한
다. 토마스는 이 사랑이 결국 마르타 자신의 삶의 누추함을 보상하기
위한 시도였다는 것을 안다. 이런 폭로와 더불어 토마스는 구토를

느낀다. 토마스는 마르타의 집착에 대해 이렇게 외친다.

"조용히 못하겠소? 나를 그냥 내버려 둬요! 입을 다물란 말이요!"

그것은 가혹한 심판이지만 거기에는 생명이 깃들어 있다. 베리만은 이런 생명력을 화면에서 토마스의 뒤쪽에 있는 창가에 놓인 화분으로 표현한다. 그 화분에는 겨울인데도 꽃이 피어있다(사진 49참조).

앞에서 페르손이 나간 다음 절망에 빠진 토마스에게 겨울 빛이 비추어 들었듯이, 이제 마르타를 버리고 교실 문을 나서려는 토마스 앞의 창문틀에 'X'라는 표식이 나타난다(사진 50참조). 그것은 토

마스에게 '아니'라고 말하는 신의 목소리에 대한 알레고리이다. 토마스는 그 표식 앞에서 문득 멈추고 뒤로 돌아서서 마르타에게 함께 가자고 손을 내민다.

사진 50

4

페르손과 마르타와의 대화를 통해 토마스는 신의 부재를 확인한다. 이제 인간에게 안전을 확보해 주고, 보상을 제공하던 신은 존재

하지 않는다. 그런 신은 인간의 내적 심리의 요구에 따라 만들어진 가짜 신 곧 심리적인 신이다.

그렇다면 이제 인간은 신을 옷깃에 앉은 먼지처럼 가볍게 떨쳐 버리기만 하면 되는 것일까? 인간은 이 벌거벗은 물질적 현실 속에서 신앙 없이 살아가야 하고 살아갈 수 있다는 것일까?

그것은 아니다. 베리만은 인간에게는 자유와 사랑에 대한 갈망이 있다고 생각하기 때문이다. 인간을 보호하는 신의 부재가 확인된 다음에도 자유와 사랑에 대한 갈망은 사라지지 않는다. 어떻게 보면 바로 그런 순간에 인간의 갈망은 더욱 처절하다. 그렇다면 이런 갈망은 어디서 유래했는가? 물질적 현실이 이런 갈망의 근거는 아닐 것이다. 그러므로 인간에게 자유와 사랑에 대한 채워지지 않는 갈망이 있다는 것은 이미 신이 인간을 통해서 움직이고 있다는 것을 의미하지 않을까?

이런 생각은 하이데거의 철학적 물음을 상기시킨다. 하이데거는 인간 현-존재는 물음의 존재라고 한다. 그는 존재에 관한 형이상학적 물음을 던진다. 그런데 인간을 제외한 다른 존재자들은 모두 존재의 성스러운 어둠 속에 있을 뿐이다. 인간만이 고통스럽게도 이런 형이상학적 물음을 던진다. 왜 그런가? 하이데거에 의하면 그것은 인간이 바로 현-존재이기 때문이다. 즉 인간은 존재자이면서 이미 존재의 세계로 넘어 들어가 있는 존재자, 그래서 존재가 현현하는 현-존재이다. 이렇게 인간이 존재 속으로 넘어 들어가 있으므로, 그는 존재에 관한 형이상학적 물음을 던질 수 있으며 또한 던질 수밖에 없다.

그러므로 신의 부재에 절망하고 있는 토마스에게 바로 이 절망을 통해 신의 존재에 대한 진정한 깨달음으로의 길이 열린다. 토마스 앞에 출현한 거울 빛과 'X'표는 이런 깨달음을 암시하는 알레고리이다. 토마스에게 이미 내적으로 빛이 비춰지고 있다. 그러나 토마스 자신은 아직 이를 모르고 있다. 마침내 토마스 자신이 자신 속에서 이미 활동하고 있는 내적인 빛을 느끼게 된다. 이 내적 빛을 확인하기 위한 길에는 토마스와 마르타가 함께 간다.

영화의 마지막 장면들은 프로스트나스의 교회에서 이루어진다. 토마스는 교회 일을 도와주는 곱사등이 알곳과 대화한다. 반면 마르타는 교회의 피아노 주자인 블롬의 유혹을 받는다. 베리만은 두 장면들을 교차편집하는데, 이를 통해서 마르타와 토마스 사이에 눈에 보이지 않는 영적인 교감(communion)[30]이 이루어지는 것처럼 보인다.

먼저 목사 토마스에 대한 알곳의 신학상의 질문 장면이 이어진다. 알곳은 예수의 수난은 결코 육체적인 것에 그치지 않는다고 한다. 그런 육체적 고통이라면 겨우 네 시간에 그친 것이고 그것은 곱사등이로 평생을 살아온 자기의 고통보다 못하다.

알곳은 예수의 진정한 고통은 그의 제자들이 그가 제시했던 삶의 의미를 전혀 이해하지 못하고 그를 배반하고 도망쳤다는 데 있다고 한다. 그의 삶이 무의미하게 되었다는 것을 깨달은 예수는 그 순간 신이 존재하는가에 대해 회의에 빠졌고 그러기에 마침내 "주여, 오,

---

30 이 영화의 부제가 교류(comminicant)이다. 그것은 신과의 교류이면서 동시에 인간들 사이의 교류이다.

주여, 왜 나를 버리시나이까" 라는 외침을 외쳤다는 것이다.

토마스는 알곳의 설명을 묵묵히 듣고만 있다. 신의 침묵 앞에서 절망에 빠진 그의 심정을 통해 그는 알곳이 설명한 예수의 절망적인 심정을 이해한다. 동시에 그 순간 그는 자기의 절망의 느낌, 거꾸로 신에 대한 갈망이야 말로 곧 신의 존재에 대한 증거라는 것을 깨닫는다. 그러기에 베리만은 고뇌하는 토마스의 얼굴 위에 조그만 등불을 달아맨다(사진 51 참조).

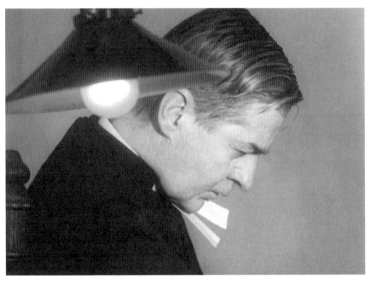

사진 51

알곳의 설명이 이어지는 동안 마르타는 문밖에서 알곳의 말을 듣고 있었다. 이때 마르타에게 블롬이 접근한다. 블롬은 토마스가 죽음과 부패의 손아귀에 빠져 있다면서, 떠날 수 있을 때 떠나라고 말한다. 블롬은 마르타에게 물질적 현실의 세계로 돌아가라고 유혹한다. 그러나 마르타는 침묵한다. 그녀의 침묵 속에는 이미 어떤 결단이 내려져 있다. 침묵하는 그녀의 뒤 창문에는 겨울 빛이 비치고 앙상한 나목이 버티고 있다(사진 52참조).

영화의 마지막 장면에서 알곳은 신도라고는 마르타 밖에 없다고 말하면서 토마스에게 예배를 시작할 것인가를 묻는다. 그리고 토마스의 대답을 듣기도 전에, 알곳은 스스로 대답하면서 예배 시작을 알리는 불을 켠다. 토마스는 일어나 예배를 시작한다. 토마스의 성찬식은 아침에 있었던 성찬식과는 전혀 다른 분위기이다. 토마스는 확신에 차서 성찬을 베푼다.

사진 52

Ingmar Bergman

사르트르 성당이 어떻게 번개를 맞아 불에 타 무너졌는지
에 관한 이야기가 있다. 그때 수만 명의 사람들이 모든 방
향에서 나타나서, 개미들의 거대한 진격처럼 모두 함께 성
당을 옛자리 위에 다시 건설하기 시작했다. 건축가, 예술
가, 노동자, 허풍선이, 귀족, 시민 등. 그들은 건물이 완성
될 때까지 일했다. 그러나 그들은 모두 무명으로 남았고 아
무도 오늘날 누가 이 사르트르 성당을 지었는지 모른다.

(Bergman Discusses Film Making)

8

「침묵」 __ 소통의 가능성

1

베리만의 영화 「침묵」[31]은 그의 '실내악적 영화'의 스타일이 정점에 이른 영화라고 평가된다. 내용적으로 볼 때도 이 영화는 베리만의 철학적인 주제를 가장 잘 형상화시킨 영화로 판단된다. 먼저 간단히 줄거리를 요약해 보자.

소년 요한과 그의 어머니 안나 그리고 이모 에스더는 고향인 스웨덴으로 돌아가는 중이다. 새벽에 기차 안에서 기침 발작을 일으킨 에스더 때문에 이들은 언어가 통하지 않는 외국의 낯선 도시 티모카의 한 호텔에서 하루를 머무른다.

안나와 에스더, 요한은 아침에 기차에서 내려 호텔로 들어간다.

---

31 1962년 7−9월 촬영, 1963년 9월 개봉

요한과 안나가 낮잠을 자는 사이에 에스더는 외로움 때문에 술을 마시고 마스터베이션을 한 후 잠이 든다. 곧 이어 낮잠에서 깬 소년은 미로 같은 호텔을 돌아다니면서 호텔 관리인인 노인과 다섯 난쟁이 서커스 단원들을 만난다. 그 사이 안나가 깨어나 마음에 욕망의 불을 켜고 도시 여행을 떠난다. 안나는 레스토랑에 들러 웨이터를 만나고, 이어 극장에서 난쟁이 극단의 공연과 객석에서 일어나는 남녀의 실제 정사를 엿본다.

안나가 나간 사이 소년이 돌아와 에스더와 식사를 한다. 식사를 마칠 무렵 안나가 돌아온다. 안나의 더렵혀진 옷을 보고 에스더가 안나를 경멸하자, 둘이 서로 다툰다. 안나는 도발적으로 다시 방을 나가, 미리 약속한 웨이터와 함께 이웃하는 객실로 들어간다. 그때 안나와 에스더의 싸움 때문에 방 밖으로 쫓겨나 있던 요한은 안나가 웨이터와 함께 객실에 들어가는 것을 본다. 충격에 빠진 요한은 에스더에게 이를 말하고 에스더는 안나가 정사를 벌이는 방으로 들어간다. 여기서 둘 사이의 감추어 왔던 갈등이 마침내 폭발한다.

안나가 다시 한 번 더욱 동물적으로 웨이터와 섹스를 하는 사이 방 밖에서 지켜 서서 그 소리를 듣고 있던 에스더는 마침내 그 자리에서 쓰러진다. 아침에 안나는 웨이터를 남겨두고 객실을 빠져나오면서 문밖에 쓰러진 에스더를 발견한다. 안나는 결국 병든 에스더를 호텔 방에 내버려 두고 요한과 기차를 타고 다시 떠난다.

영화는 기차 안에서 발작이 일어나는 새벽부터 그 다음날 오후 2시 에스더를 버려두고 안나와 요한이 다시 기차를 타고 떠나기까지 극히 제한된 시간을 다룬다. 이렇게 간단한 줄거리를 가진 이 영화는 플롯의 많은 부분을 생략했다. 요한의 아버지는 소년과 에스더의 대화중에 간단히 그 생존만 언급될 뿐 함께 사는 지 아니면 따로 사는지조차도 명백하지 않다. 에스더는 결혼했는지, 자매의 죽은 아버지는 언제 죽었는지 그리고 이 두 사람이 어디로 왜 여행을 갔는지, 에스더의 병이 어떤 것인지도 알 수 없다. 또한 안나와 에스더 사이에 과거에 어떤 일이 있었기에 둘이 이토록 극단적인 갈등을 보이는지 등, 모든 것이 그저 모호할 뿐이다. 이 영화는 마치 스케치로 대강 윤곽만 그려진 풍경처럼 보인다.

2.

들뢰즈는 영화를 통해 새로운 사유에 이르려고 했다. 그가 주목했던 영화는 60년대 뉴웨이브 영화들이다. 그는 그런 영화들의 특징은 주인공들이 가공할 만한 현실에 직면해서 더 이상 행동하지 못하고, 얼어붙은 듯 다만 응시할 뿐인 상황에 있다고 본다. 이런 곤경 앞에서 외면적으로 얼어붙은 주인공들은 내면적인 성장의 길로 들어선다. 그들은 습관적으로 살아가는 현재라는 시간 평면을 떠나, 무의식적 욕망이 잠재된 과거의 시간 평면 속으로 들어간다. 이 순간 현재의 지각과 과거의 기억은 하나의 쌍을 이룬다. 양자는 서로 구분되면서도 어느 것이 실제이고 어느 것이 가상인지 구분되지 않는다. 들뢰즈는 이런 이미지를 크리스털 이미지라 명명했다. 그는 이 크리스털 이미지가 내적인 성장이 일어나는 시간(곧 생성)의 이미지라 한다.

베리만의 영화 「침묵」 역시 들뢰즈의 이런 시간 이미지를 보여 준다. 우선 이 영화에서 주인공들에게 낯선 도시의 환경은 위협적으로 다가온다. 특히 이런 위협감은 이제 막 의식을 갖고 세상으로 들어가려는 소년에게 더욱 강하게 느껴진다.

첫 장면에서 기차 안에서 새벽에 깨어난 소년은 창문 밖으로 모든

것을 검게 불태우듯 떠오르는 흰 태양을 본다. 소년이 우연히 엿본 이웃 객실의 승무원 얼굴은 경악에 의해 짓이겨져 있다. 소년이 창문 밖을 보자 포신을 세운 탱크들이 열차에 실려

사진 53

어딘지 모르는 곳으로 줄지어 간다(사진 53참조).

이런 위협적인 환경 속에서 주인공들은 어떤 행동도 할 수 없다. 그들의 행동은 허공에 걸려 있는 듯하다. 에스더는 병에 걸려 호텔방에 갇힌다. 안나는 이런 환경 속으로 뛰어들어 보지만, 도시의 혼잡 속에서 무관심하거나 적대적인 사람들에 부딪힐 뿐이다. 그것은 바로 들뢰즈의 말한 응시의 상황이다.

영화 제목 '침묵' 이 암시하듯이 이 영화에서 대화는 극히 억제되어 있고, 거의 대부분의 대화를 채우는 안나와 에스더의 갈등도 극히 암시적으로만 말해질 뿐이다. 반면 이 영화에서 풍부하고 다양한

이미지들이 출현한다.

　베리만은 이 영화에서 풍부한 시각적 이미지들은 말할 것도 없이 다양한 감각들을 실험한다. 우선 다양한 사운드가 강조된다. 기차 안에서의 장면 내내 열차의 쇠바퀴가 철로에 스치면서 내는 듯한 마찰음 소리가 고통스러운 현실을 보여 주듯 이어진다. 호텔 안에서 요한이 창밖을 내려다보는 장면에서 도시의 무관심을 강조하듯 신문팔이의 외침이 강조된다.[32] 영화는 안나가 호텔방에서 웨이터와 더불어 정사하기 직전 요한이 밖에서 그녀를 보았음을 암시하기 위해 안나의 팔에 찬 팔찌들의 찰랑거리는 소리를 클로즈업시킨다. 또한 이튿날 안나와 요한이 점심 먹으로 나간 사이 에스더는 마치 죽음이 다가오듯이 똑딱거리는 시계의 소리를 듣는다.

　이 영화에서 더욱 흥미로운 것은 촉각적이거나 후각적인 이미지들이다. 낮잠을 자기 전 목욕한 안나는 요한의 몸에 로션을 발라 주는데, 요한이 그 냄새를 맡는 동작을 통해 후각적 이미지가 강조된다. 이는 어머니에게 집착하는 소년의 마음을 드러낸다. 이어서 안나가 웨이터와 함께 정사를 위해 객실 안으로 들어간 후 요한은 발바닥으로 방바닥이 떠는 소리를 감지한다. 이어서 물 컵들이 선반에서 른들리면서 부딪히고, 요한이 창문으로 다가가 밖을 보자, 탱크들이 지나간다. 발바닥으로 듣는 이 소리들은 세상이 흔들리는 듯한 요한의

32　대본에는 신문팔이의 외침에 대해 이렇게 표현되어 있다. "이 소리들은 억압적인 침묵을 깨뜨리는 유일한 소리이었다." (대본, p109) 대본은 The Three Films by Ingmar Bergman, tr. Paul Britten Austin, Grove Press Inc., 1970을 사용.

절망감을 잘 드러낸다. 이런 이미지는 마지막 장면에서도 이어진다. 에스더를 버려두고 안나가 기차를 타자, 비가 온다. 이때 안나는 창문을 열어 온몸으로 떨어지는 빗방울을 그대로 맞는다. 떨어지는 빗방울은 베리만에게서 항상 화해를 의미한다.

이런 풍요로운 시각적, 청각적, 촉각적, 후각적 이미지들 이외에도 「침묵」 에 나오는 이미지들은 독특한 특징을 지닌다. 우선 들뢰즈가 말하는 불연속적인 파편화된 이미지가 발견된다.

그런 이미지의 파편성은 요한이 어머니의 발을 보는 장면에서 잘 드러난다. 요한이 호텔 방에 처음 들어와서 방바닥에 앉아 방안에서 분주하게 돌아다니는(실제로는 아무 것도 하는 일이 없는) 어머니의 발을 응시하고 있자, 어머니가 " 왜 " 라고 묻는다. 그러자 요한은 이렇게 대답한다.

"발이 엄마를 이리저리 옮겨 다니게 하고 있어요."

요한은 사물을 개념적으로 파악하지 않는다. 사물의 세부를 지각하면서 각각의 지각은 파편화되어 독자적으로 살아 있다. 요한의 지각적 특징은 프루스트가 『잃어버린 시간을 찾아서』 라는 책에서 제시했던 지각적 특징을 상기시킨다. 이 소설에서 주인공은 애인인 알베르틴이 친구들과 함께 걸어오는 장면을 묘사하면서 파편화된 지각들을 몽타주한다.

「침묵」 의 이미지들 가운데 압권은 바로 가상과 현실의 크리스털 이미지이다. 안나가 레스토랑을 나가서 극장으로 갔을 때 무대 위에는 난쟁이 극단이 공연하고 동시에 객석의 뒷자리에서 남녀가 실제 정사를 벌인다. 두 가지 이미지들은 내용적으로 서로 연관된다. 난

쟁이들이 벌이는 공연의 이 미지(사진 54참조)는 마치 지네와 같은 모습인데, 이 는 실제 일어나는 남녀 간 의 정사의 모습(사진 55참 조)과 닮았다. 베리만은 두 장면을 시각적으로 유사하 게 보이도록 만들었다. 무 대 공연은 실제 정사에 대한 논평으로 보인다. 그러므로 그것은 객관적인 느낌을 준 다. 거꾸로 실제 정사는 마 치 포르노 영화를 찍듯이 찍 혀져 연극성이 강조된다. 이 런 이미지들 속에서 실제와 환상, 현실과 무대가 결합된 다. 그것은 들뢰즈가 말한

사진 54

사진 55

크리스털 이미지의 전형적인 모습이다.

3

이 영화에서 안나와 에스더의 관계도 크리스털 이미지와 동일한

관계를 지닌다. 즉 안나와 에스더는 서로 대립하면서도 서로 침투하고 있다.

호텔에 머무르는 사이 동생인 안나와 언니인 에스더 사이의 내면적 갈등이 폭발한다. 마치 전쟁 중인 듯 거리 한 가운데로 탱크가 굴러 오기도 하는 위협적인 현실, 호텔 방안에 갇혀서 벗어날 수 없다는 중압감 더구나 에스더를 죽음으로 몰아넣고 있는 알 수 없는 질병 앞에서 아무 것도 할 수 없다는 무기력감이 둘 사이의 갈등을 악화시킨 것으로 보인다. 그러나 그 둘 사이의 갈등은 근본적으로 두 사람의 내면에 존재하는 서로 다른 욕망 구조에 원인을 두고 있다.

안나와 에스더의 욕망 구조를 단적으로 보여 주는 장면이 호텔로 들어간 후 목욕하는 장면에서 드러난다. 안나가 옷을 벗고 탕 속으로 들어가는 장면을 베리만은 침대에 누워 있는 에스더의 시선에서 포착한다. 그것은 에스더가 안나를 엿보고 있는 관음증의 장면이다(사진 56참조). 거꾸로 이 장면은 안나가 에스더의 시선에 자신의 벌거 벗은 육체를 일부로 노출했다고도 볼 수 있다. 안나의 욕망 역시 에스더에게로 향해 있다. 안나와 에스더 사이의 욕망은 동성애적인 욕망 구조와 유사하다.

사진 56

두 사람은 이런 감추어진 욕망을 지니면서도 서로 대립한다. 이런 대립은 이 욕망이 금지된 것이고 그래서 각자 상대방에 대한 욕망을 감추려 하는 데서 발생한다.

둘 사이에 존재하는 서로에 대한 근원적 욕망은 각자가 의식하지 못한 채 자기의 몸을 통해 자연스럽게 흘러나온다. 그런데 각자는 이렇게 타인으로부터 자연스럽게 흘러나오는 욕망의 증상을 자기 자신의 욕망 구조에 의해 즉 자신의 의식을 통해 재해석한다. 그 결과 각자는 서로를 오인한다.

먼저 에스더는 스스로 아버지의 금기를 받아들인다. 에스더의 욕망은 신경증적인 증상을 통해 발산된다. 그 점은 에스더의 성적 욕망에 대한 혐오감을 통해 잘 드러난다. 에스더는 이튿날 점심 때 안나가 떠나기 전 침대 위에서 호텔 관리인에게 이렇게 고백한다.

"정액 냄새가 역겨워요.....배란하게 되면 생선 썩는 역겨운 냄새가 코를 찌르죠."

에스더는 안나의 욕망이 사실은 자신에 대한 안나의 비밀스러운 욕망을 표현하고 있음을 알지 못한다. 에스더는 안나에게도 자신과 같은 도덕적 금기를 부여하려 한다. 그러나 안나는 이런 금기를 받아들일 수 없다. 그래서 에스더는 안나가 정신적 능력이 없이 육체적 욕망만을 추구하는 동물이라고 해석한다. 에스더는 안나를 경멸의 대상으로 삼는다.

에스더가 안나에게 부여하는 금기는 사실 에스더의 안나에 대한 근원적인 욕망을 감춘다. 에스더는 안나가 자신의 비밀을 알아차리지 않을까 두려워한다. 더구나 에스더는 자신으로부터 자연스럽게 흘러나가는 욕망을 안나가 안나 식으로 즉 육체적 욕망으로 이해할 것으로 짐작한다. 그러므로 에스더는 예상된 안나의 오인으로부터 미리 굴욕감을 느낀다.

이런 오인은 안나에게도 마찬가지로 일어난다. 안나의 욕망은 나르시시즘적인 특징을 보여 준다. 자주 나르시시즘은 자신의 욕망을 아무런 정신적인 관련이 없는 동물적인 욕망으로 은폐한다. 웨이터와 성관계를 맺으면서 안나는 이렇게 말한다.

"다행이야, 우리가 서로를 이해하지 못해서 참 다행이야."

안나는 에스더에게서 흘러나오는 욕망이 사실은 자기를 향한 근원적 욕망임을 알지 못한다. 그러면서 안나는 자신의 욕망 구조에 따라서 에스더의 욕망을 정신적 우월감 또는 지배욕으로 해석한다.

안나는 자기의 욕망을 에스더가 단순한 동물적 욕망으로만 해석하고 억압하려는 것 때문에 고통스러워한다. 그 결과 안나는 도덕적 금기를 부과하는 에스더의 태도에 반발감을 느낀다. 안나가 더욱 동물적으로 행동하는 것은 이런 반발감의 표현으로 보인다.

서로 간의 오인으로 인해 안나와 에스더 사이의 갈등은 더욱 악화된다. 베리만이 그려낸 안나와 에스더의 대결은 말하자면 '지상에서의 지옥'의 모습이다. 서로 대립하면서도 서로 침투하는 안나와 에스터의 욕망은 전형적으로 크리스털 이미지 중의 하나이다.

4

두 사람의 대립은 안나가 낮잠을 잔 이후 밖으로 나가려고 할 때부터 폭발하기 시작한다. 에스더가 기다리라고 하자, 안나는 이에 대해 '왜'라고 묻는데, 이 '왜'라는 반문이 안나가 이미 에스더의 비밀스러운 욕망을 짐작한다는 것을 누설한다. 그래서 에스더는 곧이어 자기 말을 취소하면서 자기의 욕망을 감추려 하지만 안나는 그냥 나가버린다. 이때 에스더는 자기의 욕망이 안나에게 육체적 욕망으로 오인되었다는 생각 때문에 굴욕감을 느낀다.

영화에서 두 사람의 대결은 안나가 극장에서 돌아왔을 때 더욱 심화된다. 에스더는 안나의 방으로 따라와서 안나가 벗어놓은 원피스를 주워 살펴보면서 엉덩이 부분이 더럽혀진 것을 발견한다. 그리고 경멸적인 미소를 짓고는 자기 방으로 돌아가 무심한 듯 타자를 친다(에스더는 번역가이다). 에스더는 안나의 욕망을 단순한 육체적 욕망으로 오인한 것이다.

그런데 안나는 에스더의 이런 태도를 자신에 대한 에스더의 정신적 우월감으로 해석한다. 그래서 옷을 갈아입자, 안나는 에스더의 등 뒤로 다가와서 앞으로 자기를 '감시' 하지 말라고 한다. 이런 '감시' 라는 표현 속에 에스더가 부과하려는 도덕적 금기에 대한 안나의 반발감이 들어 있다.

저녁시간에 잠시 바흐의 음악을 통해 두 사람 사이에 친근감이 되살아나지만, 안나가 웨이터를 만나기 위해 떠나려 하자 둘 사이의 대립은 더욱 악화된다. 두 사람은 요한을 잠시 밖으로 내쫓고 서로 다툰다.

에스더는 안나에 대해 캐묻고 싶은 욕망을 감출 수 없다. 그것은 에스더의 도착적인 욕망이다. 에스더의 욕망은 안나를 억압하는 가운데 비밀스러운 만족을 얻는다. 안나는 자신이 에스더가 세운 도덕적 금기를 깨뜨린다는 것을 보여줌으로써 자신이 에스더의 지배 밖에 있다는 것을 입증하려 한다. 그래서 안나는 자신이 극장에서 본 남녀의 정사의 모습을 전해 주고 이어서 레스토랑의 웨이터와 정사를 가졌다고 하면서 심지어 그 과정을 상세하게 묘사한다.

이어지는 장면에서 안나는 웨이터와 호텔 객실에서 정사를 나누면서도 계속 에스더를 의식하고 있다. 성관계 중 안나는 독백을 통해 에스더가 자기를 지배해 왔음을 비난한다.

둘 사이에 결정적인 대립은 안나가 정사를 위해 들어간 객실로 에스더가 찾아갔을 때 벌어진다.

> "언니는 항상 자신의 원칙만 내세우며 살아 왔잖아……언니에게 주요한 것은 자존심이야. 언니는 우월감에 사로잡혀 살아가고 있다는 말이지. 모든 것에 대해 어떤 의미를 부여하고 살잖아……언니는 항상 자신을 증오하듯이 나를 미워했던 거야."

원칙, 우월감, 증오, 이것은 안나가 이해하는 에스더의 모습이다. 안나는 이런 에스더를 무너뜨리려 한다. 반면 에스더는 안나를 동물적 존재로 이해한다. 그러면서 이런 안나를 구원하려 한다. 에스더의 '사랑'이란 그런 우월감의 표현이다.

이런 대화 속에서 두 사람의 내면적 갈등은 폭발한다. 이 영화에서 '침묵'은 바로 안나와 에스더 사이의 소통 불능을 말한다. 이런 소통 불능은 두 사람이 서로 자신의 시각으로 상대방을 오인함으로써 일어난다. 이런 오인이 거꾸로 서로의 적대감을 키운다.

5

안나와 에스더, 두 사람은 자기의 욕망 구조 안에 갇혀 있다. 베리만은 이런 '지상에서의 지옥'으로부터 해방의 가능성을 모색한다. 이미 행동을 통해서 그들은 서로의 대립을 벗어날 가능성을 보여준다.

에스더는 안나가 웨이터와 정사를 벌이는 호텔 문 앞에 있다가 끝내 그 앞에서 쓰러진다. 그것은 에스더의 안나에 대한 간절한 욕망을 암시한다.

사진 57

그것은 안나도 마찬가지이다. 안나는 웨이터와 성관계를 가지면서도 이해할 수 없는 죄책감을 느낀다. 성관계를 갖는 안나의 표정은 고통스럽게 일그러져 있다(사진 57참조). 안나와 에스더의 이런 행동들은 그들 사이의 소통을 암시하지만, 그들은 아직 그 자신의 무의식을 자각하지 못한다.

문제는 안나와 에스더의 욕망 구조가 고정되어 있다는 것이다. 그래서 두 사람은 자기만의 감옥에 갇혀 있다. 그들은 서로 대립할 뿐이고 그들 내부에서 새로운 생성은 일어나지 않는다. 베리만은 지옥을 벗어날 가능성을 오히려 소년 요한을 통해서 찾으려 한다. 요한의 경우 그의 욕망 구조는 영화 속에서 전환을 겪게 된다. 이 전환은 들뢰즈가 말한 시간의 이미지와 연관된다.

낮잠 자기 전 목욕 장면에서 요한이 어머니 안나의 등을 밀다가, 어머니 등에 얼굴을 갖다 대는 장면은 요한이 아직 어머니로부터 분리되지 않았음을 보여 준다. 소년 요한은 낮잠을 잔 후 장난감 권총을 허리춤에 꽂고 호텔의 내부로 모험을 떠난다. 그 권총은 정신분석학적으로 어머니가 그에게서 욕망하는 것 곧 팔루스를 의미한다.

소년의 모험에서 인상적인 장면은 세 가지이다. 이 모두는 소년의 성적 욕망과 관련되면서, 소년이 오이디푸스 국면을 지나가고 있음을 암시한다.

먼저 소년은 복도에 붙어 있는 그림에 부딪힌다. 세 번이나 반복해서 지나가면서 그는 이 그림을 본다. 이 그림의

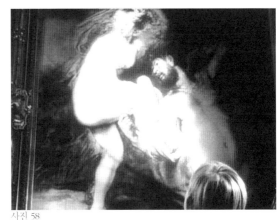

사진 58

내용은 판 신이 요정을 능욕하는 것이다. 벌거벗은 요정의 모습은 요

한의 어머니를 향한 욕망을 도발한다(사진 58참조).

　이어서 소년은 난쟁이들이 머무르는 객실로 들어간다. 이 난쟁이들은 안나가 들렀던 극장에서 공연하던 그 난쟁이들이다. 이들은 소년에게 여자 옷을 입히는데, 이는 동성애를 암시한다(사진 59참조). 이 동성애는 정신분석학적으로 근친상간적인 욕망의 한 형태이다.

사진 59

　마지막으로 소년은 호텔 관리인을 만난다. 호텔 관리인은 소년에게 자기 부모의 죽은 모습을 보여 준다. 동시에 그는 양상추에 싼 소시지를 베어 먹는 시늉을 낸다. 이것은 명백히 거세 위협을 암시하는 장면이라고 하겠다.

　결국 호텔 안에서 소년의 모험은 오이디푸스 국면을 거쳐 가는 것으로 해석될 수 있다. 이런 오이디푸스 국면이 지나간 다음 소년은 에스더로부터 언어를 배우게 된다. 이 언어는 소년이 상상계를 벗어나 상징계의 질서 속으로 들어왔음을 알리는 것이다.

소년은 상징계로 들어오면서 어머니로부터의 분리를 경험하게 된다. 그것은 처음 기차 안에서 요한이 어머니 바로 옆에 앉았지만 떠나는 기차 안에서 소년은 어머니와 마주 앉는 것에서도 확인된다.

6

이 영화에서 소년 요한의 거세는 단순히 요한이 상상계(나르시시즘)에서 상징계(신경증)로 진입했다는 것이 아니다. 더욱 주요한 것은 욕망의 구조적 전환이 가능하다는 것이다. 소년의 거세는 이런 전환의 한 가지 방식만을 보여줄 뿐이다. 오이디푸스 전환이 존재한다면, 거꾸로 신경증(상징계)에서 나르시시즘(상상계)으로 전환하는 것도 가능하지 않을까?

그러므로 이 영화의 마지막 장면에서 기차를 타고 떠나는 소년은 에스더의 편지를 통해 티모카의 말을 번역한다. 하나의 언어구조에서 다른 언어구조로의 번역이 가능하다면, 하나의 욕망 구조에서 다른 욕망 구조로의 번역도 가능할 것이다.

지상에서의 지옥이 다른 욕망 구조를 지닌 사람들이 서로 오인하는 데에서 비롯되는 것이라면 욕망 구조의 전환을 통해 타인을 이해할 가능성이 열리지 않을까? 그런 전환이 가능하다면 이제 오인으로 인한 침묵도 사라질 것이다.

Ingmar
Bergman

내 의견은 예술이 종교와 분리된 순간 그 근본적이고 창
조적인 충동을 상실했다는 것이다. 예술은 탯줄을 잘라냈
으며, 이제 황폐한 삶을 살면서 태어났다가는 다시 소멸
한다는 것이다. 이전 시기 예술은 익명이었으며 그의 작
품은 신의 영광을 위한 것이었다. 예술가는 살다가 죽지
만 어떤 다른 예술가보다 더 많이 또는 더 적게 중요한 것
은 아니다. 영원한 가치, 불멸성, 완성작은 그에게 적용
되지 않는다. 창조의 능력은 신의 선물이었다. 그런 세계
에서는 굴하지 않는 확신과 자연적인 겸손이 흘러넘쳤다.

(Bergman Discusses Film Making)

9

「페르조나」 _영화의 자기반영성

1

수잔 손탁[33]은 60년대 실험영화들의 특징을 새로운 서사 형식에서 찾았다. 전통적인 영화 서사는 현실을 재현하면서 분명한 인과적 관계를 보여 주었다. 이런 재현주의적 영화는 작가의 의도를 객관적으로 전달하고 영화의 이야기는 작품 생산의 현실로부터 단절되면서 투명한 환상을 보여 주었다. 관객은 이야기가 제공하는 환상에 몰입했다. 반면 새로운 영화의 서사형식에서 현실과 환상의 구분이 불가능하다. 사건은 인과적 연관을 잃어버리고 모호하게 전개되며 영

---

33 수잔 손탁, Ingmar Bergman's Persona, Ed. Lloyd Michael, Bergmans's pesona, Cambridge, 2000

화는 작가의 개입(자기반영성)을 노골적으로 드러낸다. 관객은 영화의 이야기를 스스로 비판적으로 재구성한다. 수잔 손탁은 이런 새로운 서사형식의 대표적인 예로서 알랭 레네의 작품 「마리엔바드에서의 지난 해」와 베리만 감독의 작품 「페르조나」를 들고 있다. 전자는 주로 인과성의 상실을 보여 주고, 후자는 주로 자기반영성을 보여 준다.

　베리만의 작품 「페르조나」[34]는 다층적인 공간으로 구성되어 있다. 가장 외부에는 영화 예술의 물리적, 역사적 발생을 담고 있는 공간과 「페르조나」라는 영화가 만들어지는 생산의 공간이 있다. 그런 공간들 위에 작가를 대신하는 공간 즉 이야기의 화자가 존재하는 공간이 들어 있고 이런 공간들의 가장 안쪽에 이야기 공간이 존재한다. 이런 다층적인 공간들은 위계질서에 의해 서로 단절되지 않는다. 마치 안팎의 꽃잎들이 서로 비집고 들어가 꽃을 이루듯이 이야기 공간 속에 다른 공간들이 비집고 들어가 있으며, 거꾸로 이야기 공간은 다른 공간들로 흘러넘치고 있다. 이런 특징들을 일반적으로 말해서 자기반영성이라고 하겠는데, 영화 「페르조나」는 이런 자기반영성의 다양한 형식들이 가능하다는 것을 보여 준다.

　「페르조나」의 특징은 물론 이런 자기반영성에 그치지 않는다.

34　1965년 7-9월 촬영, 1966년 10월 개봉. 영화 촬영 직전 1965년 1월 그는 폐렴으로 입원 하였고, 입원 시의 경험이 이 영화에 녹아들어 있다. 입원 중 그는 찰리 채플린과 공동으로 에라스무스 상을 수상했다. 여기서 그의 유명한 예술론 즉 '뱀 껍질론'이 발표되었다. 그는 이 영화 촬영 때부터 배우 리브 울만(Liv Ullmann)과 교제했다. 1966년부터 그는 포러 섬에 집을 짓고 리브 울만과 함께 살기 시작했다.

영화 이야기의 전반부에는 비교적 현실과 환상의 경계가 뚜렷하다. 그런데 영화의 후반부에 이르면 꿈의 시컨스들이 영화의 거의 마지막 부분까지 계속 이어진다. 그런데 이 시컨스들이 꿈인지 아니면 실제로 일어난 일인지는 불분명하다. 더구나 이게 꿈이라면 누구의 꿈인지도 불분명하다. 그런 꿈속과 같은 장면들의 의미를 분명하게 짚어내는 것은 거의 불가능하다. 정신분석학에서 꿈은 한편으로는 감추어진 무의식적 욕망을 드러내지만 다른 한편 꿈의 작업을 통해 그런 욕망을 더욱 철저하게 은폐해 버린다. 마찬가지로 베리만 역시 이런 꿈속과 같은 장면을 통해 의미를 드러내기보다는 의미를 감추려는 것처럼 보인다.

그러나 이처럼 꿈과 현실 사이의 크리스털 이미지라는 특징은 다른 영화에서도 자주 실험되었다. 그래서 특히 페르조나와 연관하여 주요한 특징이라면 그것은 이 영화가 크리스털 이미지를 넘어서서 자기반영성을 실험하였다는 것이라 하겠다.

그렇다면 베리만이 특히 「페르조나」에서 실험했던 자기반영성의 의미는 무엇인가? 60년대 아방가르드 감독들이 그랬듯이 베리만의 실험정신도 시대적 요청에 부응한 것인가? 고다르와 같은 아방가르드 감독은 60년대 억압적인 현실을 있는 그대로 올바르게 인식하기 위해 재현주의적인 인식틀을 깨고자 했다. 왜냐하면 재현주의의 형식은 현실을 이상화하는 것이기 때문이다. 고다르의 경우 자기반영성이란 관객을 소원화시켜서 이런 이상화를 깨뜨리는 것을 목표로 한다.

그런데 베리만의 의도는 고다르와는 구분된다. 베리만이 당시 현실에 대해 비판적 입장을 가진 것은 사실이지만, 그가 관심을 가진 것은 외부 현실에 대한 객관적 인식은 아니다. 베리만은 오히려 인간의 내면에 깊은 관심을 가졌다. 잔인한 폭력이 지배하는 현실 앞에서 인간은 두려움에 떨고 있다. 이런 나약하고 초라한 인간은 현실을 넘어 피안을 동경한다. 베리만에게서 재현주의적 예술형식은 바로 가혹한 현실 속에서 아름다운 피안을 그려내는 방법이다. 대중들은 이런 재현주의적 예술이 그려낸 환상의 세계 속에서 현실로부터의 도피처를 구한다. 베리만이 재현주의 예술형식을 거부하는 이유는 여기에 있다.

베리만의 주인공들은 잔인한 현실의 외부에 설정한 피안을 거부하고 다시 한 번 생동적인 삶을 꿈꾼다. 그 삶은 근원적인 욕망의 세계이며, 현실의 내부로부터 흘러나오는 생성에의 의지이다. 바로 여기서 베리만의 예술형식이 출현한다. 생동적인 욕망이 환상을 통해 각성되면서, 현실과 환상이라는 두 세계 사이에 크리스털 이미지가 발생한다. 여기서 현실과 환상은 대립하면서도 서로 구분되지 않는다. 바로 이 크리스털 이미지를 보여 주려는 시도가 베리만의 새로운 서사형식의 출발점이다.

이런 크리스털 이미지가 극단에 이르면 이미지를 생산하는 공간과 이야기 공간의 구분이 무너진다. 생산의 공간은 현실에 대비되고, 이야기의 공간은 환상에 대비된다. 그런데 재현적 이미지는 환상에게 투명성을 부여하기 위해 생산 공간을 은닉하려 한다. 왜냐하면 생산과정이 노출되면 재현적 환상이 깨어지기 때문이다. 반면 크리스털 이미지에서 환상과 현실의 구분이 모호해지면 생산 공간과 이야기 공간의 경계도 무너진다. 생산 공간이 차라리 이야기이며, 이야기 공간이 오히려 생산과정이다. 베리만에게서 자기 반영성은 이렇게 크리스털 이미지의 확장으로부터 출현한다.

그러므로 베리만에게서 자기반영성의 형식은 두 가지이다. 하나는 생산 현실 속에 드라마를 집어넣는 것이다. 예를 들어 영화를 찍는 과정에 대한 영화가 있다고 해 보자. 여기서 작가와 배우들이 온갖 어려움을 견디면서 하나의 영화를 만든다. 그런 생산과정이 곧 영화의 이야기이다.

실제로 베리만의 많은 작품들에서 무대 뒤의 현실이 등장한다. 대표적인 경우가 「톱밥과 반짝이」이라든가 「가을 소나타」와 같은 영화이다. 여기서 예술 작품 뒤에 있는 예술가들의 나약하고 초라한 삶이 이야기된다. 이런 영화들은 예술의 생산과정을 이야기로 만든다.

또 다른 자기반영성은 영화의 이야기 속에 끼어드는 생산의 현실을 보여 준다. 「페르조나」의 경우 베리만은 영화의 이야기 공간을 영화를 생산하는 생산 공간으로 둘러싼다. 그 결과 이야기의 주변에 산재한 것처럼 보이는 생산 공간이 영화 이야기 속으로 고개를 내밀고 자신의 숨소리를 들려준다. 이렇게 함으로써 베리만은 이야기를 전개하는 데 목표를 가지기보다는 오히려 영화의 생산 공간을 보여 주고 이해시키는 데 주력하는 것처럼 보인다. 이 영화는 이야기를 보기 위한 것이 아니라 그런 생산의 숨소리를 듣기 위한 영화이다.

크리스털 이미지가 주인공의 내적인 생성을 보여 주는 것이라 한다면, 자기 반영성의 영화는 예술가 자신에 관한 크리스털 이미지이다. 그것은 예술가의 내적인 생성을 담고 있다.

2

이 영화에서는 두 개의 축이 있다. 하나는 소년과 영화 이미지 사이의 관계이다. 여기서 소년은 작가, 생산자를 의미한다. 반면 영화 이미지란 작품이며 곧 이야기이다. 또 하나의 축은 이야기 속의 두 여인이다. 여기서 한 사람은 예술가인 엘리자베스이고 다른 사람은 간호사인 알마이다. 그런데 이 영화에서 두 가지 축은 서로 밀접하게 연결되어 있다.

첫 번째 축은 이 영화의 이야기 공간을 둘러싼 외부 공간 즉 생산 공간을 이룬다. 그 여러 공간의 핵심에 소년과 어머니의 상이 있다. 여기서 소년은 병원의 시체실에 누워 있다. 주변에는 차가운 시체들이 놓여있다. [35]이런 장면들은 소년이 죽음과도 같은 외로움에 처해 있다는 것을 의미한다. 죽음과 같은 외로움의 원인은 소년이 어머니로부터 버림받았기 때문이다.

소년은 수도꼭지에서 물 떨어지는 소리와 어디선가로부터 걸려온 전화벨 소리에 깨어난다. 깨어난 소년은 자신의 마음속에 있는 어머니의 이미지를 스크린에 투사하면서 어루만진다. 어머니의 이미지는

---

35 이 장면들은 「페르조나」를 쓸 당시 작가 자신이 직접 체험했던 것들이다. 「페르조나」의 대본을 작성하던 당시 베리만은 폐렴이 악화되어 귀의 평형감각의 이상에까지 이르러 소피아 헴메트 병원에 입원했다. 이 병원은 어린 시절 베리만의 아버지가 목사로 근무하던 병원이어서 베리만에게 익숙한 곳이었다. 그는 병원에 누워서 시체실을 바라보곤 했는데, 어린 시절 그 시체실에서 베리만은 죽은 여인의 벗은 몸을 탐욕스럽게 쓰다듬었던 적이 있었다.

바로 앞에 있어서 손으로 만져질 듯하지만, 절대적으로 단절된 다른 공간에 존재한다. 관객 역시 소년의 손끝에 감촉되는 안타까움을 느낀다(사진 60참조).

사진 60

소년 앞에 떠 있는 어머니의 이미지는 베리만이 이해하는 영화의 본질이다. 영화는 어머니에 대한 욕망의 표현이다. 동시에 영화 이미지는 이런 욕망이 근본적으로 충족될 수 없도록 소년으로부터 단절되어 있다.

베리만은 스크린의 이미지를 어루만지는 소년의 모습을 먼저 소년의 앞에서 쇼트하고 이어서 그의 뒤에서 쇼트 한다. 전자는 객관적 쇼트이다. 이것은 소년의 현실을 보여 준다. 여기서 소년과 어머니의 이미지는 근본적으로 단절되어 있다. 그리고 후자는 주관적 쇼트이다. 이것은 소년의 마음을 보여 준다. 여기서 어머니의 이미지는 소년에게 환상적으로 실재한다. 영화의 주, 객관 쇼트는 영화의 가장 기본적인 장치이면서 영화 예술의 특징을 이룬다. 동시에 영화 이미지의 본질적인 양면성을 보여 준다. 그것은 현실과 환상, 단절과 동일화라는 두 가지 이미지이다.

영화의 이미지는 주관적 이미지와 객관적 이미지 즉 환상과 현실로 분열하면서 이 두 가지는 크리스털 이미지를 이룬다. 소년은 그 두 가지 이미지 사이에서 방황하는데, 이런 방황 가운데 소년의 심적 구조에서 근본적인 생성이 일어난다.

3

영화가 이야기 공간 속으로 들어가면서, 이야기는 두 여인의 관계를 중심으로 전개된다. 우선 엘리자베스가 있다. 엘리자베스는 배우이다.

극 중의 주인공인 엘리자베스를 이해하는 데에는 오히려 배우인 리브 울만의 이미지가 도움이 된다. 왜냐하면 베리만이 여러 곳에서 언급했듯이 이 영화의 착상에는 리브 울만과 또 다른 주인공 간호사 알마를 맡은 비비 앤더슨의 외모가 유사하다는 점이 계기가 되었기 때문이다. 그러므로 두 배우의 외모와 두 인물의 특징은 상당한 연관성을 지닐 수밖에 없다.

그런데 리브 울만의 모습에 대하여, 베리만의 전기 작가 코위

(Peter Cowie)는 '올곧은 윤리적 자세' , '지상의 어머니 상' , '선과 정직성의 화신' 등으로 표현한다.[36] 리브 울만의 이런 이미지는 영화에서 주인공 엘리자베스의 성격을 암시한다.

엘리자베스는 「엘렉트라」 2장[37]을 연기하던 중에 말문이 닫히고 만다(사진 61참조). 그 이후 엘리자베스는 침묵을 지키며 모든 사회적 역할(특히 배우와 아내로서 역할)을 중단한다. 이런 단절과 침묵에 대해 엘리자베스를 치료하는 의

사진 61

사는 엘리자베스가 거짓의 마스크(페르조나:persona)의 세계에서 살다가, 거짓에 지쳐서 단절과 침묵으로 도피하려 했다고 설명한다. 왜냐하면 어떤 타인과의 삶도 거짓된 마스크를 쓰지 않을 수 없고, 언어란 심정을 감추는 수단이기 때문이다.

---

36 Peter Cowie, Ingmar Bergman, Limelight, 1992 , p228 – 229.

37 엘렉트라는 어머니에 대해 애증의 관계를 지닌다. 이 영화에서 알마와 엘리자베스 역시 이런 엘렉트라 콤플렉스를 보여 준다. 엘렉트라를 공연 중 엘리자베스가 침묵에 빠졌다는 것은 영화의 이야기와 연결된다.

결국 엘리자베스의 단절과 침묵은 진실한 삶을 회복하기 위한 결단으로 설명된다. 그런데 의사는 엘리자베스의 이런 결단이 '존재에의 희망 없는 꿈'이라고 단정한다. 거짓된 현실에 대항해 아무리 단단하게 방어벽을 세워 본들 거짓은 그것을 뚫고 흘러들어온다. 의사는 엘리자베스가 택한 고독과 침묵 역시 또 하나의 거짓된 마스크에 불과하니 곧 포기하고 말 것이라고 예측한다.

엘리자베스의 심적 상태에 대해 의사의 판단은 단호하다. 하지만 베리만은 이 의사를 흰 벽을 배경으로 흰 가운을 입은 차가운 모습으로 그렸다. 그래서 의사의 설명은 어딘지 모르게 억압적인 느낌이 든다. 의사 앞에서 설명을 듣는 엘리자베스의 표정도 결코 그에게 동의하는 것처럼 보이지 않는다.

의사의 경고에도 불구하고 진실한 삶을 회복하려는 엘리자베스의 결의는 이어지는 장면에서 더욱 분명하게 드러난다. 병원에 입원한 다음 간호사 알마가 엘리자베스에게 자기를 소개한 후 잠자기 전에 라디오로부터 여배우의 감상적인 목소리가 나온다. 여배우는 용서와 자비를 간청한다. 엘리자베스는 이 소리를 듣고 웃다가 갑자기 라디오를 꺼버린다. 엘리자베스의 이런 태도는 간호사 알마를 당황하게 한다. 엘리자베스는 그런 여배우의 간청을 거짓된 마스크로 간주하였기 때문에 라디오를 꺼버렸을 것이다.

이어서 간호사 알마가 잠자러 간 뒤 엘리자베스는 병실을 서성거리다가 TV 속에 방영되는 화면을 본다. 그 화면은 월남전 당시 분신자살하는 스님의 모습을 보여 준다. 엘리자베스는 현실의 공포에 경악하면서 병실의 구석으로 도망가서 손으로 나오는 비명을 틀어 막

지만 끝까지 화면을 놓치지 않고 응시한다(사진 62참조). 엘리자베스

가 TV 화면을 끝까
지 응시한 것은 죽
음 앞에서 스님의
의연한 자세 때문
일 것이다. 그래서
이 장면은 오히려
진실한 삶을 회복
하려는 엘리자베스
의 결의를 드러낸
다.

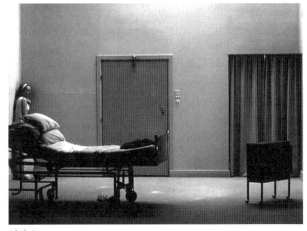

사진 62

이 장면에 이어서 알마가 엘리자베스의 남편인 볼저의 편지를 읽
어 주는 장면이 나온다. 볼저는 엘리자베스에게 자기가 잘못한 것이
있다면 용서해주기를 바라지만, 볼저의 간청은 라디오에 나왔던 배
우의 감상적인 간청과 닮았기에 엘리자베스의 마음을 움직이지 못한
다. 엘리자베스는 볼저의 편지를 더 이상 듣지 않으려 한다.

그때 편지에 동봉된 엘리자베스의 아이 사진이 떨어지자 알마가
그것을 엘리자베스에게 전한다. 엘리자베스는 그 사진을 잡아채서
잠시 보다가 두 조각으로 찢어 버린다.

나중에 밝혀지지만, 엘리자베스는 배우가 되면서 자신의 아이를
버렸다. 그것은 아이를 보살피면서 사는 삶에 대한 두려움 때문이었
다. 그런데 이제 엘리자베스는 다시 어머니로서의 삶을 택하고자 하
며, 자신이 버린 아이 때문에 죄의식을 느낀다. 엘리자베스가 남편이

보낸 편지에 동봉된 아들의 사진을 찢는 것은 결코 아들과 단절하려는 의지를 말하지 않는다. 오히려 그것은 엘리자베스의 죄의식이 살아났음을 말해준다. 그러므로 엘리자베스는 찢은 아들의 사진을 버리지 않았다.

진실을 회복하기 위해 엘리자베스가 택한 첫걸음은 자연으로 돌아가는 것이다. 베리만에게서 자연이란 단순한 물질적 자연이 아니다. 그것은 인간을 품어주는 대지이고, 그 자체가 신적인 생명력을 지닌 존재이다. 이 자연은 억압이 없는 자유로운 존재이다. 자연으로 돌아간다는 것은 삶의 긍정성을 의미한다. 베리만은 화자의 보이스오버를 통해 엘리자베스가 섬의 거칠고 황량하지만 순수한 자연 속에서 새로운 생명을 회복해 간다고 설명한다.

"그녀의 무감각은 산책, 낚시, 요리, 편지쓰기 그리고 여러 오락거리 덕분에 없어지기 시작했다."

또 엘리자베스는 의사에게 보낸 편지에 이렇게 말한다.

"조용하게, 혼자서, 학대받은 영혼을 느끼면서 드디어 스스로 치료하기 시작했어요."

그런데 엘리자베스가 선택한 진실한 삶의 결단은 알마와의 만남에 의해 또 한 번의 전환을 겪게 된다.

「페르조나」에서 엘리자베스를 돕는 간호사 알마의 역을 맡은 배우는 비비 앤더슨이다. 배우 리브 울만이 그렇듯이 비비 앤더슨의 아이와 같으면서도 육감적인 모습은 극중의 인물 알마와 아주 잘 어울린다.

간호사 알마는 단순한 삶을 목표로 한다. 알마는 애인인 헨릭과 약혼상태이다. 그녀는 결혼한 다음 가능한 한 많은 아이를 낳아 기르려고 한다. 이 모든 것에 대해 알마는 이미 마음을 결정한 상태이다. 더구나 알마는 평생을 간호에 바친 나이든 간호사들을 존경한다. 그들은 확고한 믿음을 가지고 자신의 삶을 의미 있는 어떤 것에 바친 사람들이다.

그러나 간호사 알마의 이런 단순성 뒤에는 복잡한 내면이 감추어져 있다. 베리만은 일찍부터 알마의 내적 불안을 암시한다. 알마는 그녀에게 지시하는 의사 앞에서나 그리고 처음 병실 침대에 누워 있는 엘리자베스를 만났을 때도 불안을 감추지 못한다. 알마는 잠시 식사를 가지러 간 사이 복도에서 의사를 만났을 때, 솔직하게 자신의 불안을 고백한다. 이런 불안은 알마가 엘리자베스로부터 자신이 감당하지 못하는 어떤 정신적인 힘을 느낀다는 것을 의미한다. 그런 정신적 힘이란 나중에 밝혀지겠지만 알마를 매혹하는 성적인 힘이다. 알마는 이 힘 앞에 쉽게 굴복하고 만다. 이런 관계는 의사의 추천에 의해 알마와 엘리자베스가 섬에 있는 의사의 별장에 함께 살면서 발전하게 된다.

엘리자베스와 알마의 관계는 신경증과 나르시시즘의 대립적인 관계를 닮았다. 일반적으로 신경증자는 진실성을 소망하고 나르시시스트는 성적 충동에 빠진다. 그런데 엘리자베스와 알마는 서로 닮았다.

엘리자베스는 배우로서 나르시시스트였으며, 알마는 간호사로서 단순한 삶을 목표로 했다.

엘리자베스와 알마의 관계는 곧 어머니와 소년의 관계와 같다. 엘리자베스가 어머니에 비견된다면, 알마는 소년과 비견된다. 앞에서 설명했듯이 어머니와 소년의 관계는 영화와 관객의 관계이므로, 결국 엘리자베스와 알마의 관계를 통해 영화와 관객의 관계, 또는 스타와 대중의 관계가 전개된다고 볼 수 있다. 그러므로 이 영화의 이야기는 영화의 생산 현실을 보여 준다.

4

별장에서 두 사람은 서로 호의적이다. 알마와 엘리자베스는 함께 버섯을 따서 분류하기도 하고 서로의 손을 비교하며 또 함께 수영과 햇빛을 즐기기도 한다.

알마는 신앙의 문제에 대한 책을 읽고 엘리자베스의 입장을 물어보기도 한다. 그 책에서는 현실적인 삶의 끝없는 고통 때문에 사람들은 신의 구원을 갈구하지만, 사람들의 갈구가 영원히 그치지 않는다는 것 자체가 신이 존재하지 않는다는 것을 증명한다고 말한다. 엘리자베스는 신의 부재라는 이 책의 입장에 동의한다. 그러나 알마는 아직까지도 단순한 믿음 속에 살기 때문에 엘리자베스의 입장을 이해하지 못한다.

그러던 어느 날, 아침부터 비가 오자 두 사람은 하루 내내 함께 방에 머무르며 술을 마시면서 서로 마음을 나눈다. 이 장면은 오전, 오후, 저녁, 밤으로 시간대별로 나뉘어 전개된다. 오전에 알마는 약혼자인 헨릭이 자신을 몽유병자 같다고 말했다면서 자신은 그렇지 않다고 말한다. 알마는 단순한 믿음 속에 있는 자신을 확신한다. 그러나 알마는 인정하지 못하지만, 몽유병자라는 표현은 알마의 내면을 정확히 암시하는 말이다.

점심을 먹고 알마는 자신이 처음 기혼자를 사랑했었다는 사실을 밝힌다. 알마는 그 사랑에 깊이 빠져들었다고 하면서도 그 사랑은 이상하게도 비현실적인 것으로 느껴진다고 말한다. 이런 비현실적이라는 느낌은 베리만에게서 항상 근친상간과 같은 치명적인 사랑의 경우에 등장한다. 그러므로 알마의 첫사랑에서 알마의 내면 속에 있는 불안의 원천이 무엇인지 드러난다. 이런 고백과 더불어 두 사람은 더욱 가까워진다.

오후에 알마는 사람들이 자기의 말을 들어주지 않았는데 엘리자베스가 자기의 말을 들어 주어서 쾌감을 느낀다고 말한다. 알마의 쾌감은 마치 어머니로부터 인정받는 아이의 마음과 같은 것으로 보인다. 엘리자베스는 알마의 머리를 뒤에서 쓰다듬고 알마는 엘리자베스의 가슴에 안기기도 한다.

저녁에 알마는 이미 상당히 취해 있다. 알마는 마침내 자신이 겪었던 해변가에서의 성적인 향연에 대해 고백한다. 이때 베리만은 알마의 고백을 플래시백을 사용해서 보여 주지 않고, 알마의 내적 독백을 통해 드러낸다.

정신분석학적으로 본다면 무의식은 보여 주지 않고 말로 한다. 시각적 이미지는 항상 의식의 합리화의 결과이다. 그러므로 알마의 무의식을 고백하는 이 장면에 내적인 독백이 더욱 어울린다. 또한 무의식의 말은 그 자신의 말이 아니라 곧 무의식을 지배하는 대타자의 말이다. 이 장면에 대한 베리만의 구도를 보면(사진 63참조) 알마의 무의식을 지배하는 대타자가 누구인지 쉽게 알 수 있다.

이 장면에서 엘리자베스는 침대 가운데 앉아 있다. 엘리자베스는 담배를 피우면서 한편으로는 냉정하고 다른 한편에서는 다정한 태도를 취하고 있다. 그녀는 거의 무표정하지만 시선은 알마에게 집중한다. 엘리자베스의 침묵은 이 경우 알마의 엘

사진 63

리자베스에 대한 신뢰를 강화한다.

반면 알마는 침대 밑의 의자에 앉아 있다. 그 의자는 마치 정신분석 상담실에 사용되는 그런 의자이다. 알마는 의자에 나른하게 반쯤 누워 있지만, 시선은 엘리자베스와 다른 쪽을 향하고 그녀를 보지 않는다. 하지만 알마는 자신을 응시하는 엘리자베스의 시선을 등 뒤에서 느낀다. 이 장면을 보면 엘리자베스와 알마의 관계는 바로 의사와 환자의 관계와 같다. 엘리자베스의 시선은 알마의 무의식을 불러낸다.

알마가 고백하는 내용은 해변에서 같은 또래의 다른 여자 그리고

소년들과 벌인 육체적 향연이다. 이 일종의 혼음적 상태는 성적 욕망의 모든 억압이 사라진 상태이다. 이런 고백과 더불어 알마는 마침내 울음을 터뜨린다. 이 울음은 결코 분노의 울음이 아니다. 그 울음은 정신분석학적으로 향락(jouissance)의 울음이다.

이런 향락의 상태는 자신과 전혀 다른 어떤 상태이다. 거기에서는 합리적 믿음이 힘을 상실하며 양심의 가책도 존재하지 않는다. 이런 무의식의 상태를 알마는 이렇게 표현한다.

"일이란 게 생각해보면 들어맞지 않아요. 어떤 것도 서로 맞물리지 않죠. 그런데 사람들은 쓸데없는 양심의 가책을 갖고 있더군요. 이해하겠어요? 동시에 두 사람이 될 수 있을까요? 내 말은 내가 전혀 다른 사람이 된다는 거죠. 그러면 내가 믿는 모든 것은 어떻게 되나요? 그게 중요한 건가요?"

마치 정신분석 의사에게 환자의 욕망이 전이되듯이, 알마의 욕망은 그녀의 무의식을 깨어나게 한 엘리자베스를 향해 전이된다. 이런 전이의 감정을 알마는 이렇게 표현한다.

"거울을 보며, 우린 닮았다고 생각했어요. 당신이 더 아름답지만 우린 비슷하게 생겼어요. 당신처럼 바꾸어야지 생각했죠. 내면을요. 당신은 나처럼 자신을 바꿀 수 있을 거예요. 당신의 영혼은 내 속에 들어오기에는 너무 크니까. 조금은 밖으로 내밀고 있어야 하겠죠."

엘리자베스의 내면으로 들어간다는 얘기는 알마의 표현처럼 정신적인 측면에서 닮는다는 것과는 거리가 멀다. 지금까지 전개된 분위기에서 이 내용은 곧 엘리자베스에 대한 욕망이다. 알마에게서 이 욕망은 수동적이다. 알마는 엘리자베스가 자신을 욕망해 주기를 원한다. 이런 점에서 알마는 나르시시즘적이다.

사진 64

이렇게 말한 다음 알마는 취해 쓰러지고, 그때 알마는 들어가 침대에 누워서 자라는 엘리자베스의 말을 듣는다. 그것은 곧 착각임이 밝혀지지만 사실 저녁 내내 알마를 통해 말한 것은 알마가 아니라 무의식의 대타자인엘리자베스였다. 그날 밤 알마는 엘리자베스가 자신의 방에 와서 자기에게 키스하는 꿈을 꾼다. 그때 방안에는 아주 나직한 뱃고동이 들려오고 방안의 망사 커튼은 몽환적으로 흔들린다. 흰 잠옷을 입은 엘리자베스가 소리도 없이 다가오고 둘은 따뜻하게 포옹한다(사진 64참조).

5

알마와 엘리자베스의 이런 나르시시즘적인 동일화는 필연적으로 엘리자베스에 대한 알마의 증오감으로 전복된다. 정신분석학에서는 이런 전복을 엘렉트라 콤플렉스로 설명한다. 이것은 나르시시즘적인 동일화 곧 근친상간적인 욕망에 대한 죄의식의 표현이다. 이런 내부의 죄의식은 조그마한 사건을 계기로 외부에 투사된다. 그 결과 이 외부의 타자에 대한 증오감이 생겨난다.

알마와 엘리자베스의 관계에서 이런 투사가 일어나는 계기는 엘리자베스가 의사에게 보내는 편지를 알마가 읽은 일에 있다. 알마는 그 편지 속에서 엘리자베스가 자신을 관찰의 대상으로 보며 그런 관찰에서 재미를 느낀다는 것을 알게 된다. 이 사실은 알마에게 충격적이다. 왜냐하면 그것은 알마의 나르시시즘적인 동일화를 깨뜨리는 것이기 때문이다. 그 결과 엘리자베스에 대한 욕망은 거꾸로 엘리자베스에 대한 증오감으로 반전된다. 알마의 엘리자베스에 대한 태도는 이중화된다. 한편으로는 알마는 나르시시즘적인 욕망을 느낀다. 다른 한편으로는 알마는 증오감을 느끼는데, 증오감이 강하면 강할수록 나르시시즘적 욕망은 더욱 커져 간다. 거꾸로 욕망이 커질수록 증오감도 커져 간다.

이런 증오감과 욕망이 순환하고 교차하는 곳에 엘리자베스의 침묵이 존재한다. 처음 엘리자베스의 침묵은 알마에게 모든 것을 다 알면서 믿어주는 것 같은 신뢰감을 불러일으켰다. 이때 엘리자베스의 침묵은 알마가 자신의 나르시시즘적인 욕망을 투사할 수 있도록 만들었다. 반면 엘리자베스의 편지를 읽은 이후, 알마에게 엘리자베스의 침묵은 알마를 거부하고 불신하는 것을 의미하게 된다. 엘리자베스의 침묵은 알마를 견딜 수 없는 고립감으로 가득 채운다. 따라서 알마는 어떻게 하든 엘리자베스의 침묵을 깨뜨리려 한다.

이어지는 장면에서 알마는 엘리자베스에게 복수한다. 아침에 일어난 알마가 정원에서 일광욕을 즐기다가 유리컵을 깨뜨린다. 유리컵 조각들을 치운 뒤 알마는 다시 정원에 앉아 일광욕을 즐기려 하는데, 유리컵의 깨어진 한 조각이 여전히 햇빛을 받아 반짝거리는 것을 본

다. 그 순간 알마는 머리 뒤의 눈으로 거실에서 엘리자베스가 일어나 나오는 것을 본다. 순간 악의가 발동한 알마는 숨을 죽이고 엘리자베스가 그 유리컵 조각을 밟기를 기다린다. 한두 번 엘

사진 65

리자베스가 그냥 지나간 뒤 알마가 실망한 듯 거실로 들어가자 엘리자베스가 그 조각을 밟고 비명을 지른다. 이 순간 바깥에 있는 엘리자베스의 원망에 찬 시선과 방안에 있는 알마의 승리감이 가득한 냉담한 시선이 불꽃 튀기듯이 교환된다.

베리만은 이 장면을 정원의 나무 사이에 숨어서 관찰하는데, 깨어진 유리컵 조각(알마의 콧등에 어리는 빛으로 암시된다)과 알마의 시선과 엘리자베스의 발걸음이 긴장감을 느끼는 구도로 묘사되어 있다(사진 65참조). 특히 이 장면 마지막에서 알마와 엘리자베스의 뜨거운 시선의 교환 때문에 필름 자체가 녹아버리는 듯한 표현은 영화의 생산 공간이 영화의 이야기 공간 속으로 침투하는 자기 반영성을 보여 준다.

잠시 생산 공간으로 빠져나갔던 영화가 이야기를 회복하면서 시간은 저녁으로 바뀐다. 조금 전 창문 너머로 엘리자베스의 고통을 바라보던 알마의 얼굴이 저녁 때 사라진 알마를 기다리며 밖을 응시하는 엘리자베스의 얼굴로 디졸브된다.

얼마 뒤(정확한 날짜는 불분명하다) 밝은 태양 아래 엘리자베스가 책을 읽고 있다. 알마가 침묵 속에서 벽에 기대서 엘리자베스를 바라본다. 이 장면에서 알마와 엘리자베스는 흑, 백으로 대조된다. 알마는 검은 옷, 검은 안경에 흰 벽에 기대서 있다. 반면 엘리자

완전 중독성이군요
당신도 나에게 말 좀 해요

사진 66

베스는 흰 모자에 검은 옷을 입고 의자에 앉아 있다(사진 66참조). 알마는 엘리자베스에게 제발 한 마디라도 해 달라고 간청한다. 엘리자베스가 여전히 침묵을 유지하자 드디어 알마는 엘리자베스를 비난한다.

알마는 엘리자베스가 자기 뒤에서 자기를 비웃었다는 걸 편지에서 읽었다고 말한다. 사실 엘리자베스가 자기에게 그런 향연에 관한 고백을 하도록 부추겨 놓고, 다른 사람에게 자기를 도덕적으로 비난했다는 것이다. 알마가 증오심을 갖는 이유는 실제로는 엘리자베스가 자신을 사랑하지 않는다는 것 때문인데 여기서 알마는 엘리자베

스의 고자질을 도덕적으로 문제 삼는다. 이것은 알마의 자기 합리화이며 그 배후에는 엘리자베스에 대한 나르시시즘적인 욕망을 감추고 있다.

엘리자베스가 여전히 침묵하자, 침묵을 더 이상 견딜 수 없는 알마는 엘리자베스에게 달려들어 강제로 말하게 하려 한다. 그러자 엘리자베스는 자기 방어를 위해 알마의 뺨을 때린다. 코피가 터진 알마는 흥분해서 탁자 위에 있던 끓는 물이 담긴 냄비를 던지려 한다. 위험을 느낀 엘리자베스가 순간적으로 "안 돼" 라고 소리치자, 알마는 흥분을 가라앉히고 냄비를 내려놓는다.

이 "안 돼" 라는 말은 생존에 직결된 언어 게임[38]으로서의 언어이다. 알마 역시 엘리자베스가 이 순간 정직했다는 것을 인정한다. 엘리자베스가 드러낸 정직한 언어란 생존의 공포를 드러낸 것에 불과한 것이다. 알마가 이 점을 지적하자, 엘리자베스는 겸연쩍은 표정을 지으면서 웃는다. 잠시 욕실에서 코피를 닦고 흥분을 진정한 알마는 다시 나와서 엘리자베스에게 결정적인 비난을 퍼붓는다. 그 비난이란 이렇다.

"거짓말 하지 않는 것이 그렇게 중요해요? 똑바른 목소리로 진실을 말하는 것이? 자연스러운 대화 없이 사는 게 가능할까요? 넌센스를 말하고, 용서를 빌며, 거짓말 하며, 사물을 회피하는 것 없이 사는

38　철학자 비트겐슈타인의 용어. 언어 게임이란 언어가 인간의 삶의 행동 속에서 자리 잡고 일정한 기능을 수행한다는 것을 전제로 한다. 언어의 의미는 이런 기능일 뿐이라고 비트겐슈타인은 주장한다.

게 가능해요? 어리석으며 느슨하며 거짓말 하고 수다 떠는 것이 더 낫지 않을까요? 당신이 본래 자신으로 돌아간다면 정말로 조금 나아질 것으로 생각해요? ...그들은 당신이 제정신이라지만 어떤 것도 당신의 정신착란보다 더 나쁘지 않을 거라고 생각해요. "[39]

알마의 비난은 삶 자체를 옹호하는 비난이다. 이미 의사가 말했듯이 진실한 삶이란 불가능하다. 왜냐하면 삶 속에 항상 거짓이 끼어들기 때문이다. 나아가서 알마는 진실한 삶이라는 결단이 기만적일 수도 있음을 폭로한다. 마치 엘리자베스가 알마에게 한 것처럼 진실한 삶의 선택이 오히려 타인을 파괴할 수도 있다. 알마는 이렇게 타인을 파괴하면서도 그 스스로 진실하다고 믿는 것에 무슨 의미가 있는 것이냐고 묻는다.

그러므로 알마는 삶 자체는 진실과 거짓, 아름다움과 추, 현실과 환상을 포괄하면서 그 너머에 있는 것이라고 한다. 이런 알마의 주장은 베리만의 근본적인 철학과 통한다. 그의 철학이란 곧 니체의 생성하는 힘 또는 삶에의 의지에 대한 긍정이다.

엘리자베스에 대한 알마의 이런 비판은 마침내 엘리자베스의 최종적인 가면을 벗겨낸다. 엘리자베스는 이 말에 의해 충격에 빠지면서 마치 자살하러 가는 듯 밖으로 뛰어 나간다. 알마의 비판은 엘리자베스가 새로운 눈을 뜨게 하는 것이며, 바로 이 시점에서 엘리자베스의 내면에서 새로운 생성이 일어났다. 이런 비판을 통해 엘리자베

---

39 대본에 기초하여 영화의 대사를 재번역하였다.

스는 다시 사회와 예술로 돌아갈 것이다. 그녀의 예술은 이제 진실과 거짓을 넘어서서 삶을 추구하는 예술로 바뀌게 될 것이다.

6

반면 알마는 뛰어나간 엘리자베스의 뒤를 따라가면서 유명 배우가 자기 말을 들어주어서 우쭐했었다고 고백한다. 알마는 엘리자베스에게 용서해 달라고 한다. 알마는 이런 고백 속에서도 엘리자베스에 대한 나르시시즘적인 욕망을 철회하지는 않는다. 알마는 엘리자베스가 유명 배우였다는 것이 알마의 욕망이 전이된 원인이었다는 점을 반성할 뿐이다. 처음 알마의 전이 감정은 이런 고백을 통해 오히려 엘리자베스 자신에 대한 사랑으로 발전했다.

용서를 간청하는 알마에게 엘리자베스는 아무런 응답을 하지 않는다. 엘리자베스의 무응답에 지친 알마는 바닷가 황량한 바위 사이에 외로운 갈매기처럼 앉아 있다. 날이 어두워지자 엘리자베스는 이미 집에 돌아와 있다. 그러나 알마는 돌아오지 않는다. 엘리자베스는 걱정스러운 듯(마음 속으로는 알마를 이미 용서한 것 같다) 창밖을 바라본다. 반면 알마는 어둠 속 바위 사이에서 불이 켜진 집 쪽을 우두커니 지켜보고 있다. 알마와 엘리자베스는 서로 멀리 떨어져 있고 직접 보지는 못한다. 그러나 카메라는 두 사람이 바라보는 것을 서로 연결시켜 놓아 마치 그 사이에 서로에 대한 사랑이 흐르는 것처럼 보인다.

알마를 기다리는 동안 엘리자베스는 책을 보려고 꺼내다가 책갈피에 끼워져 있는 사진을 본다. 그 사진에는 한 유태인 소년이 나치

군인들에 둘러싸여 손을 머리 위로 들고 공포에 질려 서 있다. 사진의 앞에는 그 소년의 어머니인 듯 보이는 여인이 역시 손을 들고 서서 걱정과 불안 속에서 뒤에 있는 소년을 뒤돌아 본다(사진 67참조). 엘리자베스는 이 사진을 통해서 자신이 버린 아이를 생각하는 듯하다. 혹은 엘리자베스는 자신을 사랑하면서 용서를 애원하는 알마를 생각하는지도 모른다. 어떻든 엘리자베스의 사진을 보는 모습에는 죄책감과 삶에 대한 책임감으로 가득한 모습이다. 그 모습은 알마에 의해 침묵이라는 최종적 가면이 벗겨진 모습이다.

사진 67

반면 엘리자베스의 이런 심정을 알지 못하고 여전히 절망 속에 있는 알마는 집으로 돌아와 그날 밤에 연속된 꿈을 꾼다. 첫 번째 꿈에서 알마는 악몽에서 깨어난 듯 일어나 라디오를 켠다. 라디오에는 "말하지 않고, 듣지 않고, 이해하지 못할 것이고...." 라는 식으로 분열적인 언어가 들린다. 그것은 알마의 분열증적인 마음을 보여 준다. 이어서 알마는 누군가 엘리자베스를 부르는 소리를 듣고 몽유병자처럼 나간다. 우선 알마는 엘리자베스의 침실로 가서 잠든 엘리자베스의 얼굴에 키스하듯 가까이 다가간다. 알마는 엘리자베스의 얼굴에서 부어오른 입술이며, 주름살이나 흉터를 지적하면서 자신의 질투감을 표현한다. 또 다시 엘리자베스를 부르는 소리가 들리자 알마는 그가 누군지 아는 듯이 "그가 또 찾아왔다"고 하면서 그쪽을 향해 나간다. 알마가 나가자 카메라는 갑자기 눈을 뜬 엘리자베스의 얼굴을 보여 준다.

정원에 나가자 누군가가 뒤에서 알마를 붙잡는다. 돌아보니 그는 엘리자베스의 남편 볼저이다. 그는 검은 안경을 쓰고 자기는 이미 엘리자베스를 이해한다고 말한다. 알마는 자기가 엘리자베스가 아니라고 말하지만 볼저는 그 말을 들은 체도 하지 않는다. 볼저는 알마가 엘리자베스인 것처럼 사랑을 고백한다. 알마를 뒤 따라온 엘리자베스가 알마의 손을 들어 볼저의 얼굴에 끌고 가자 주저하던 알마의 태도가 바뀐다. 알마는 이제 엘리자베스가 되어 적극적으로 볼저의 포옹을 받아들인다.

이 장면에서 베리만은 볼저와 알마를 화면 뒤에 두고, 엘리자베스의 얼굴을 화면 앞에 클로즈업하면서, 엘리자베스의 미묘한 표정을 관객에게 드러내 보인다. 이 시퀀스 전체에서 엘리자베스의 모습은 사실 알마의 의식 속에 포착된 엘리자베스의 모습이다. 알마의 볼저에 대한 사랑은 엄마가 좋아하는 것을 좋아하는 아이의 나르시시즘적인 태도일 뿐이다. 알마는 자신이 욕망하는 것은 엘리자베스라는 것을 엘리자베스가 인정할 것으로 믿는다(사진 68참조).

사진 68

이처럼 엘리자베스가 지켜보는 가운데 알마는 볼저와 사랑을 나눈다. 이 첫 번째 꿈은 알마가 엘리자베스를 대신하는 내용을 담는다. [40]사랑을 나눈 뒤 알마는 때려 달라든지, 창피하다고 외친다. 그것은 알마가 죄의식을 느낀다는 것을 의미한다.

두 번째 꿈에서 엘리자베스는 탁자 위에 두 손을 얹고 있다. 알마가 그 손을 들어보니 거기에 엘리자베스가 찢어 버렸던 아이의 사진이 있다. 알마는 엘리자베스의 앞에 앉아 아이를 버리게 된 경위를

---

40 근친상간적인 욕망에서 여자 아이는 인형놀이에서 보듯이 어머니를 대신하여 아버지와 사랑을 나누어 아이를 낳는다. 그리고 그녀는 자신을 그 아이와 동일시한다.

엘리자베스를 대신하여 설명한다. 이 설명에 의하면 아이를 임신하자 엘리자베스는 태아가 죽기를 바랬고 그래도 아이가 태어나자 아이를 기르는 것에 대한 책임이 두려워 아이를 버렸다. 그럼에도 버려진 아이는 어머니에 대한 사랑에 극단적으로 사로잡혀 있다. 엘리자베스의 의식 한쪽에는 아이에 대한 양심의 아픔이 존재한다.

베리만은 이 장면을 두 번씩이나 동일하게 반복한다. 첫 번째에서 베리만은 마치 알마가 엘리자베스의 내면 속에 들어 있는 듯 알마가 이 사실을 말하도록 한다. 이때 카메라는 엘리자베스를 향하고 있어 엘리자베스가 느끼는 죄책감을 드러낸다. 두 번째 경우에 카메라

는 알마를 향한다. 알마는 다시 한 번 동일한 설명을 되풀이 하는데 말하는 가운데 알마 역시 낙태한 적이 있다는 것이 생각난듯 마찬가지로 죄책감을 느낀다. 알마의 설

사진 69

명이 끝나가면서 알마의 얼굴 반쪽이 엘리자베스의 얼굴 반쪽과 합성된다(사진 69참조). 이 장면은 엘리자베스와 알마 속에 공통적인 나르시시즘적인 욕망을 폭로한다. 그러면서 두 사람은 그것에 대해 죄책감을 느낀다는 점이 강조된다.

세 번째 꿈에서 알마는 간호사 옷을 입고 탁자를 사이에 두고 엘리자베스를 마주 본다. 이어지는 장면에서 알마의 말은 이미 상당히 분열적이다. 알마가 이런 말을 할 때 알마 앞에 엘리자베스가 있고 엘리자베스의 입술은 마치 알마의 말을 따라하는 것처럼 보인다. 그런 가운데 알마는 자신이 엘리자베스와 다르고 각자 원하는 것을 독립적으로 하자고 말한다.

"당신이 있는 곳이 바로 현실이에요. 정말로 나도 그렇게 할 거에요."

그러면서 두 사람은 흰 창문을 배경으로 하면서 서로 이마를 맞대고 있다. 그런 몸의 자세는 서로의 사랑과 증오를 동시에 표현한다. 이어지는 알마의 말들은 앞에서보다 더욱 분열적이다.

" 아니에요. 아니에요. / 우리들, 우리 것, 나, 나를? / 많은 논쟁과 혐오? 이해할 수 없는 고통"

갑자기 알마가 자신의 팔에 손톱으로 상처를 낸다. 그러자 엘리자베스가 그 피를 빨아 먹는다. 마치 뱀파이어의 장면을 보는 듯한 이 장면은 나르시시즘적인 욕망의 표현이다. 나르시스트의 죄의식은 자신의 욕망 대상을 뱀파이어로 상상하게 만든다. 이 장면에 이어 알마는 분노 속에서 손을 휘둘러 엘리자베스를 두들겨 팬다. 그것은 알마의 죄의식의 표현이다.

이런 연속적인 꿈들은 모두 알마의 엘리자베스에 대한 나르시시즘적 욕망을 표현한다. 그런 욕망이 엘리자베스를 대신하여 볼저와 사랑을 나누고, 엘리자베스가 흡혈귀가 되어 자신의 피를 빨아먹는 듯한 꿈을 만들어낸다. 동시에 각각의 꿈속에는 나르시시즘적 욕망에 대한 죄의식이 함께 표현되어 있다. 특히 두 번째 꿈은 그런 나르시시즘의 결과 아이를 버리게 된 것에 대한 죄의식을 말한다.

이어서 알마는 침대에 누어있는 엘리자베스에게 다가간다. 엘리자베스를 일으켜 세우지만 엘리자베스는 깊은 잠에 잠겨 있는 듯하다. 이 장면은 꿈의 장면과 달리 상당히 사실적인 장면이다. 그래서 이 장면은 실제로 일어나는 장면으로 보인다.

잠든 엘리자베스에게 알마는 "안 됐어요" 라고 반복해서 말한다.

여전히 잠속이지만 엘리자베스는 알마의 말을 따라서 반복한다. 그러자 알마의 머리를 엘리자베스가 뒤에서 쓸어 넘기는 이미지가 나온다(사진 70참조). 이 이미지는 알마의 환상 같지만 지금은 그게

사진 70

오히려 잠든 엘리자베스의 꿈인지 구별되지 않는다.

이런 긴 꿈의 장면들을 통해서 알마 역시 엘리자베스와 마찬가지로 새로운 생성에 이르게 된다. 알마의 무의식 속에 들어 있던 나르시시즘적인 욕망은 엘리자베스의 침묵 앞에서 엘리자베스에게로 전이되었다. 엘리자베스의 침묵은 다시 알마의 나르시시즘적인 욕망을 단절시킨다. 그 결과 알마는 엘리자베스에 대한 증오감에 사로잡힌다. 이어서 거듭되는 꿈의 장면을 통해 알마는 자신의 욕망을 이해하게 된다. 알마는 이런 꿈 속에서 엘리자베스에 대한 증오와 사랑이 교체되는 관계를 통해 나르시시즘적인 욕망을 억압한다.

이어지는 에필로그에서 엘리자베스는 가방을 싸서 떠난다. 알마역시 별장을 정리한 다음 문을 나서려다 거울을 본다. 거울 속에서 엘리자베스가 나타나 알마의 머리를 뒤로 쓸어 넘겨준다. 알마는 버스를 타고 떠난다. 알마가 별장의 문을 닫고 떠나기 전 지나가는 데서 카메라가 비추어 주는 해신상은 평화와 화해를 상징한다(사진 71 참조).

사진 71

여기서 이야기 공간이 끝나고 다시 영화의 생산 공간이 복귀한
다. 엘리자베스는 카메라들에 둘러싸여 영화를 찍고 있다. 베리만의
카메라 감독 스벤 닉비스트가 보인다. 이것은 영화 「페르조나」를
찍는 모습이다. 이 생산 공간은 다시 어머니의 이미지 앞에 서 있는
소년의 모습으로 전환된다. 이런 영화를 생산하는 공간이 다시 영화
를 발생시키는 물리적 공간으로 넘어가면서 필름이 테이프에서 빠져
나오면서 영화는 끝난다.

Ingmar
Bergman

오늘날 개인이 예술적 창조의 최고 형식이며 최고의 가치가 되었다. 에고의 아주 작은 상처나 고통이 현미경을 통해 영원한 가치가 있는 것처럼 탐구된다. 예술가는 그의 고립과 주관성, 그의 개인주의를 신성하게 여긴다. 그래서 우리는 마침내 커다란 우리 주위에 모여서, 각자의 고독에 대해 떠들며, 타인을 경청하는 법이 없이 우리가 서로를 죽도록 쓰서 댄다는 것을 알지 못한다. 개인은 서로의 눈을 응시하지만 서로의 존재는 부정한다. 우리는 원을 그리면서 우리 자신의 불안에 제약되어서, 진실과 허위 사이를 더 이상 구분하지 않고, 도둑놈의 변덕과 순수한 이상을 구분하지 않는다.

(Bergman Discusses Film Making)

10

「늑대의 시간」 _깨어진 거울

1

영화 「늑대의 시간」[41]은 독특한 이야기 구조를 지닌다. 원래 대본의 프롤로그에는 감독이 직접 화자인 알마의 집으로 찾아가 그녀를 만났던 이야기를 소개한 후(영화에서는 이 부분이 간략하게 줄었다), 알마의 서술을 통해 이야기를 전달한다. 그러면서 알마는 남편 요한의 일기를 감독에게 전달하는데, 그의 일기는 자신의 환상으로 채워져 있다. 감독은 요한의 일기와 알마의 서술을 종합해서 영화의 이야기를 만들었다고 말한다.

---

41 1966년 5–9월 촬영, 1968년 2월 개봉, 촬영은 「수치」 보다 빨리 했으나 개봉은 「수치」 이후에 했다. 1966년 3월에 그의 어머니가 사망하였는데, 이 사건은 그 이후 그의 영화의 분위기를 비극적으로 전환시키는 데 기여한 것으로 보인다.

그런데 흥미로운 것은 영화 속에서 알마가 요한의 환상에 참여한다는 것이다. 그것은 마치 요한과 알마가 공동으로 꿈꾸는 것과 같다. 일상적으로 이런 일은 불가능하며, 영화에서니까 가능하다. 하지만 어떻게 본다면 현실적으로도 일어날 수 있지 않을까? 그런 가능성을 암시하기 위해 베리만은 영화의 처음과 끝에서 두 번이나 복선을 깐다. 알마는 부부가 오래 함께 살면 얼굴이 서로 닮듯이 생각과 환상도 서로 공유할 수 있는 것이 아닐까 하고 묻는다. 이런 물음 때문에 관객은 공동의 환상을 받아들인다.

이처럼 환상을 공유한다는 것은 환상의 주관성이 현실의 객관성과 혼합되었다는 말이다. 이것은 베리만의 크리스털 이미지, 자유간접화법과 동일한 맥락에 있는 독특한 기법이라 하겠다.

이 영화의 대본은 연극처럼 두 개의 막으로 이루어진다. 1막은 요한이 알마와 배에서 내리는 장면에서부터 시작된다. 주인공 요한은 화가이다. 알마의 서술이 밝히듯이 그의 내면적 상태는 수년 전부터 악화되었으며 큰 섬으로부터 멀리 떨어진 외딴 섬에서 7년 전부터 거주해 왔다. 이 섬에서 그들은 고독하게 살아왔는데, 언젠가부터 요한은 환상을 보기 시작한다.

영화의 첫 장면에서 요한과 알마는 새벽에 배를 내려서 언덕 위에 있는 오두막집에 도착한다. 이때 집 앞에 있는 황량한 언덕에 마치 유일하게 존재하는 생명체인 것처럼 사과나무가 버티고 서 있다. 황량한 언덕이 요한을 상징한다면, 사과나무는 알마를 상징할 것이다.

이어서 요한은 어느 날 오후 햇볕 아래 앉아 있는 알마를 그린다. 이때 요한은 알마의 목덜미를 훤하게 드러내고 머리 다발을 뒤로 돌려 어깨 밑으로 흘러내리게 한다(사진 72참조). 이 화면은 언뜻 인상파 화가들이 좋아했던 포즈를 연상시킨다. 이런 화면은 요한이 아직까지 생명감을 느끼고 있음을 보여 준다.

사진 72

그러던 어느 날 저녁 요한은 알마에게 자신이 본 환상을 고백한다. 그는 자신의 환상을 스케치북에 그려 놓았는데 그것을 알마에게 보여 준다. 그러면서 그는 특히 '새 인간'에 대해 언급한다. 요한은 이 환상을 모차르트의 「마술피리」의 '파파게노'[42]와 연결시킨다.

42 파파게노는 밤의 여왕의 명령으로 여왕의 딸 파미나를 구하기 위해 타미노 왕자를 인도해 자라스트로의 지혜의 사원을 멸망시키려 한다. 그는 진실이 무언지 모른 채 악의 사도가 되는 인물이다.

요한은 알마에게 곧 '늑대의 시간'이 시작될 것이라고 말해 준다. 이 늑대의 시간은 유령들이 출현하는 시간이다. 요한은 늑대의 시간을 카운트 다운하지만 알마는 아직 그런 요한의 환상을 체험할 수 없다. 그래서 알마는 같이 오래 살아서 생각이나 얼굴조차 닮아버린 부부에 대한 이야기를 하면서, 그들 사이에 일어난 단절을 넘어서기를 기대한다.

그런 다음 날 알마도 드디어 환상을 체험한다. 그녀가 일어나 얼굴을 씻으러 밖으로 나가자, 어떤 흰 옷을 입은 노파가 커다란 모자를 쓰고 지팡이를 짚고 언덕 위에 서 있다. 그리고 그 노파는 요한이 요구하더라도 요한의 스케치 북을 찢어버리지 말라고 하면서 요한이 감추어 놓은 가방 안에 일기를 읽어 보라고 권하고 사라진다. 노파는 베리만의 영화에 자주 나오는 죽음의 사신의 모습이다. 그 노파의 말은 알마가 스스로 기대하던 것을 투사한 것이 아닐까 생각된다.

알마는 방에 들어가서 요한의 일기를 읽기 시작한다. 요한의 일기에는 그가 겪은 환상이 기술되어 있다.

2

요한의 환상은 돌연 7월 22일부터 시작되는데, 단편적이지만 중요한 암시를 지니고 있다.

① 7월 22일. 수요일: 요한에게 섬에 있는 성의 주인인 폰 메르켄이 다가와 자신이 화가 요한을 숭배하는 사람이라고 소개하면서, 요한을 저녁 식사에 초대한다.

② 7월 23일, 목요일: 요한은 금발 머리를 한 아름다운 여인 베로니카를 만난다. 그런데 그녀는 드레스의 단추를 열어 오른편 가슴을 드러내고 거기에 남겨진 징표를 보여 주면서, 요한에게 조심하지 않으면 파국을 면치 못할 거라고 한다. 동시에 그녀는 '그 일'이 있었을 때 수놓은 드레스를 입었던 것을 상기한다. 요한도 그녀의 장갑이 코트 주머니에 그대로 있다고 하면서 그녀의 기억에 동의한다(사진 73참조).

사진 73

그러자 베로니카는 그녀가 받은 편지를 보여 준다. 그 편지는 닥쳐올 재앙을 예고한다. 그러면서 베로니카는 요한을 만나러 갔을 때, 그녀에게 그것은 꿈과 같고 비현실적이고 무의미하게 느껴졌다고 말한다. 그런 다음 베로니카와 요한은 격렬하게 사랑을 나눈다.

③ 같은 날 정사를 나눈 이후: 요한은 관목 숲을 지나오면서, 키가 크고 마른 사람을 만난다. 그는 히르브란트이다. 그는 "사람은 범죄를 저지르면 그 장소에 돌아와 새로운 범죄를 저지른다"락 말하면서 요한의 죄의식을 건드린다. 그러자 요한이 그를 때리자 그는 코

피를 흘린다.

요한의 일기에 나오는 이 세 가지 에피소드는 서로 무관하게 보이더라도 사실 밀접하게 연관된다. 그 가운데 두 번째 에피소드는 의미심장하다. 베로니카는 요한이 알마를 만나기 전에 관계를 가졌던 여인이다. 그런데 베로니카에 대한 요한의 감정은 복잡하다. 요한은 베로니카와 성관계를 맺었음에도 불구하고 그것을 직접 언급하지 못하고 '그 일'이라고 언급한다. 그것은 요한이 그 일에 대해 죄의식을 느낀다는 것을 말한다. 베로니카가 그들의 사랑이 '비현실적인 것'으로 느껴진다고 [43]할 때 그 의미는 그들의 관계가 금기를 넘어서는 관계라는 뜻이다. 이런 죄의식 때문에 요한을 처벌하는 히르브란트라는 인물이 환상 속에서 출현한다.

3

알마가 일기를 보고 있을 때 요한이 도착한다. 알마는 요한에게 가계부를 꺼내 일일이 설명한다. 알마는 이런 설명을 통해 환상으로 점차 깊이 빠져드는 요한을 현실의 밧줄로 묶어 두려했던 것이 아닐까? 어떻든 이미 이런 것이 요한의 악화되는 분열증적 환상을 막을 수 없다.

---

43 베리만은 유사한 표현을 「여름간주곡」에서도 한다. 여기서 엘란드는 조카인 마리의 어머니에게 매혹되었던 기억을 상기하면서 그때 엘란드는 자기의 사랑이 비현실적인 것처럼 느껴진다고 말한다.

이제 요한에게서 환상과 현실이 구분되지 않는다. 섬에 있는 성이나 폰 메르켄 부부나 히르브란트는 요한이 만들어낸 환상 속의 인물이다. 그런데 베리만은 요한만이 이런 환상을 보는 것이 아니라 알마도 동일한 환상을 체험할 수 있게 되었다고 한다. 이렇게 되면서 환상은 현실처럼 객관화된다. 공동으로 꾸는 꿈 또는 환상이라는 개념을 통해 베리만은 환상과 현실을 완전하게 뒤섞어 버린다.

요한과 알마는 환상 속에서 함께 성으로 저녁 식사를 하러 간다. 여기서 요한이 창조한 환상 속의 인물들이 하나의 집단을 형성한다. 이들은 꿈속의 다양한 인물들처럼 요한의 내면 속에 들어 있는 어떤 관계 즉 요한과 베로니카의 관계가 파편화되어서 외면적으로 투사된 것에 불과하다. [44]

폰 메르켄, 그는 성의 주인이다. 그의 부인은 코린느이다. 그리고 폰 메르켄의 어머니와 메르켄의 동생 어네스트 그 외에 히르브란트와 린드호스트가 있다. 이 가운데 코린느는 요한이 한때 사랑에 빠졌던 베로니카의 재현으로 볼 수 있다. 왜냐하면 나중에 코린느가 자기의 장딴지에 남겨진 애정의 징표를 보여 주는데, 이것은 베로니카의 가슴에 요한이 남긴 애정의 징표와 일치하기 때문이다.

베리만은 이들 사이의 대화를 통해서 현재 요한의 마음속에 일어나는 격렬한 내적인 투쟁을 보여 준다. 요한의 갈등은 우선 예술의 가능성에 대한 것인데, 그런 갈등은 요한의 환상 중에 린드호스트가

[44] 요한의 그림에서 처음에는 동성애자, 죽음을 암시하는 노파, 그리고 새인간이 소개된다. 그런 인물들이 더욱 복잡하게 전개된 것이 성 안의 다양한 인물들이다.

보여 주는 인형극을 통해 서술된다.

사진 74

식사를 마친 후, 린드호스트가 모차르트의 「마술피리」를 인형극
으로 공연한다. 공연을 마친 후 린드호스트는 「마술피리」에서 주인
공 타미노가 파미나를 찾아 헤매는 장면(사진 74참조)을 재해석한다.

여기서 타미노가 "오 영원한 밤이여, 언제 너는 사라질 것인
가?"라고 물었을 때, 합창은 "곧, 곧 그렇지 않으면 영원히 사라지
지 않으리."라고 대답한다. 린드호스트는 당시 모차르트가 심각한
병을 앓고 있었는데 이 물음은 그때 그가 겪었던 절망감의 깊이와 희
망에 대한 염원을 알려 준다고 말한다.

그런데 타미노가 이어서 "파미나는 아직 살아있는가?"라고 묻자
지혜의 사원에서 보이지 않는 목소리가 "파미나는 아직 살아 있다"

라고 말한다. 파미나란 모차르트에게서 인간의 사랑과 삶에의 의지를 의미한다. 모차르트는「마술피리」를 통해 희망의 가능성을 보여 주려 했다. 이런 희망은 '마술피리'의 도움으로 실현가능하다. 모차르트에서 '마술피리'란 곧 예술을 의미한다.

그러나 이런 린드호스트의 말에 대해 요한은 이렇게 대답한다.

> "나의 창조적 작업에 함축된 것은 강박 외에는 다른 것이 없어요. 나 자신의 잘못은 아니지만, 나는 이상한 놈으로, 다리가 다섯 개 달린 송아지로, 괴물로 지적되어 왔어요. ....나는 마음을 가라 앉히려 세상에서 예술이 무의미한 순간에 대해 생각해요." (대본, p108)

요한의 대답은 요한이 예술에 대해 깊은 절망에 빠지고 있음을 보여 준다. 예술이란 예술가 자신의 현실적 결여(그 결과 그는 '괴물'이다)에서 발산되는 내적인 욕망 즉 강박의 표현에 불과하다는 것이다. 예술은 그런 욕망을 대리적으로 충족시키는 것, 일종의 도피이다. 그런 점에서 요한은 예술이 무의미한 것으로 전락했다고 말한다.

린드호스트가 요한의 분신이므로, 이런 대화는 요한 자신의 내적 갈등을 의미한다. 구원으로서의 예술과 강박으로서의 예술 사이의 대립 속에서 이미 저울의 추는 기울어졌다. 요한에게 예술은 강박에 불과하다.

4

이 장면에서 또 하나 주목할 것은 코린느와 요한의 대화이다. 린드호스트의 인형극 공연이 끝난 후 알마는 요한이 많이 취했다고 생각해서 차가운 공기를 쐬러 밖으로 나간다. 이때 요한은 코린느에 대한 끝없는 애정을 알마에게 고백한다.

"지금 이 순간 나는 그녀에게 도달하려 애쓰지. 그녀는 일 초 정도 밖에는 떨어져 있지 않지. 그녀는 나의 갈망을 느낄까? 그녀 자신의 감정이 너무나 크기에, 가장자리까지 꽉 채우고 있기에 그녀는 나의 갈망에 무관심한 것이 아닐까? 다른 인간에게 도달하는 것, 그를 이해하는 것, 그의 수천수만 가지 변화하는 분위기를 아는 것, 비극적 소극의 한 배역을 행위하는 것이 아니라, 공유된 실재 속에서 함께 살아가는 것. 그것을 위해 나는 노력하고 있지." (대본, p109)

코린느에 대한 요한의 심정 고백은 계속 이어진다. 요한과 알마가 이런 대화를 하는 가운데 환상의 유령들이 다시 그들을 에워싼다. 그리고 요한과 환상의 유령들은 축축한 달빛 속을 함께 산책하고 다시 성으로 돌아온다.

새벽이 다가와 먼동이 트려 하자, 코린느가 요한에게 자기의 침실에 걸어놓은 요한의 그림을 보러 가자고 말한다. 그 그림은 바로 베로니카의 초상화이다. 그림 속의 베로니카는 코린느와 마찬가지로 조용하고 창백한 얼굴을 가졌고, 어둡고 커다란 눈을 가졌다. 이때 코린느는 요한이 베로니카에게 남긴 사랑의 징표와 동일한 징표를 자기의 장딴지에서 보여 준다(사진 75참조).

사진 75

　　그런데 이때 성의 내부에서 동요가 일어난다. 폰 메르켄의 동생
어네스트가 자살한 것이다. 이어서 어네스트가 남긴 유서를 요한이
대신 읽는데, 이것은 요한 자신의 죄의식을 드러낸다.

　　"나는 다른 사람의 처벌을 받은 적이 없고 오직 사랑만 받았어요.
　　…모든 사람은 자기 몫의 처벌을 받아야만 해요. 그렇지 않으면 그
　　는 계속 할 수가 없어요." (대본, p113)

　　코린느는　자신이 산책할 때 어네스트가 손에 빨랫줄을 쥐고 있
어서 그의 자살을 예견했다고 말한다. 코린느는 마치 그의 자살이 당
연한 것처럼 말한다.

앞에서 베로니카에 대한 기억과 더불어 요한에게 출현한 죄의식이 코린느 앞에서 다시 한 번 발생한다. 코린느가 베로니카의 분신임을 고려할 때, 두 가지 죄의식은 어떤 공통적 근원에서 나온다고 보겠다. 이런 죄의식이 강해지면서 어네스트가 자살한다. 어네스트 역시 요한의 분신이기 때문에 어네스트의 자살은 요한의 죄의식의 결과였다.

위에서 검토한 성에서의 두 장면을 통해 볼 때, 요한의 분열은 그를 사로잡는 강박적 욕망의 결과이다. 강박적 욕망은 동시에 죄의식을 낳는다. 요한은 강박적 욕망과 죄의식 사이에서 분열한다.

이런 요한의 정신적 분열 앞에서 알마는 두려워한다. 알마는 어떤 두려운 것이 일어날 것임을 예감한다.

5

2막이 시작되면서 다시 깊은 밤 곧 늑대의 시간이 시작된다. 요한은 자신의 기억 저 편에 놓여 있는 어린 시절의 기억을 알마에게 고백한다. 그 기억은 베리만이 개인적으로 겪었던 체험과 연관된다.

그 기억이란 두 가지이다. 그중 하나는 어릴 때 부모님으로부터 처벌을 받아 장롱 속에 갇혀 있었던 기억이다. 그 장롱 속에 사는 소인들이 그의 발을 갉아 먹는 것이 두려워 그는 결국 부모님께 용서를 빌고 말았다. 또 하나는 병원에 붙어 있는 목사관에 살 때 시체 보관실에 들어가서 죽은 젊은 여자의 나체를 쓰다듬었던 기억이다.

이 두 가지 기억은 정신분석학적인 의미를 지닌다. 죽은 나체의 여인에게 쾌감을 느낀다는 것은 도착증적인 요소를 지닌다. 이런 도착증의 전제는 역시 근친상간적인 욕망이다. 근친상간적인 욕망에 대한 강한 금기는 이런 욕망을 죽음과 연결시킨다. 그것은 소인들이 발을 갉아 먹는다는 기억도 마찬가지이다. 그런 환상은 전형적으로 거세 위협을 의미하는 것이다. 2막의 첫 부분에 드러나는 요한의 기억은 요한의 욕망이 무엇을 의미하는가를 분명하게 드러낸다.

이어서 요한은 수주일 전의 사건을 알마에게 고백한다. 그는 이것이 환상이 아니라 실제로 일어난 사건으로 말하지만 내용적으로는 환상에 가깝다. 요한은 이제 환상과 실제를 구분하지 못한다. 베리만은 요한의 고백을 플래시백으로 보여 주면서, 독특한 기법을 보여 준다. 베리만은 이런 기법을 「톱밥과 반짝이」나 「산딸기」에서도 사용했는데, 여기서도 그 기법을 다시 되풀이한다. 그것은 필름을 여러 번 되풀이 프린트 하면서 화면을 구성하는 광학적 입자들을 거칠게 만들어 화면 전체를 변형시키는 방식이다. 이때 베리만은 과잉 노출을 사용한 듯 흑백을 강력하게 대조시킴으로써 마치 백일몽을 꾸는 듯한 느낌을 만들어 낸다.

그 플래시백의 내용은 이렇다. 요한이 어느 찌는 듯이 더운 날 그림을 그리다 쉬면서 혼자서 낚시를 하고 있는데 마른 아이가 몇 걸음 떨어져서 그를 지켜보고 있었다. 그는 맨발이고, 눈에는 표정이 없으며 머리는 하얗게 세었다. 반면 그의 코는 넓적하고 턱은 아귀턱 같았다.

아이는 요한의 등 뒤에 다가 왔다. 요한은 아이가 자기를 밀어 물에 빠뜨릴지 모른다고 생각하면서 두려움을 느꼈다. 아이가 요한이 그린 그림을 바라보자, 요한은 갑자기 짜증이 났다. 대본에는 이런 짜증과 두려움을 마치 "사람을 물 것처럼 보이는 이상한 개가 다가왔을 때"(대본, p117) 느끼는 것이라고 말한다. 아이는 요한이 잡아놓은 고기를 세어 보면서 자기 혼자 히죽거렸다(사진 76참조).

사진 76

그래서 요한은 도망치려고 하는데 구두 속에 놓아 두었던 손목시계가 없어진 것을 발견하고 아이를 추궁하기 시작했다. 그래도 아이가 대답을 하지 않자 요한은 아이의 목덜미를 잡고 땅에 내동댕이쳤다. 아이는 필사적으로 그에게 매달리면서 입으로 요한의 목을 물었다. 둘은 함께 굴렀으며, 아이는 요한의 목과 어깨를 계속 물어뜯었다. 요한은 바위로 아이를 내리치며 아이를 떨어뜨려 놓으려 했다. 마침내 아이는 바위 위에 떨어져 간질 발작을 일으킨 듯이 헐떡거리면서 나뒹굴었다.

요한이 아이 곁을 지나가자 죽은 듯 있던 아이가 갑자기 요한의 발을 이빨로 물었다. 그러자 요한은 돌을 들어 아이를 내리쳤다. 마침내 아이는 피를 흘리면서 죽었다. 요한은 죽은 아이를 굴려서 바다에 빠뜨렸다. 영화에서 아이의 시체는 마치 바다 속의 식물들처럼 떠올랐다.

요한의 플래시백 장면은 두 가지 점을 동시에 보여 준다. 그 하나는 아이가 요한의 목을 물고 둘 사이에 격렬한 싸움이 벌어졌을 때, 그 모습은 마치 섹스하는 장면과 닮았다는 것이다. 그래서 이 장면은 자주 요한의 동성애를 보여 주는 장면으로 해석된다. 또 하나는 아이의 모습이 요한의 기억 속에 있는 장롱 속 작은 괴물의 모습을 닮았고 또한 그 아이가 요한의 발목을 물어뜯는 장면 역시 장롱속 괴물이 발을 갉아 먹는 것과 닮았다. 그래서 이 장면은 요한의 거세위협이나 죄의식과 연결된다고 생각된다.

요한의 어릴 때의 기억이 욕망과 죄의식이라는 쌍을 이루듯이, 아이에 대한 환상 역시 욕망과 죄의식이라는 쌍을 이루는 것으로 해석된다. 요한의 어린 시절 시체에 대한 도착증적인 기억과 아이에 대한 동성애적 욕망은 서로 닮았으며 동일한 원천에서 흘러나온다. 이제 영화는 요한의 내면 깊숙한 곳에 숨어 있는 그 원천을 향해 돌진한다. 영화에서는 생략되었지만 대본에서는 아이에 대한 회상을 마친 후 요한의 심정이 이렇게 서술된다.

"한때 음울한 규율, 엄격한 자기통제, 힘든 나날의 싸움이 있었다. 나는 그것 모두를 아주 먼 꿈으로 기억한다. 경계를 건너자, 다른 세계가 내 위에 부숴져 내렸다. 나는 황혼의 나라에서 편안함을 느꼈다... 기민하게 조직된 일상생활 속으로 다른 세계의 검은 물이 흘러 들어 온 것 같았다. ...갑자기 나는 깊이 확신했다. 즉 용서는 존재하지 않는다는 것을. 법은 엄연하고 사건의 과정은 맹목적으로 이미 정해진 궤도를 따라 갔다." (대본, p119)

6

이제 결정적인 전환이 일어난다. 요한의 회상이 끝나고 새벽이 왔을 때 누군가가 문을 두드리지만 알마는 열어 주지 않는다. 그런데 그는 마치 유령처럼 닫힌 문을 통과해서 안으로 들어온다. 그는 히르브란트이다. 그는 우선 요한을 성의 파티에 초청한다. 그는 베로니카도 올 것이라고 말한다. 그는 요한에게 권총을 한 자루 준다. 그는 요한에게 그 자신을 방어하는 데 그것을 사용하라고 한다.

권총은 정신분석학적으로 요한의 팔루스를 의미한다. 팔루스는 대타자가 자기에게서 욕망하는 대상이다. 요한은 지금껏 자신에게 그런 팔루스가 결여되어 있다고 생각해서 불안해 했다. 이제 팔루스를 얻음으로써 요한은 베로니카를 찾아갈 용기를 가지게 된다.

이때 알마는 그 파티의 의미를 짐작하면서 닥쳐 올 파국을 두려워한다. 그래서 알마는 요한에게 베로니카에 대해 설명해 달라고 한다. 요한이 그저 서로 사로잡혀 있었다고만 말하자, 알마는 이미 일기에서 베로니카 부분을 읽었다고 하면서 요한에게 그 부분을 다시 읽어 준다.

그것에 따르면 요한은 베로니카에 사로잡혀 그녀의 뒤를 따라 다

녔지만 그녀는 그를 모호하게 회피했다. 모욕을 느낀 요한이 그녀를 떠나려 하자 이번에는 베로니카가 그를 따라왔다. 둘은 함께 도망쳤고 어느 여름 날 그레노블(스위스 도시)의 뒷거리 호텔에서 머물며 서로 학대하고 고발하면서 갈기갈기 찢어지는 싸움을 벌였고 동시에 포옹과 모욕적인 쾌락 그리고 죽음과 같은 잠에 이르렀다. 그래서 그들은 마침내 하나가 되었다.

> "우리의 입은 만나서 하나의 긴 아우성소리가 되었다. 우리의 신체는 나태해진 피부와 사지의 덩어리로 해체되었다. 우리는 성경에서 남자와 여자가 하나의 육체가 되었다는 것대로 행동했다." (대본, p120)

베로니카와 요한 사이 관계에 대한 이런 설명은 두 사람의 관계가 욕망과 죄의식이 중첩된 관계라는 것을 의미한다. 베로니카에 대한 요한의 욕망은 기억 속의 죽은 여인의 시체에 대한 도착적 욕망이나 아이에 대한 환상 속에서의 동성애적 욕망과 같은 맥락 속에 있다. 그것들은 각기 다른 방식으로 근친상간적인 욕망을 표현한다.

알마는 요한에게 이런 일기를 읽어주면서 요한이 한때 알마가 순전한 사람이라고 말한 적이 있다는 것을 상기시킨다. 분열된 사람이 욕망과 죄의식 때문에 분열되어 있는 것이라면, 그것에 대비되는 순전한 사람이란 자신을 주체적으로 통제하는 사람이다. 그런 순전성을 대표하는 존재가 자신의 아이를 자기가 생산하면서 스스로에게 쾌감을 느끼는 존재 곧 어머니이다. 이 영화에서 알마는 이런 말을 통해 그리고 실제로 요한의 아이를 임신함으로써 요한에게 어떤 희망을 전하지만, 요한은 이미 분열된 세계 속에 갇히고 말았기에 더 이상 이런 희망을 받아들일 수 없었다. 그들 사이의 마지막 대화는 비극적이지만 아름답다.

> "요한: 시간이 있을 때, 나를 떠나요.
>
> 알마: 어느 것도 할 수 없어요. 나는 당신을 사랑하거든요.
>
> 요한: 사랑이라니?
>
> 알마: 그걸 달리 표현하기 어려워요. 여기 머무르다가 죽어버리는 걸 나라고 바라겠어요? 당신이 그 여자를 쫓아가는 것을 보고 있는 걸 나라고 바라겠어요? 당신이 환상에게 말하고, 나는 내내 스스로 그럴까 봐 경계하는 것을 나라고 바라겠어요? 내가 그런 걸 좋아할 거라고 생각해요? 하지만 나는 여기 있을래요." (대본, p121)

7

마침내 요한이 성에 이르자, 성은 고요하기만 하고 파티의 흔적은 아무데도 없다. 요한은 복도에서 남작의 어머니를 만난다. 늙은 그녀는 요한에게 발을 내보이면서 키스해 달라고 말한다. 그러나 요한은 아무 대응도 하지 않는다. 성의 서쪽 갤러리에서 황혼이 벽을 넘어 들어오고 있다. 하프시코드의 소리가 약하게 들리면서 검은 옷을 입은 폰 메르켄 남작이 요한에게 다가온다. 남작은 요한에게 베로니카가 한때 자신의 연인이었다고 말한다. 요한이 남작을 떠나 하프시코드 소리가 들리는 곳으로 계속 가자, 남작이 갑자기 박쥐가 되어 천장에 매달린다.

갤러리를 지나 작은 방에 남작 부인 코린느가 늙은 여인과 앉아 있다. 이 늙은 여인은 영화의 첫 장면에서 알마 앞에 나타났던 여인인데, 특히 지친 얼굴이 인상적이다. 하프시코드에는 곱사등이 남자가 앉아서 연주하는데 그의 음악은 무척 아름답다.

코린느는 요한에게 베로니카에게 빨리 가보라고 하면서 베로니카는 이미 아침부터 그를 기다려 왔다고 말해 준다. 그러면서 코린느는 자신의 남편인 남작이 요한에게 질투를 느낀다고 말해 준다. 이때 늙은 여자가 모자를 벗자, 그녀의 얼굴이 모자와 함께 벗겨 나간다. 그녀는 자기의 눈을 꺼내 테이블 위에 있는 모자 옆의 컵 속에 넣어 둔다. 코린느는 늙은 여인으로부터 아교 냄새가 난다면서, 손수건을 꺼내 코를 틀어막는다.

이때 린드호스트가 요한에게 다가와서 요한의 창백한 얼굴에 분을 칠하면서, 실크 파자마를 입혀준다. 그런 후 린드호스트가 팔을 들자 그의 옆구리에서 커다란 날개가 나오면서 날아가 버린다.

이런 장면들에서 전개되는 남작의 어머니, 코린느, 늙은 여인 그리고 남작과 곱사등이, 린드호스트는 모두 요한의 마음속에 있는 요한의 일부이다. 하나의 상징이 다양한 상징으로 계속 파편화되는 것이 분열증의 특징이다. 이들 상징들은 대체로 두 가지 이미지들의 합성이다. 하나는 성적 욕망이며 다른 하나는 죽음(노파) 또는 죄의식(박쥐)이다.

이윽고 요한이 문을 두드리고 베로니카가 있는 방안으로 들어선다. 방안에는 커다란 탁자가 있고 그 위에 베로니카가 시트로 덮여서 죽은 듯 누워있다. 이것은 명백히 그의 어릴 적 기억 속에 있는 시체실의 죽은 여자의 모습이다.

요한은 당혹해서 잠깐 멈추었다가 욕망에 의해 강제된 듯 시트를 열어 제치고 베로니카의 얼굴을 본다. 창백한 얼굴, 빛나는 흰 이, 숱이 많은 머리, 금 귀걸이가 달린 귀. 요한은 시트를 천천히 열고, 마치 시체실의 죽은 여자의 나체를 쓰다듬듯이 그녀의 몸을 쓰다듬는다.

이때 갑자기 그녀가 일어난다(사진 77참조). 다리를 벌리고 웃으면서 요한의 목을 팔로 끌어안고 그에게 키스한다. 그때 숨을 막고 낄낄거리는 소리를 듣고 요한이 주위를 살펴보자, 다른 사람들이 방 안에 들어와 그를 둘러싸고 웃고 있다. 그들은 모두 커다란 박쥐처럼 검은 옷을 입고 충혈된 눈을 하고 있다. 이때 요한이 외친다.

"마침내 경계에 이르렀다. 거울은 깨어졌으니 그 조각들이 무엇을 비추겠는가? 공허가 마침내 얇은 껍질을 뚫고 나온다. 공허가 허공을 만난다. 정말 공허의 승리이다."(대본, p125)

The glass is shattered...

사진 77

베로니카에 대한 요한의 환상은 어릴 때 기억의 재현이다. 그것은 도착증적인 것인데, 이는 앞에서 말한 것처럼 근친상간적인 욕망을 전제로 하는 것이며, 따라서 깊은 죄의식을 동반한다. 요한의 내면 속에 있는 이 죄의식이 다른 사람들의 웃음소리로 표현된다.

8

그 이후의 요한의 모습에 관해서는 알마의 회상에 의존한다. 요한은 성으로부터 나와서 알마에게 바로 뛰어왔다. 그리고 요한은 알마에게 총을 발사한다. 그 중 한 발이 스쳐 지나가 알마가 상처를 입는다. 요한에게서 권총은 어머니의 욕망의 대상 곧 팔루스이다. 그는 원래 베로니카에게 권총을 발사해야 했지만 죄의식 때문에 발사하지 못한다. 그는 대신 알마에게 그 총을 발사한다. 알마에게 이 총이 발사되었다는 것은 알마가 베로니카를 대신해 달라는 요한의 요청을 암시한다. 알마와 베로니카는 요한의 서로 다른 욕망의 구조 속에 존재한다. 그러므로 알마가 베로니카를 대신할 수는 없다.

요한은 이미 광기에 사로잡혀 있다. 그는 일기를 꺼내 쓰다가 늦은 오후에 가방을 꾸려 나가 버린다. 알마는 그의 뒤를 따라가기로 한다. 알마는 요한의 환상을 직접 함께 본다. 영화는 숲 속에서 죄의식 같은 박쥐들에게 뒤쫓기는 요한의 모습을 보여 준다.

영화의 마지막 장면은 다시 첫 장면으로 돌아가 감독과 만나는 알마의 모습을 보여 준다. 여기서 알마는 감독에게 이렇게 묻고 있다.

> "어떤 여자가 어떤 남자와 너무 오랫동안 같이 살아서, 그 남자와 같이 되어 버리는 일이 있을 수 있을까요? 무슨 말이냐 하면, 그녀가 그를 사랑해서 그가 생각하는 것처럼 생각하고 그가 보는 것처럼 보는 일이 가능할까요? "(대본, p129)

알마의 이런 물음은 곧 알마가 요한의 환상을 함께 보았고, 그것은 알마가 그를 그만큼 사랑했다는 뜻이다. 영화는 알마가 임신했다는 것을 언급하면서 가느다란 희망의 끈을 놓치지 않는다.

Ingmar Bergman

내 목소리를 들어주고 반응해 주는 따뜻한 공동체 속에서 살아가고 싶다는 욕구가 거기 있었다. 내가 외롭게 크면 클수록 그런 욕구는 더욱 강해졌다. 말할 것도 없이 영화는 나의 표현 수단이었다. … 갑자기 나는 영혼에서 영혼으로 직접 말해지는 언어를 통해, 이성의 통제를 벗어나는 구절을 통해 거의 육감적으로 내 주위의 세계와 교섭할 수 있었다.

(Each Film Is My Last)

11

「수치」_폭력성의 근원

1

베리만은 이 작품[45]의 대본을 1967년 여름에 완성했다. 그는 당시 세 편의 대본을 동시에 썼다. 그것들은 모두 사회에 대해 관심을 가진 작품들이었다. 그 중 첫번째 대본은 후일 「뱀의 알」(1977년 10월 개봉)이라는 영화가 된다. 여기서 베리만은 나치의 인간개조 프로그램을 연상시키는 실험에 빠진 과학자를 다룬다. 이 작품은 인류의 디

---

45 1967년 9-11월 촬영, 1968년 9월 개봉, 이 영화는 1969년 2월 아카데미 최우수 외국어 영화상 후보에 올랐다. 당시 서구를 휩쓸던 반전 운동 분위기가 이 영화에 반영된 것으로 보인다. 베리만은 이 영화의 촬영 때부터 독자 영화사를 만들었다. 베리만은 해외 배급의 편의를 위해 〈페르조나 AG〉를 스위스에 두고, 스웨덴에는 촬영을 위해 〈시네마토그라프 AB〉를 세웠다. 이런 이중성 때문에 후일 베리만은 스웨덴 세금당국으로부터 탈세로 의심받게 된다.

스토피아(distopia)를 다루는 작품에 속한다.

같은 시기에 쓰인 베리만의 두 번째 대본은 나중에 「수치」라는 영화로 만들어진다. 이 영화에서는 전쟁이 배경이다. 베리만은 여기서 극한적인 조건이 인간을 어떻게 타락시키는가를 냉정함을 잃지 않고 관찰한다. 그는 이런 타락을 통해 인간의 내부로부터 파시즘적인 폭력성이 나온다고 설명한다.

베리만의 세 번째 대본은 나중에 「의례(Ritual)」(1969년 3월 개봉)라는 영화가 되었다. 여기서는 예술가들을 협박하는 사회적 권력 특히 관료주의적인 권력을 다룬다. 이 영화는 권력 앞에서 예술가들이 어떻게 무너지는가보다는 오히려 관료주의적 권력으로부터 탈주하는 예술의 힘을 보여 주는 데 집중한다.

비슷한 시기에 쓰인 이 세 대본은 서로 중첩되면서, 베리만의 사회적인 문제의식을 선명하게 드러낸다. 과학과 전쟁, 나치즘 및 권력이 만드는 우울한 현실은 60년대 말 서구 사회의 현실과도 무관하지 않다. 당시 서구는 과학 기술의 발전에 의한 인간 소외의 문제가 심각하게 대두했으며, 월남전 때문에 전 세계적으로 반전운동이 일어나고 있었을 때이다. 또한 사회적으로는 나치즘 시대의 잔재들이 여전히 활개를 치고 있었고, 사회 전반에서 관료주의적 지배가 심화되고 있었다.

사회적 문제를 다루는 베리만의 세 작품들 가운데 「뱀의 알」이나 「의례」는 별로 성공적이지 못했다. 반면 「수치」는 전쟁의 참상을 직접적으로 다루기보다는 오히려 전쟁이라는 상황에서 나타나는 인간의 내면적 심리를 다루는 것이고 이런 영역은 베리만의 전공 영역이라 그런지 상당히 성공적인 작품이 되었다.

이 영화에는 침공군과 방어군이 나온다. 그들은 이데올로기적으로 차이를 지니는데, 베리만은 그들의 이데올로기에 대해서는 관심을 기울이지 않는다. 베리만은 어떤 이데올로기이든 개인의 삶을 군화발로 짓밟고 지나간다는 것을 보여줄 뿐이다. 베리만의 관심은 이런 이데올로기적인 폭력이 결코 외부에서 강제된 것만은 아니라는 것이다. 인간은 내면적으로 취약하고, 외부적 조건이 절망적일 때, 인간 이하로 전락할 수 있다. 베리만은 이 영화에서 인간의 내면적인 취약성으로부터 파시즘적인 폭력이 발생한다고 주장한다.

이런 점은 이 영화를 만들 때 베리만이 언급했던 말들과도 부합한다. 베리만은 어릴 때 독일 학생의 집을 방문했던 적이 있다. 그는 당시 독일 학생의 권유에 따라서 나치의 집회에 참석해서 나치를 지지했었다. 그는 이런 경험을 후일 회고하면서 만일 당시 나치의 강압이 자신에게 가해졌다면, 그가 과연 어떻게 행동했을까 생각해 보았다고 한다. 그는 여기서 이렇게 말한다.

"이 모든 것이 나에게는 미치도록 고통스러웠다. 왜냐하면 나는 그렇게 용기 있는 것도 아니고, 더구나 물리적 폭력을 무서워하기 때문이다. 누군가가 다가와서 나에게 이렇게 말한다면, 내가 얼마나 용기를 냈을지 의심스럽다. '베리만 씨, 당신은 재능이 있는 사람이요. 우리는 당신을 매우 좋아하고, 국립극장장이 되기를 기대해요. 그렇게 하지 않는다면, 당신이나 당신의 부인 그리고 아이에게 무슨 일이 일어날 지 알겠소? 알다시피 우리는 유태인에게 문제가 있다고 봐요.

우리는 극장에서 그들을 보기 싫어요. 그 점만 우리에게 확실히 해요" [46]

나치즘의 폭력성을 다룬다는 점에서, 이 영화는 귄터 그라스의 『양철북』과 같은 소설[47]과 비교될 수 있을 것이다. 「양철북」에서 나치즘의 유래는 소시민의 도덕적 타락에서부터 추적된다. 「양철북」은 북독일의 한 농민 가족의 삶을 묘사한다. 끈끈한 생명력을 지녔던 농민인 할머니와 달리 딸은 소시민으로 성장하여, 애인이지만 무기력한 사촌과 현실적인 상인이지만 무지한 남편 사이에서 갈등한다. 결국 그녀는 누구의 아이인지 모호한 아이를 낳는다. 그 아이는 세살 때 어머니의 타락을 확인하고 그 이후 양철북을 치면서 경고한다. 그는 점차 커가면서 사회 전반에 만연한 타락을 보게 되는데 그때마다 그는 양철북이라는 마법의 힘에 의존하려 한다. 이 소년이 후일 나치로 성장한다.

그런데 귄터 그라스는 마법의 힘에 의존하려는 나치즘의 폭력성을 정신적으로 유아적인 질병으로 간주한다. 이런 평가는 이 아이가 어머니의 타락을 보는 순간 지하 창고로 떨어져서 더 이상 크지 않는다는 데서 분명하게 드러난다. 이 소설의 마지막에 소년의 유아적 태도가 해소되자 비로소 소년은 다시 성장하기 시작한다.

나치즘의 폭력을 개인의 내면에서 추구하는데서 베리만의 입장은

---

46 John Simmon, Ingmar Bergman Directs, Harcourt Brace Jovanovich Inc, 38—39

47 이 소설은 폴커 슐렌도르프에 의해 1979년에 영화화되었다.

귄터그라스의 입장과 유사하다. 베리만이 문제로 삼는 나르시시즘적인 성격은 귄터 그라스가 말한 유아적인 질병과 동일한 의미를 지닌다고 할 수 있다.

2.

이 영화는 구성이 마치 삼면경의 거울처럼 이루어져 있다. 첫 번째 거울 면은 아직 평화로운 시기이다. 이 시기는 두 주인공인 얀과 에바가 아침에 깨어나서 저녁 해질녘 사랑을 나누는 시기까지이다. 이 시기 얀과 에바의 일상이 그려진다. 원래 두 사람은 오케스트라의 단원이었으나, 전쟁으로 오케스트라가 해산되자, 둘은 에바의 할아버지가 살던 섬으로 이주했다. 얀과 에바는 그동안 음악을 잊어버리고 텃밭에 딸기를 길러 팔아서 살아가고 있다. 그날도 얀과 에바는 딸기 상자를 차에 싣고 본토의 시장으로 간다. 그들은 도중에 강가에서 낚시하던 필립에게서 물고기를 한 마리 사

사진 78

기도 하고, 섬에서 본토의 시장으로 가는 페리 선에서 시장 부부를 만나기도 한다. 그리고 그들은 시장에서 딸기를 팔아 골동품 가게에 들러 와인을 산다. 거기서 그들은 메이센 시대 만들어진 로코코 풍의

인형에서 흘러나오는 음악을 들으면서 전통과 문화의 아름다움을 느껴 본다(사진 78참조). 골동품 가게의 입구에 있는 뱃머리 장식 여신상은 풍요와 자비를 암시한다. 그리고 그들은 집으로 돌아와 집밖의 나무 밑에 탁자를 펼치고 와인을 즐기면서 미래에 대한 희망과 사랑을 나눈다. 이때 탁자 위에 놓인 데이지 꽃은 평화로운 시기의 모든 것을 상징한다고 보겠다.

이미 이 시기에 임박한 전쟁을 예고하는 여러 징조들이 출현한다. 주일도 아닌 날 울리는 교회 종소리라든가, 시끄럽게 울렸다가 다시 끊어지는 전화벨 소리가 그런 징조들이다. 또한 그들은 시장에서 어딘가로 몰려가는 군대 차량의 행렬을 만나기도 한다.

베리만은 이 시기의 정경을 간략하게 스케치하면서도 앞으로 극

을 전개하기 위한 복선으로서 얀과 에바의 내면적인 차이를 분명하게 그려 놓는데 소홀히 하지 않는다. 얀은 도피적인 태도를 보여 준다. 그는 예술적인 성취

사진 79

에 대한 희망을 갖고 있지만 현실과 싸우기에는 너무 무기력하다(사진 79참조). 그래서 그는 의도적인 것처럼 라디오를 고치지 않는다. 그는 현실에 관련된 정보를 스스로 차단하고 있다. 그는 현실로부터 도피하려 하면서 현실과의 모든 싸움을 아내인 에바에게 떠넘긴다.

얀의 현실 도피적 태도는 베리만의 영화에서 예술가들이 보여 주는 일반적인 특성이다. 「거울을 통해 어렴풋이」라는 영화에 등장하는 작가 다비드나 「가을 소나타」에서 등장하는 피아니스트 샬로트 역시 그런 도피적인 태도를 보여 준다.

반면 얀이 의존하는 아내 에바는 생존을 위한 강한 의지를 지닌 어머니와 같은 존재이다. 에바는 집안에서 남자 파자마를 입고 다닌다(사진 80참조). 에바는 얀에게 명령적인 태도로 일상사를 지시한다. 이런 에바의 소망은 한 가지이다. 그것은 곧 얀의 아이를 갖는 것이다.

이런 어머니와 같은 존재는 베리만

사진 80

의 영화 곳곳에서 등장한다. 대표적인 경우가 「제7의 봉인」에서 성가족의 일원인 미아이다. 거의 대부분의 영화에서 어머니 상은 긍정적으로 평가된다.

3

이어지는 두 번째 거울 면에서는 분위기가 반전된다. 여기서는 전쟁으로 인한 혼란상태가 그려진다. 침공군의 게릴라들이 섬에 침투하고, 방어군이 그들을 공격한다. 이 와중에 얀과 에바는 쏟아지는 포탄을 피하기 위해 이리저리 도망다니지만 결국 어디에도 피할 곳이 없다. 그래서 그들은 다시 집으로 돌아와 포탄이 떨어지기만 기다린다.

그 사이 그들은 도처에 흩어져 있는 전쟁의 참상을 눈으로 확인한다. 베리만은 두 번째 거울 면에서 피해 숨을 데가 없다는 느낌을 카메라로 그려낸다. 베리만은 이런 느낌을 만들어내기 위해 카메라를 두 사람의 어깨 뒤에 바짝 붙여서 그들의 움직임을 쇼트한다. 카메라는 마치 늑대가 목덜미를 물고 희생물의 발버둥에도 불구하고 결코 놓치지 않는 것과 유사하게 움직인다.

이런 이미지들의 연속 가운데 특히 인상적인 두 장면이 기억난다. 하나는 침공군의 비행기가 추락하고 낙하산으로 탈출한 조종사가 나무에 걸려 죽어 가고 있는 장면이다. 이 장면에서 베리만은 나무에 걸린 조종사를 어찌할 줄 모르고 올려다보는 얀을 포착한다. 이때 카메라는 조종사의 커다란 군화 사이로 얀의 모습을 쇼트한다. 이 모습은 마치 역사의 군화 발에 짓밟혀 어쩔 줄 모르는 개인의 모습처럼 보인다.

또한 이 거울 면의 마지막 장면에서 베리만은 영화사상 독특한 응시를 보여 준다. 이리저리 도망 다니던 길가에서 에바는 죽은 여자아이의 시체를 발견하고 껴안으면서 관객을 응시한다. 에바의 응시에는 안타까움과 누구를 향한지 모르는 분노와 비난 그러면서도 절망적인 느낌이 묻어 있다. 에바는 관객들에게 바로 당신들이 범인이 아니냐는 듯 응시한다. 베리만은 오랫동안 에바의 시선을 카메라로 포착하는데, 아마도 이처럼 전율적인 응시는 다른 어떤 영화에서도 발견된 적이 없던 것 같다(사진 81참조).

사진 81

에바의 응시 장면은 영화 「페르조나」에서 나오는 사진을 연상시킨다. 독일군이 둘러싸고 있는 가운데, 유태인 소년이 두 손을 들고 머리를 감싸고 있다. 사진의 앞부분에 찍힌 한 여인이 소년과 마찬가지로 두 손을 들고 있으면서 두려워하는 소년을 안타깝게 돌아보고 있다. 앞에서 말한 에바의 시선은 이렇게 뒤를 돌아보는 여인의 시선과 서로 이어진다. 이런 에바의 응시는 「모니카의 여름」에서 관객의 도덕적 비난에도 불구하고 물러서지 않는 모니카의 응시와 함께 베리만의 영화를 오래 기억하게 만드는 장면이다.

이런 전쟁 중에 사람들은 점차 타락해 간다. 얀과 에바와 함께 음악콘서트를 즐기던 시장 쟈코비는 방어군을 위한 잔인한 심문자로 전락한다. 반면 강에서 낚시하던 필립은 무서운 이상주의적인 게릴라가 된다. 물론 이 두 사람 역시 역사의 주체는 아니다. 그들은 역사의 힘에 의해 끌려가면서 마치 자신이 역사의 주인이라고 착각하는 노예에 지나지 않는다.

그러므로 그들은 각각의 역사적 역할과 어울리지 않는 약점을 지니고 있다. 잔인한 심문자 쟈코비는 어머니와 같은 따뜻한 품을 그리워한다. 그는 이런 인간적인 약점 때문에 결국 살해된다. 이런 약점은 이상주의자 필립에게도 마찬가지로 존재한다. 이상주의자 필립은 생존의 논리에 따라 쟈코비의 돈을 빼앗으려는 약탈자가 된다. 결국 그는 마지막에 섬을 탈출하려는 사람들을 실어나르는 브로커로 전락한다. 잔인한 전쟁은 그 속에 전쟁보다 더 잔인한 인간희극을 발생시킨다.

4

세 번째 거울 면에서 베리만은 얀과 에바의 전락을 집중적으로 다루고 있다. 앞의 두 거울 면들은 세 번째 거울 면을 드러내기 위한 배경이 된다. 이 거울 면은 얀과 에바가 필립을 만나러 갔다가 체포되어 심문 받는 것으로 시작된다. 얀과 에바는 초등학교 교실에 수용된다. 거기에는 이미 많은 사람들이 적의 침공에 협력했다는 혐의를 받고 심문을 기다리고 있다. 심문은 잔인한 폭력을 동반한다. 이런 폭력의 잔인함은 인간을 경멸하는 수용소 의사가 출현하면서 더욱 강조된다.

얀과 에바는 침공군의 게릴라들로부터 협박당해서 인터뷰를 했던 것 때문에 심문받는다. 그들은 두려워하는 에바의 말을 조작해서 에바가 침공군을 열렬히 환영한다는 것으로 만들어 놓았다. 에바는 자신의 말이 조작되었다고 주장하지만 심문자는 그 말을 믿지 않는다. 얀과 에바는 심문 뒤에 끌려 나간다. 그들이 이렇게 생사의 기로에 서 있을 때 방어군에 협조하던 시장 쟈코비를 만난다. 쟈코비는 얀과 에바를 빼내서 집으로 돌려보낸다.

이제부터 쟈코비와 얀과 에바 사이에 삼각관계가 본격적으로 시작된다. 이 삼각관계를 통해서 베리만은 파시즘적 폭력의 출현을 냉정한 인과관계를 통해 묘사한다. 쟈코비가 처음 얀과 에바를 구했을 때는 적어도 표면적으로 쟈코비의 의식을 지배한 것은 오랜 우정이었던 것으로 보인다. 그러나 얀과 에바를 집으로 보낸 다음 자신의 사무실에서 차가운 냉기를 달래기 위해서 전열기를 자기 앞으로 끌어당겼을 때 쟈코비에게 불현듯 에바를 자기의 것으로 할 수 있다는 야비한 생각이 떠올랐을 것이다. 영화에서 쟈코비가 본래부터 에바를 사랑했다는 증거는 발견할 수 없다. 쟈코비의 부인은 전쟁을 피해 스위스에 있다. 그 사이에 억제된 육체적 욕망이 에바에 대한 욕심을 자극했던 것으로 보인다.

쟈코비는 자신의 욕심을 충족시키기 위해 결코 직접적인 폭력을 이용하지 않는다. 그는 우선 얀과 에바에게 많은 물질적인 도움을 주어 환심을 사려 한다. 쟈코비의 이런 행동 때문에 얀과 에바 사이에 심각한 갈등이 싹튼다.

얀과 에바는 전쟁이 소강상태에 이르자 자기 집에서 감자를 심고 살아 간다. 두 사람은 함께 일하지만 서로를 경멸하는 관계에 있다. 얀은 에바가 육체를 팔아서 쟈코비로부터 물질적인 도움을 얻으려 한다고 믿는다. 에바는 얀의 비겁한 태도를 참을 수 없다. 에바는 얀이 자기를 경멸하는 것이 부당하다고 생각한다. 사실 얀이 쟈코비의 도움을 원하는 것임에도 불구하고 얀은 에바의 등 뒤에 숨으려 한다는 것을 에바는 잘 알고 있다. 두 사람은 감자를 캐면서 냉랭한 관계를 유지한다(사진 82참조).

상호 경멸 그러나 상호 의존이라는 두 사람의 관계는 마침내 쟈코

사진 82

비가 집으로 찾아오면서 파국에 이른다. 얀과 에바가 잠들려 할 때 쟈코비가 찾아온다. 그는 이미 약간 취했으며, 집안으로 들어오면서 상당히 오만한 태도를 보인다. 우선 쟈코비는 얀과 에바에게 선물을 준다. 얀에게는 얀이 좋아할 만한 음반을 준다. 그리고 쟈코비는 얀이 보는 앞에서 에바에게 자기 어머니의 다이아몬드 반지를 전해 준다. 이것은 쟈코비가 마침내 에바를 자기 것으로 하겠다는 신호이다. 그러면서 쟈코비는 얀에게 에바와 키스해도 될 지 묻는다. 그러자 얀은 두려움 때문인지 대답을 회피하면서 결정을 에바에게 미룬다. 쟈코비가 키스를 얻기 위해 에바에게 다가가자, 에바는 그의 머리를 껴안고 입에 키스를 해 준다. 쟈코비는 쓰러지면서 손으

로 에바의 가슴을 만진다. 에바는 그를 내버려 둔다. 그러면서 에바는 쟈코비에게 너무 그러면 곤란하다고(얀이 싫어한다고) 말한다.

그러자 쟈코비는 자신이 가진 폭력적인 이빨을 드러내 보인다. 쟈코비는 에바에게 "겁날 텐데"라고 말하면서 얀에게는 자기의 동정심이 없었다면 얀은 노동수용소로 보내졌을 거라고 말한다. 얀이 두려워하며 꽁무니를 빼려 하자 쟈코비는 예술가란 겁쟁이라고 말하면서 밖으로 나가 소변을 본다. 얀과 에바는 마치 악몽에 사로잡힌 듯하다. 그들은 두려워 떨면서도 그 악몽으로부터 깨어날 길을 찾지 못한다.

한참 뒤에 쟈코비가 돌아왔다. 그는 한 손으로 에바의 손을 잡아 자기 몸을 애무하도록 하고 다른 손으로는 얀의 손도 잡는다. 그러면서 쟈코비는 에바가 자기를 두려워하더라도 자기는 친밀함이 너무 그리워서 멈출 수 없다고 말한다(사진 83참조). 얀은 술에 취해 잠든 척한다. 에바는

사진 83

쟈코비를 피해 침실로 들어간다. 그러자 쟈코비는 침실로 따라 들어가 먼저 에바에게 돈뭉치를 전한다. 쟈코비는 에바의 침대 옆의 의자에 앉아 에바에게 자기 손자가 그의 아들의 몸에 찰싹 달라붙어 우유

를 먹는 것을 보았던 기억을 말해준다. 이어서 쟈코비는 자기 아내와 숲을 산책했던 이야기며, 수년 전 죽은 그의 어머니 곁을 지켰던 기억을 말한다. 이런 얘기들은 에바의 모성을 자극하면서 에바의 마음을 열게 한다. 그러나 에바는 침실은 안 된다고 말하면서 쟈코비를 집밖의 온실로 데리고 간다.

이렇게 쟈코비가 위협과 호소를 반복하면서 에바를 마침내 자기 것으로 만드는 사이 새벽이 되고, 얀은 깨어난다. 그는 불안한 듯 에바를 찾지만 침대 옆 테이블에 놓인 돈뭉치만 발견한다. 그는 그 돈뭉치의 의미를 짐작하면서 고통스러운 듯 에바의 이름을 부른다. 그때 얀은 창문을 통해 온실을 나오는 에바와 쟈코비를 발견한다. 모든 것을 깨달은 얀은 절망에 빠진다. 얀이 계단에 앉아 자기 머리를 감싸고 울고 있을 때 에바가 들어와서 상황을 짐작하고 도움이 되면 마음껏 울라고 한다.

이때 숲 속에서 필립의 게릴라 일행이 다가와 쟈코비를 사로잡자, 쟈코비는 자신의 돈을 주고 목숨을 구하려 한다. 쟈코비는 에바에게 그리고 에바는 얀에게 돈뭉치의 행방을 묻지만 얀은 끝내 돈에 대해 알지 못한다고 대답한다. 필립은 얀이 자발적으로 고백하도록 하기 위해 집안을 파괴하기 시작한다. 그리고 끝내 집을 폭파하고, 얀이 아끼는 오래된 바이올린조차 깨뜨려 버린다. 모든 것을 파괴한 필립은 마지막으로 얀에게 쟈코비를 직접 쏘라는 지시를 내린다. 얀은 처음에는 우물쭈물하다가 쟈코비에게 첫발을 쏜 다음에는 갈수록 더욱 노골적인 폭력성을 드러내면서 쟈코비를 향해 여러 발의 총탄을 발사한다.

모든 것이 파괴된 이후 얀과 에바는 온실에 가주하면서 마치 햇빛을 두려워하는 동물처럼 살아간다. 이제 얀은 에바를 폭력으로 지배한다. 에바는 드러내 울지도 못한 채 살아간다. 늦가을 어느 날, 얀이 버섯을 따러 나간 사이 나이 어린 탈영병이 온실로 숨어들었다. 에바는 탈영병에게 먹을 것을 주고 개에게 물린 상처를 치료해 준다.

얀은 탈영병에게서 바닷가 함마르라는 곳에 가면 섬을 떠나 외국으로 가는 탈주선이 있다는 것을 알아낸다. 정보를 알아낸 얀은 지쳐서 잠든 소년병으로부터 총을 빼앗고 그를 위협하여 집밖으로 끌고 나간다. 에바는 얀의 의도를 알아차리고 막아 보려 하지만 얀은 막무가내이며 결국 소년병을 살해하고 만다.

얀은 에바를 위협하면서 함마르를 찾아간다. 에바는 마지막으로 얀에게 호소한다. 자신은 쟈코비가 더럽지만 떨면서 어머니를 찾는 아이처럼 보였다고 말하면서 얀에게 용서를 요청한다. 그러나 얀은 에바가 말하는 것을 중단시킨다. 그러자 에바는 "서로 더 이상 말할 수 없다면 인간이 어떻게 되겠느냐"라고 말한다.

바로 이 구절에서 파시즘적 폭력에 대하여 지금까지 전개된 베리만의 분석이 완성된다. 베리만에 따르면 폭력은 소통의 결여에서 나온다. 인간은 소통하지 못한 결과 타인에게 두려움을 가진다. 이런 두려움은 반작용으로서 폭력을 발생시킨다는 것이다. 이것은 얀과 쟈코비 모두에게 통하는 논리이다. 쟈코비는 에바를 위협하여 차지한다. 그런데 에바는 쟈코비의 본질을 잘 안다. 에바는 쟈코비가 두려움에 떨면서 어머니를 찾는 작은 아이에 불과하고, 이런 두려움 때문에 에바를 위협했던 것으로 이해한다. 마찬가지로 얀도 쟈코비에 대한 두려움 때문에 쟈코비를 결국 살해한다. 오직 에바만이 쟈코비의 두려움과 얀의 두려움을 이해하고 그것을 모성적 애정으로써 가슴에 품으려 한다.

5

마침내 얀과 에바는 탈주선에 이른다. 이 탈주선의 선장은 게릴라 대장이었던 필립이다. 얀은 아이러니컬하게도 쟈코비로부터 훔친 돈을 필립에게 건네주면서 탈주선의 자리를 얻는다. 탈주선은 전쟁터를 떠나지만 목적지는 모른다. 아니 이 세상으로부터 떠나는 것 그 자체가 목적일지 모른다. 그 이후로부터 가장 절망적인 장면들이 계속된다. 대본에서 이 장면은 마치 『요한 묵시록』에 나오는 최후의 7일처럼 7일간 지속된다. 그런데 영화에서는 대본에 나오는 내용들이 축약되고 암시적으로 처리된다. 영화에서 이 장면들은 필름을 거듭 복사함에 의해 광입자들이 매우 거칠고 낡아져서 마치 초현실적인 장면처럼 느껴진다. 탈주선을 탄 그들의 모습은 언뜻 18세기 초 낭만주의 화가 예리코의 「메두사의 뗏목」을 연상하게 한다. 「메두사의 뗏목」에서 죽음과 같은 절망이 지배하지만 사람들은 희망을 잃지 않고 수평선을 응시한다. 그러나 베리만의 탈주선은 절망과 침묵만이 지배한다.

첫날, 얀과 에바 그리고 승객 모두는 무표정하고 침묵한다. 그럼에도 그들은 서로 몸을 밀착한 채 배를 젓는 데 협조한다. 영화에서는 삭제되었지만 원래 대본에는 탈주선이 떠날 무렵 바다 절벽 위에 탱크 하나가 나타나서 확성기로 이렇게 말한다.

"빨리 가라. 너희들이 가버릴 때 공기는 더욱 깨끗하게 될 것이다. 우리는 너희가 누군지 안다. 우리는 너희의 이름을 알며 너희의 죄를 안다."(대본, p186)[48]

이렇게 말하면서 탱크에서 각자의 죄를 열거한다. 그런데 얀과 에바의 이름은 불리지 않는다. 그러자 얀이 일어나서 외친다.

"그럼 우리의 죄는 무어냐? 우리를 잊어버린 거냐?"(대본, p187)

대본에 있는 탱크와 얀의 이런 대화는 이 장면 전체의 분위기와 어울리지 않는 것 같다. 그래서 영화에서 그런 대화는 생략된 것으로 보인다. 하지만 얀의 항의의 장면은 사회로부터 추방된 사람들이 사회에 대해 느끼는 분노로 볼 수 있으면서, 탈주선에 탄 승객들의 마음을 표현하는 것으로 이해할 수 있겠다.

둘째 날 탈주선은 바다 위에서 표류하기 시작한다. 아주 크고 느리게 일렁이는 파도 위에 떠 있는 탈주선의 모습은 마치 유령선과 같이 보인다. 이런 분위기 속에서도 사람들은 침착하며, 물과 음식을 서로 아주 공평하게 나눈다.

사흘째, 음식과 물이 떨어지고 사람들은 더 이상 노를 저을 수도

---

48 대본은 Ingmar Bergman, Persona and Shame, tr. Keith Bradfield, Marion Boyard Pub., 2002를 사용.

없다. 하늘과 바다는 온통 차갑고 회색 빛이다. 이때 에바는 얀에게 꿈을 이야기한다. 카메라가 넋이 나간 채 무언가를 응시하는 에바를 클로즈업하는 사이 에바의 독백이 흘러나온다.

> "이상한 꿈을 꾸었어요. 정말로 현실과 같았어요. 나는 아주 아름다운 길을 따라 걷고 있었는데, 길 한 편에 흰 집들이 있고 문은 열려 있었으며, 아치와 누각들이 보였어요. 길 다른 편에는 공원이 있었는데, 길 가 큰 나무들 아래 차갑고 검푸른 호수가 있었어요. 나는 높은 벽에 다가갔는데, 그 담은 장미로 덮였어요. 그때 비행기가 와서 우레 같은 소리를 내며, 장미덩굴을 폭격했어요. 장미는 선명한 불꽃을 내며 불탔고, 무섭기보다는 오히려 너무 아름다웠어요. 나는 푸른 물에 얼굴을 비추어 보며 서서 불타는 장미를 바라볼 수 있었어요. 내 팔에는 아이가 안겨 있었어요. 우리 딸이에요. 딸은 겨우 6개월 되었고, 내 목을 붙잡고 얼굴을 내 얼굴에 대고 있었지요. 나는 딸의 젖고 열린 입이 내 뺨에 닿는 걸 느꼈어요. 나는 내내 누군가 중요한 것을 말했다는 느낌이 들었는데 그게 무엇인지는 잊어버렸어요. 나는 그 아이를 내 몸에 꽉 껴안았는데 아이는 무겁고 축축했고, 좋은 냄새가 났어요. 마치 목욕시킨 것 같았죠. 그때 당신이 길의 다른 편에서 왔어요. 나는 내가 잊어버린 중요한 것을 당신이 내게 말해 줄 수 있을 것이라고 생각했어요." (대본, p188)

포격으로 불타는 장미의 모습이 아름답다고 느낀다는 에바의 말은 끔찍하게 느껴진다. 그것은 곧 파괴의 미학이다. 그러나 에바의 꿈속에는 따뜻한 아이의 입으로 상징되는 희망이 아직 사라지지 않는다(사진 84참조).

사진 84

　나흘째, 바람도 없는 바다에는 죽은 병사들의 시체가 둥둥 떠다니고 사람들은 이 사이를 노를 저어 빠져나가려 한다. 그러나 죽은 시체의 행렬은 끝이 나지 않아 영원히 이 죽음의 계곡을 빠져나갈 수 없을 것처럼 보인다.

　닷새째, 대본에서는 희미한 라디오 소리를 통해 나라 전체, 이쪽 저쪽에서 핵폭탄이 떨어졌다는 소리가 들린다고 되어 있다. 영화에서는 이 핵폭탄 얘기는 생략되고 대신 필립이 배에서 스스로 떨어져 죽는데 얀이 무표정한 얼굴로 이것을 지켜본다. 타인의 죽음 앞에 무표정한 얼굴만큼이나 끔찍한 것은 없다.

　여섯째 날, 이제 대부분의 사람들은 죽었다. 얀은 에바에게 여름

휴가 동안 서로 쓴 편지에 무엇을 썼는지 잘 생각나지 않는다고 한
다. 그러자 에바는 "내 손을 너에게" 라고 썼다고 말한다. 그런데 대
본에 나오는 이 장면은 영화에서 생략되었다. 대신 영화에서는 얀과
에바의 얼굴을 중첩하여 쇼트한다. 이런 두 얼굴의 중첩은 베리만의
대표적인 기법 중의 하나이다.

영화는 이 장면으로 끝나지만 대본에는 마지막 일곱째 날을 이렇
게 묘사한다.

"일곱째 날, 폭풍이 불어 무거운 비가 내렸다. 생존자는 오염된 물
로 목을 축였다." (대본,p191)

베리만에게서 비는 항상 신의 용서를 의미한다. 「제7의 봉인」 에
서도 마지막 죽음의 춤을 추면서 끌려가는 사이 빗물이 그들의 눈물
을 씻었다고 하며, 「침묵」 에서도 떠나가는 기차에서 안나가 얼굴을
내밀자 빗방울이 세차게 부딪쳤다고 한다.

Ingmar
Bergman

대체로 오늘날 예술은 자유롭고 부끄러움을 모르
며 무책임하다. 예술의 활동은 강렬하며 거의 열병
에 걸린 듯하다. 그것은 마치 개미로 채워진 뱀껍질 같
다. 뱀은 이미 오래 전에 죽어서 벌레에게 먹히고 있
으며 독도 빼앗겼고 껍질은 진부한 삶으로 가득하다.

(Each Film Is My Last)

12

「애착」_환상의 힘

1

영화 「애착」[49]은 베리만이 처음 만든 컬러 영화이다. 컬러 영화가 나온 이래 베리만은 이를 기피해 왔다. 아마도 그의 영화들은 백일몽과 같은 질감을 필요로 했는데 컬러 영화가 너무나 빤한 현실감을 불러일으켜 베리만은 컬러 영화가 자기에게 어울리지 않는다고 생각했을 것이다. 베리만은 시대의 흐름에 따라 결국 컬러 영화를 받

49 1968년 9－10월 촬영, 1969년 11월 개봉. 1970년 4월 그가 억압적으로 느꼈던 아버지가 사망했다. 이 영화의 본래 이름은 영어로 'A Passion'이다. 미국에 배포될 때는 'Passion of Anna'로 여 주인공의 이름을 붙였다. 문제는 Passion의 번역이다. Passion 은 일반적으로는 정욕, 열정, 애착이라는 뜻을 가지는데(the Passion of Christ의 경우에는 대문자로 쓰면서, 수난이라는 뜻을 가진다) 이 영화에서 등장인물인 안나는 자신이 만든 사랑의 이상이라는 환상에 집착한다. 그런 점을 드러내기 위해 '애착' 이라고 번역하는 것이 좋겠다.

아들이기로 하면서, 자신이 원하는 영화의 질감을 살리기 위해 이 영화에서 보듯이 컬러를 탈색시키거나 단색화시켰다. 그 결과 이 영화는 컬러 영화이면서도 흑백 화면의 효과를 거의 그대로 살려 놓았다. 그럼에도 불구하고 베리만은 영화 속에 나오는 꿈의 장면들을 다시 흑백으로 찍을 수밖에 없었다. 베리만은 때로 따뜻한 감정을 표현하기 위해 붉은 색조를 유지한다든지, 마음속에 타오르는 분노를 표현하기 위해 장작불을 생동적인 컬러로 찍는 등, 컬러의 표현주의적인 효과를 시도하기도 했다.

　형식적인 측면에서 이 영화는 「페르조나」에서 이루어졌던 실험 정신을 이어갔다. 무엇보다도 이 영화에서 작가(화자인 안드레아스를 통해)가 개입하는 자기반영의 장치들이 눈에 두드러진다. 영화는 전체 4부로 이루어지는데, 각 부마다 처음에 눈에 보이지 않는 작가가 보이스오버로 상황을 간략하게 서술해 준다. 그리고 각 부의 마지막에는 이야기와 관련된 주된 배우가 나와서, 자신이 맡은 극중 인물에 대해 간략하게 논평한다. 그러면서 이 장면 직전 촬영보드를 끼어 넣음으로써 이 인터뷰 장면은 마치 연출된 것처럼 보인다. 결과적으로 이 부분이 실제 배우의 논평인지, 아니면 작가 자신의 연출인지 모호하게 되었다.

　베리만의 이런 자기반영성은 「페르조나」에서의 자기반영성의 실험과는 전혀 다른 느낌을 준다. 여기서는 오히려 고다르가 시도했던 서사적 영화의 맥락과 더 가까운 것으로 보인다. 물론 서로 간에 약간의 차이는 있다. 고다르는 서사적 영화를 통해 영화의 환영효과를 깨뜨리고 관객이 사유하도록 만들려고 했다. 반면 이 영화에서 자기반영성은 상당히 해설적이다. 그것은 베리만의 영화가 스토리보다는 인물의 내면성에 주목하는 영화이기에 관객의 이해가 쉽지 않아 고심 끝에 나온 장치로 보인다. 작가의 이런 서사적 개입은 드라마의 흐름을 깰 위험도 있기에 베리만은 다음 영화 「외침과 속삭임」에서는 이를 독특한 방식으로 발전시켰다. 여기서 베리만은 전후의 맥락을 끊고, 네 명의 주인공의 얼굴을 매번 붉은 배경 위에서 클로즈업하면서, 주인공의 성격을 암시한다.

내용적인 측면에서 특히 주목할 것은 이 영화 직전에 찍은 「수치」라는 영화와의 연속성이다. 베리만은 「수치」를 찍기 위해 포러 섬에 세웠던 세트를 의도적으로 그대로 남겨놓았는데(이 영화가 무언가 부족하다는 느낌이 들어서였을 것이다), 이 세트를 살려서 「애착」이라는 영화를 촬영했다. 그래서 영화 「애착」에는 두 영화에서 공통적으로 나오는 이미지들이 눈에 뜨인다. 특히 「수치」의 마지막에 나오는 탈주선의 이미지가 「애착」이라는 영화에서 여 주인공인 안나의 꿈의 장면에서 그대로 사용된다. 더군다나 두 영화에서 남, 녀 주인공을 동일한 배우들이 연기하고 있다.

이런 점들을 고려해 볼 때, 두 영화는 어떤 연속성을 지니는 것으로 보인다. 그렇다면 그것은 어떤 연속성일까? 「수치」란 영화는 인간의 내면적인 폭력성을 드러내려는 목적을 지닌다고 볼 수 있다. 「애착」에서도 역시 인간의 내면적 폭력성이 제시된다. 이런 점에서 두 영화는 공통성을 지닌다고 하겠다. 하지만 두 영화에서 베리만이 주목하는 방향은 서로 다르다. 「수치」란 영화에서는 외적인 환경이 주인공의 내면에 가하는 효과를 그려내는 데 초점을 두고 있다.

반면 「애착」은 이런 환경보다는 오히려 내면적인 균열을 메우는 환상에 대한 집착이 폭력적 행동들을 불러일으킨다는 점에 주목한다.

이 영화의 이야기는 크게 두 부분으로 나누어진다. 전체 이야기는 주인공인 안드레아스가 자신의 체험을 회고하는 형식으로 전개된다. 그런데 전반부 이야기의 중심은 건축가인 엘리스와 그의 아내인 에바에게 있다. 이 두 사람의 내면을 드러내 주기 위해 그들의 이웃에 거의 은거하다시피 살아가는 안드레아스가 개입한다. 안드레아스가 에바와 사랑을 나누면서 엘리스는 이를 알고 안드레아스에게 질투를 표현한다. 반면 후반부는 에바의 집에 머물던 에바의 친구 안나와 안드레아스의 관계를 중심으로 전개된다. 여기서 안나는 애착 때문에 과거의 남편 안드레아스를 살해했듯이 지금 함께 사는 안드레아스도 죽이려 한다.

나중에 중심인물이 되는 안나를 미리 소개하기 위해 전반부에 복선을 깔아 놓는 것 외에는 전반부와 후반부의 이야기가 서로 단절되어 있다.[50] 그래서 이야기 구조상 결함이 있지 않는가 생각된다. 어차피 베리만의 영화는 스토리를 목적으로 한 것이 아니고 인물의 내면성을 드러내기 위한 것이다. 그러므로 베리만은 이야기의 구조에 크게 구애되지 않았을 것이다. 이 영화의 이야기의 구조적인 결함도 그

50　영화에서는 생략되었지만 대본에서는 전반부와 후반부 사이에 작가(화자인 안드레아스)가 개입하여 이렇게 말한다. "지금까지 쓴 것을 모두 읽어 보니, 나는 그것이 단조로운 스케치 정도라는 것을 발견했다. 나는 써놓은 말에 구역질을 느꼈으나 계속했다. 그것은 마치 어떤 것이 환상 속에 어떤 목표를 가지고 나를 밀고 가는 것처럼 보인다." (대본, p152) 대본은 Four Stories by Ingmar Bergman, tr. Alan Blair, Anchor Press, 1976을 사용.

런 측면에서 이해될 수 있지 않을까 한다. 또한 인물의 성격상 에바와 안드레아스가 서로 상응하고, 엘리스와 안나가 서로 상응한다는 것을 생각해 본다면, 이런 이야기의 구조는 전, 후반부의 대조를 통해 각 인물의 내면을 풍부하게 조명하기 위한 장치로 해석될 수 있겠다.

2

인물의 내면을 조명해 가면서 간단하게 이야기를 정리해 보자. 10월 어느 날, 거의 은거하다시피 살아가는 안드레아스가 지붕을 수선하던 중 멀리 하늘에 세 개의 태양이 뜨고 시멘트 반죽 통이 저절로 떨어지면서 암울한 미래가 예견된다. 지붕에서 내려온 안드레아스가 자전거를 타고 가던 중 이웃에 사는 요한을 발견하고 인사한다. 그는 나뭇가지를 수레에 싣고 힘겹게 끌고 가고 있다. 요한 역시 은둔해 혼자서 산다. 두 사람은 현실 속에서 똑 같은 패배자이고 패배로 인한 모멸을 참고 살아간다. 그래서 영화에서 안드레아스의 이미지 위에 요한의 이미지가 겹쳐진다.

며칠 뒤 안드레아스가 계단을 고치면서 망치질을 하고 있다. 베리만은 그의 망치질을 클로즈업하면서 그의 억눌린 감정(성적인 욕망과 모멸감)을 암시한다. 그때 다리를 다친 안나가 다리를 절면서 다가와서 전화를 빌려달라고 부탁하자 그는 안나를 자기 방안의 전화기로 인도한 후 방을 나가는 척하면서 대화를 엿듣는다. 안나는 기대했던 돈(죽은 전남편이 예치한 아이 양육비)이 들어오지 않은 것을 알고 울음을 터뜨리는데 흥분 때문인지 아니면 의도적인 건지 핸드백을 남겨둔 채 떠난다.

그날 오후 안드레아스는 이 핸드백을 뒤져 자신과 동일한 이름을 가진 안나의 전 남편 안드레아스가 보낸 편지를 본다. 그 편지에는 안나에게 헤어지자고 하는 전 남편의 요구가 적혀 있다. 베리만은 이 장면에서 편지에 쓰인 구절 즉 더 이상 함께 살아가는 "물리적이고 심리적인 폭력 행위와 같은 무서운 심적 혼란이 일어날지도 모른다"라고 경고하는 구절을 거듭 반복하여 화면에 클로즈업한다. 이 말은 영화 후반부에서 일어나는 사건을 위한 복선이다.

이게 영화 1장이다. 이 끝에 안드레아스의 역할을 맡은 배우 막스 폰 시도프(Max von Sydow)의 인터뷰 장면이 들어 있다. 여기서 시도프는 안드레아스라는 인물은 은거해서 살지만 그 은거지가 오히려 자신의 감옥이 된 듯함을 느낀다고 말한다. 이 말은 안드레아스의 성격을 아주 잘 드러낸다.

2장이 시작되면서, 안드레아스는 핸드백을 돌려주려고 안나가 머무르는 집을 찾아가는데 현관에서 그를 맞은 것은 안나의 친구 에바이다. 에바가 안나는 잠들어 있다고 말하는 사이 에바의 남편 엘리스가 나와서 집안으로 들어오라고 말한다. 안드레아스는 멈칫거리면서 일이 있다고 돌아선다.

얼마 뒤(시간적으로 모호) 안드레아스는 눈 덮인 산에 솔방울을 줍다가 누군가가 강아지 목을 밧줄로 묶어 놓은 것을 발견하고 밧줄을 풀고 집으로 데려와 기른다.

며칠 뒤 안드레아스는 낚시를 하러 가던 중 해변가에 세워진 차 안에 누워 있는 에바를 발견한다. 그는 걱정스러워서 에바를 깨운다.

앞 장면에서 강아지가 목이 묶여 있었으므로 관객은 에바도 살해당하지 않았을까 의심하는데, 다행히 에바는 그저 잠시 낮잠을 잔 것뿐이었다. 하지만 이런 장면 처리는 에바가 강아지처럼 누군가에 의해 목이 매어 있다는 것을 암시한다.

에바와 거듭된 만남을 통해 안드레아스는 저녁 초대를 받는다. 에바와 엘리스 그리고 안나와 안드레아스는 저녁을 먹으면서 대화하는데 베리만은 이 대화를 쇼트하면서 그들의 내면을 간략한 몇 장면을 통해 압축적으로 드러낸다.

우선 안드레아스는 자신은 사람 만나는 것을 좋아하는데, 이웃이 다 좋은 사람은 아니라고 하면서 현실에서의 자신의 패배를 다른 사람의 책임으로 돌린다.

이어 에바는 아버지 무릎 위에 앉아 「빛」이라는 책을 보던 중 그곳에 나오는 할아버지의 이미지 때문에 신을 믿게 되었다고 말한다. 이야기하면서 에바는 엘리스의 동의를 항상 구하는데, 이런 행동은 에바의 성격이 의존적임을 드러내 준다.

이어서 베리만은 엘리스를 소개한다. 엘리스는 밀라노의 문화센터의 건축을 맡았지만, 그런 일이 "명백하게 무의미한 것들 위에 지어진 무덤"이라고 말한다. 그는 세상과 심지어 자기 자신까지 경멸하는 시니컬한 인간이다. 그러면서도 그는 세상에 대한 자신의 지배욕을 감추지 않는다. 그 지배욕이 사진찍기로 표출된다.

이어서 안나가 소개된다. 안나는 에바의 의존성이나 엘리스의 시니컬한 태도를 비난하면서 자신은 "자기가 믿는 것에 몰두한다"고 말한다. 그러면서 안나는 자신의 과거 결혼 생활에서 서로 솔직했고 그 결과 서로 간에 애정이 가득했다고 말한다. 이때 베리만은 안드레아스가 기억하는 편지 구절을 화면에 비추어 주면서 안나의 거짓말을 폭로하는데, 이 장면에서 카메라의 초점은 거짓말이라고 비난하는데 있다기보다는 안나가 얼마나 강하게 환상에 사로 잡혀 있는가를 드러내는 데 있다.

이들의 만찬은 여기서 끝나고 안드레아스는 에바의 제안대로 에바의 집에서 하루 밤을 잔다. 새벽에 그는 "안드레아스" 하고 부르는 비명 소리에 잠을 깬다. 그것은 안나가 꿈속에서 자기가 겪은 자동차 사고(이 때문에 남편인 안드레아스와 자신의 아이가 죽었다)를 강박적으로 되풀이한다는 것을 보여 준다.

이튿날 아침 안드레아스와 엘리스는 풍차를 개조해 만든 엘리스의 사진 스튜디오에 간다. 엘리스는 상자 안에 인간의 모든 종류의 표정을 찍은 사진들을 모아 분류하고 소장하고 있다. 엘리스는 안드레아스에게 안나의 젊은 시절 사진과 죽은 안나의 전 남편 안드레아스의 사진을 보여 준다. 엘리스는 에바가 한 때 안나의 전 남편 안드레아스의 정부가 되었으나 갑자기 자기에게 되돌아 왔다는 것을 말해 준다. 이런 말을 통해 에바의 이중성이 드러난다. 즉 에바는 그녀가 전적으로 의존하는 남편으로부터 벗어나려는 시도를 거듭하여 왔다.

집으로 돌아온 안드레아스는 술을 마신다. 그는 정적에 묻힌 아내의 작업장(그의 아내는 그를 버리고 떠났다)을 둘러보면서 외로움을 느낀다. 이어 그는 눈 덮인 숲 속에서 스스로를 동정하듯이 자신의 이름을 부르면서 헤매다 결국 나무 그루터기 밑에 취해 쓰러진다.

요한이 그를 구해 수레에 실어 그의 집에 데려다 누인다. 그가 구한 강아지가 쓰러진 그를 핥으며 그의 품을 파고든다.

이렇게 2장이 끝난 다음, 안나 역을 맡은 리브 울만에 대한 인터 뷰가 이루어진다. 울만은 안나의 진실에 대한 욕망이 그녀를 위험스 럽게 할 것이라고 말한다. 그 말은 안나의 환상이 얼마나 집요한가를 암시해 준다.

3

은거해 사는 안드레아스의 외로움 그리고 남편으로부터 벗어나고 싶은 에바의 욕망이 두 사람을 가깝게 만든다. 이어서 3장에서 베리만은 두 사람의 사랑을 아주 아름답게 그려낸다. 둘의 만남은 안드레아스가 모닥불을 피워 놓는 것으로부터 시작된다(사진 85참조). 이때 피워 놓은 모닥불의 불길은 처연한 아름다움을 보여 준다. 그때 에바가 다가와 엘리스가 일 때문에 떠난 뒤 사흘만에 "눈물에 지쳤다"라고 말한다. 이어지는 장면 전체가 부드럽고 짙은 우수가 느껴지는 붉은 색조로 가득하다. 그 색조는 두 사람 사이의 따뜻한 사랑과 결국

I've been alone for three days now and I'm bored to tears.

사진 85

다시 헤어질 운명을 암시한다.

안드레아스는 에바의 요청대로 집을 안내하고, 아내의 작업장도

보여 준다. 에바는 그의 아내가 돌아오지 않을 건지를 묻는다. 에바는 안드레아스의 대답을 필요로 하지 않는 듯이 그의 볼에 키스한다.

저녁을 먹으면서 에바는 자신에 대해 고백한다. 에바는 촛불을 받으며 혼자서 부드럽게 몸을 흔든다. 그러면서 에바는 엘리스가 자신이 춤추는 것을 싫어한다고 말한다. 그리고 에바는 자신은 엘리스의 엄청난 권태 중의 일부라고 한다. 에바는 자신에게 권태를 느끼는 엘리스를 사랑하는 데 그것이 이 세상에서 제일 기막힌 것이라고 말한다. 그리고 에바는 "세상은 엘리스의 시니컬리즘에 무관심하지만 자신은 되갚아 줄 것이다" 라고 말한다. 에바는 안드레아스에게 이렇게 묻는다.

"무엇이 우리를 점차 파괴하는 것인가요? 우리 안에 있는 가장 좋은 것을 파괴하고 껍질만 남겨 놓는 이 치명적인 독은 무엇인가요?"

이렇게 말하면서 에바는 안드레아스의 등에 기댄다. 그러면서 에바는 밤새 잠을 자지 못하고 서성거렸다고 말한 후 잠시 잠에 빠진다.

에바는 깨어나서 서둘러 엘리스에게 전화하면서 지금 혼자 집에 있는 것처럼 거짓말을 한다. 그런 다음 에바는 안드레아스에게 다시 한 번 자신에 대해 고백한다. 에바는 자신이 무의미한 삶을 살고 있다고 느끼며 아무도 자기를 원하지 않는다고 한다. 에바는 자신이 무언가 계획을 세워놓으면, 엘리스가 "그건 안 돼" 라고 말하면, 결국 그녀는 좌절하고 만다고 한다. 이때 베리만은 카메라로 거울 속의 자기 모습을 바라보는 에바를 클로즈업한다.

밤이 되자 에바의 불면증이 다시 살아난다. 그러다가 에바는 안드레아스의 침대 속으로 들어와서 한때 자신이 임신했으나, 의사가 실수로 수면제를 과다 주사하는 바람에 유산하고 이후 임신할 수 없게 되었다고 한다. 그런 이후 두 사람은 함께 잠든다(사진 86참조).

에바의 이런 고백을 통해 에바와 엘리스의 내면성이 함께 드러난다. 에바는 의존적이고 자기 스스로 자립적으로 살 수 없으며 자기 삶이 무의미하다고 느낀다. 이런 점에서 에바의 성격은 전형적으로 나르시시즘적이다.

반면 엘리스는 시니컬한 인물로 그려진다. 시니컬하다는 것은 자기 자신의 욕망 대상을 스스로 부정하는 것이다. 그런

사진 86

점에서 시니컬한 인물은 정신분석학적으로 신경증적인 증상의 한 형태라고 볼 수 있다. 신경증적 욕망은 대상을 끊임없이 전전하면서 그의 욕망을 도달할 수 없는 미래로 연기한다. 그것은 그의 신경증적인 욕망의 바탕에 있는 더 근원적인 욕망이 결코 충족되어서는 안되는 금기이기 때문이다.

엘리스는 이런 성격 때문에 타인을 지배하려는 욕망을 드러내면

서도 일단 획득된 대상에 대해서는 권태를 느낀다. 이런 태도는 사진으로 포착한 인물의 표정을 마치 사물처럼 분류하여 보존하는 행동을 통해 아주 잘 드러난다.

에바와 엘리스의 내면성의 한계 때문에 두 사람의 복잡한 관계가 나타난다. 에바는 엘리스를 떠나려 시도하지만 결국 다시 엘리스에게로 돌아간다. 엘리스는 에바를 질투하지만, 에바에 대해서 권태를 느낀다. 에바는 엘리스가 느끼는 권태에 대해 복수하고 싶지만 방법이 없다. 엘리스는 에바를 질투하지만 그의 질투를 간접적인 방식으로만 표출한다. 이렇게 두 사람은 서로 엇갈린다. 결국 에바의 말대로 두 사람 사이에서 진정한 사랑은 비워지고, 공허한 껍질만 남는다. 남녀 간의 또는 나르시시즘적 성격과 신경증적 성격 사이의 상호의존과 대립은 베리만의 영화 속에서 끊임없이 되풀이 되는 주제이다. 이런 관계가 가장 대표적으로 나타나는 영화가 바로 「침묵」 이다.

이어지는 장면에서 베리만은 엘리스의 복수를 그려낸다. 두 사람이 함께 잠든 새벽에 엘리스는 안드레아스에게 전화를 하여, 에바의 또 한 번의 헛된 탈출 시도를 짐작한다. 다음날 아침 에바가 떠날 때 안드레아스가 다시 만나자고 하지만 에바의 대답은 모호하다. 에바는 "곧 다시 보겠죠, 하지만 모르겠어요"라고 말하며 가볍게 미소 지으면서 서둘러 간다. 에바가 떠난 다음 고독에 사로잡힌 안드레아스는 에바가 자고 간 침대 속으로 들어가서 에바를 그리워한다.

이어지는 장면에서 양들에 대한 도살 장면이 나온다. 이 끔찍한 장면은 곧바로 엘리스가 안드레아스를 사진 찍는 장면으로 이어지면서 그 도살이 마치 엘리스의 복수를 표현하는 것처럼 보인다.

　며칠 뒤 여행에서 돌아온 엘리스는 안드레아스의 사진을 찍는다. 엘리스는 사진이 대상의 진실을 드러내 보여 주지 못한다고 말한다. 그러면서 사진이란 단지 "수천 가지 힘들의 크고 작은 상호작용과 반작용만을 기록할 뿐"이라고 말한다. 즉 사진은 사건들의 표면적 인과관계만 보여줄 뿐 대상의 진정한 내면을 보여 주지 못한다는 것이다. 엘리스는 이런 점을 입증하려는 듯 에바의 사진을 보여 주며, 이 사진은 웃는 것처럼 보이지만 사실은 편두통을 앓을 때의 사진이라고 말한다. 이런 말을 통해 그는 한편으로 에바의 거짓을 알고 있음을 암시한다. 동시에 그는 자신의 사진 찍기가 대상을 근본적으로 지배할 수 없는 무의미한 작업임을 암시한다.

　안드레아스를 사진찍는 사이 에바가 잠시 들어오면서 엘리스가 불려 나간다. 엘리스는 돌아오면서 문밖에서 에바와 안드레아스의 이야기를 엿듣고 강한 질투심을 느낀다. 그래서 엘리스는 더 노골적으로 안드레아스를 모욕한다. 안드레아스가 저지른 범죄(탈세, 수표 위조, 음주운전, 경찰관 폭행)를 열거하고 이어서 그는 안드레아스가 매 맞은 개처럼 슬금슬금 돌아다닌다고 말하며 사람을 물기도 하느냐고 묻는다. '매 맞은 개'라는 표현 때문에 화가 난 안드레아스는 "두고 보면 알겠지"라고 말하며 도전하려다가 다시 자신의 도피적인 태도로 돌아가고 만다. 그래서 그는 자기는 매 맞은 개이지만 그 때문에 사람을 물지는 않는다고 한다.

　안드레아스의 이런 도피적 태도 때문에 그들의 응수를 보고 있던 에바는 실망한다. 에바는 안드레아스가 자신을 엘리스로부터 구해내

줄 것으로 기대했을지 모른다. 그렇지만 에바는 안드레아스의 도피적 태도를 보고 포기하고 만다. 에바는 물기에 젖은 손으로 안드레아스를 쓰다듬으면서, 이렇게 말한다.

"당신의 얼굴은 거의 지워져 버렸어요. 얼마나 오래 더 도망해야 해요? 어떻든 더는 도피할 수 없어요."

이것으로 에바와 안드레아스의 관계는 끝이 난다. 에바는 안드레아스에게 이렇게 말하기 직전 안나에 대해 경고한다. 에바는 안나가 안드레아스를 사랑한다는 것을 알려 주면서 안나를 조심하라고 한다. 에바는 자신의 말이 질투에서 나온 말이 아니라고 변호한다. 대본이나 영화에서도 그 사이 안나와 에바 사이에 어떤 일이 있었는지는 전혀 알려 주지 않는다. 아마도 에바가 하룻밤을 자고 떠난 이후 안드레아스는 에바를 기다리는 것을 포기했고 그 후 안나와 어떤 관계를 맺어 온 것으로 보인다.

그런데 안드레아스는 에바의 이런 경고에 대해 아무런 반응을 하지 않는다. 아마도 안드레아스는 에바의 경고를 질투에서 나온 말로 오해한 것으로 보인다. 영화 마지막에 안나 때문에 죽을 위험에서 돌아온 안드레아스가 에바에게 미안하다는 말을 흘리는데, 그 말은 바로 여기서의 장면과 연결되는 것으로 보인다.

4.

영화는 여기서 돌연 절단되면서, 화자가 보이스오버로 안드레아스와 안나가 몇 개월 동안 함께 살았다고 말한다. 그 사이 카메라는 둘이서 그물을 걷어오는 장면을 비추어 준다. 이로부터 영화의 2부가 시작된다.

He had been hurled out through the door

사진 87

그날 밤(시간은 명확하지 않다) 안나는 과거 자신의 결혼에 대해 고백한다. 그 고백 내용은 이렇다. 안나는 전 남편 안드레아스와 서로 동일한 생각을 했고 모든 것을 함께 해서 서로가 서로의 부분이 되었고 게다가 아이가 태어나자 두 사람은 완전한 일치에 도달했다고 한다. 안나는 덧붙여서 처음에는 격렬한 싸움도 있었지만, 서로를 의심과 잔인함으로 해치지는 않았고, 항상 서로에게 정직하려고 했다고 한다. 안나는 전 남편이 충실하지 않았던 적도 있고, 한때 안나를 버리고 떠난 적도 있었지만 곧 다시 더욱 굳건한 결혼생활에 이를 수 있었다고 한다.

이어서 안나는 전 남편과 아이와 함께 여행 중에 어떻게 사고가 났는지를 말하면서, 마치 눈으로 생생하게 보듯이 그 광경을 그려 낸다. 이때 여전히 클로즈업으로 지켜보는 카메라 앞에서 안나의 눈은 무언가에 홀려 있고 얼어붙은 듯하다(사진 87참조). 그녀의 표정은 극도로 억압된 듯 경직되어 있다. 이렇게 카메라가 지켜보는 가운데, 안나는 전 남편과 아이의 죽음을 마치 다른 사람의 사건을 보듯이 객관적으로 그려낸다.

이런 방백(또는 독백)의 장면은 베리만이 자주 사용하는 기법이다. 그는 영화 「겨울 빛」에서도 여주인공이 목사에게 보낸 편지를 여주인공 자신의 목소리로 낭독하게 하는데, 이때 카메라는 여주인공의 얼굴을 클로즈업하면서 그 표정 변화를 지켜본다.

주인공에 대한 카메라의 이런 응시는 독특한 효과를 준다. 그 효과는 이중적이다. 한편으로 관객은 주인공을 대상화하기보다 오히려 주인공과 동일시하며, 주인공의 느낌을 스스로 느낀다. 더구나 주인공이 마음속으로 보는 것을 보여 주지 않고 말(독백 또는 방백)로 표현함으로써 관객은 상상력을 통해 주인공의 내면에 더욱 가까이 다가간다. 주인공의 말은 관객에게 마치 귀에 가깝게 속삭이는 말처럼 에로틱하게 느껴진다.

베리만은 이 장면 마지막에 다시 한 번 전 남편 안드레아스가 보낸 편지의 한 구절을 삽입시킨다. 이것은 곧 안나의 고백을 듣는 안드레아스 자신의 논평으로 보인다. 이 편지 구절은 안나의 말이 거짓임을 말해주며 안나의 환상이 얼마나 강한가를 보여 준다.

그 결과 관객은 한편으로 방백을 통해 주인공에 대해 동일화를 느낌에도 불구하고 다른 편으로는 주인공을 객관적으로 본다. 이 장면에서 관객은 안나의 말이 거짓이라는 것을 알기 때문에 주인공의 환상을 안타까운 마음으로 또는 섬뜩한 느낌을 가지고 바라보게 된다.

이어지는 장면에서 어느 오후에 요한의 마차가 갯벌에 빠진 것을 보고 안드레아스와 안나가 요한을 구해주자, 요한은 이들을 집으로 초대해 자신의 곤경을 고백한다. 어떤 사람들이 요한이 양들을 도살한 범인으로 생각해서 위협적인 글을 쓴 종이로 돌맹이를 싸서 창문을 깨고 던졌다는 것이다. 그러자 안드레아스가 왜 여기를 떠나지 않느냐고 묻자, "내가 갈 데가 어디 있는가?" 하고 요한이 반문한다. 안드레아스는 요한과 자신을 동일시하므로, 이런 심정은 아마도 안드레아스 자신의 생각이기도 할 것이다. 그것은 피할 수 없이 닥쳐오는 공포를 견디어야 하는 심정인데 이는 어쩌면 십자가에 매달려 죽음을 기다리는 예수의 심정이기도 할 것이다.

바로 그날 밤, TV에서 안드레아스와 안나는 월남전에서의 즉결 처형 장면을 보게 된다. 바로 그 순간 새 한 마리가 유리창에 부딪혀 떨어져 죽는다. 이런 장면들은 안드레아스가 닥쳐오는 위협 앞에 노출되어 있고 그래서 공포에 떨고 있다는 것을 보여 준다. 이런 공포 앞에서 안드레아스가 택했던 방법은 도피이다. 그는 안나와 더불어 새를 말없이 묻어준 채 안나와 함께 장기 놀이에 열중한다.

이 순간 안나는 에바를 떠올린다. 그것은 두려움에 떨면서 날아든 새로부터 에바가 연상되었기 때문으로 보인다. 안나는 에바가 무기력한 아이와 같아서 누구라도 에바를 해칠 수 있다고 말한다. 안나는 안드레아스와 에바의 관계를 안드레아스가 에바를 이용한 것으로 해석하는 것으로 보인다. 그러자 안드레아스는 단호히 "에바는 나로부터 자신을 보호할 필요는 없었다" 라고 말한다. 그는 자신과 에바의 사랑을 안나가 자신의 시각으로 왜곡하고 있음을 눈치 챈 것이다. 그러자 안나는 장기판을 밀어 던지면서 경멸하는 듯한 미소를 짓는다. 안나는 에바에 대한 안드레아스의 사랑을 믿지 않는다. 안나는 안드레아스가 에바를 이용했다는 자신의 믿음을 결코 의심하지 않는다.

이 장면 뒤에 에바의 역할을 맡은 비비 앤더슨에 대한 인터뷰가 이어진다. 비비는 자신이 맡은 에바가 다른 사람이 만드는 대로 살아가는 존재라고 말한다. 그러므로 에바는 자기의 가치를 모르고, 결국 자살할 수도 있다는 것이다.

5

영화는 여기서부터 2부 2장인데, 자신의 환상에 대한 안나의 집요한 믿음과 현실의 위협 앞에서 도피하는 안드레아스의 관계가 전개된다.

베리만은 이어서 안나의 꿈을 흑백 화면으로 삽입시킨다. 상당히 긴 이 꿈에서 안나는 탈주선을 타고 떠난다. 이 탈주선은 「수치」 라는 영화의 마지막 장면에서 바다 가운데 표류했던 바로 그 탈주선이다. 배안의 사람들은 모두 죽고 안나만이 남았는데 그녀는 간신히 해안가에 내린다. 안나는 외롭고 누군가 안아 주는 것이 그립다. 그러나 그런 것들이 영원히 다시 오지 않을 것이라는 것을 안나는 이미 알고 있다. 해안 저쪽의 숲이 불타고 있다. 그녀 앞에는 젊은 여인(대본에는 18세라고 한다)이 서둘러 가고 있다. 안나가 그녀의 집에 머무를 수 있느냐고 묻자 그녀는 도망치듯 달려간다.

안나는 다시 혼자가 되었는데 마을이 나타나서 둘러보자, 그곳은 어딘가 낯익은 곳 같다. 갑자기 일단의 사람들이 폐허 옆에서 모닥불을 둘러싸고 있다. 그 가운데는 늙은 여인이 앉아 있다. 안나가 그녀가 누군지를 묻자 사람들은 그녀의 아들이 처형될 것이라서 그녀가 아들을 보러 처형 장소에 가는 중이라 한다. 안나는 사람들을 헤치고 그녀의 이름을 부르면서 다가가 자기를 용서해 달라고 하지만 늙은 여인은 안나를 냉담하게 뿌리친다. 안나가 도망치면서 둘러보니 주변에 집들의 파편이 흩어져 있고 그 가운데에는 자기의 전 남편의 시체와 아이의 시체가 보인다. 그녀는 전남편의 이름 "안드레아스"라고 외치며 깨어난다.

이 꿈의 후반부는 자신에 의해 죽은 전 남편에 대한 안나의 죄의식을 의미한다. 사람들 가운데 있는 여인은 곧 전 남편의 어머니일 것이다. 그런데 이 꿈의 전반부는 안나가 전 남편을 죽이게 된 원인을 암시한다. 여기서 안나를 둘러싼 세상에 무언가 공포스러운 것(숲속의 불이 그것을 암시)이 다가오고 있고 모두들 그것이 두려워 도망치면서 아무도 서로 함께 하지 않는다. 그때문에 안나는 두려움에 차 있다. 안나는 자신의 환상을 통해 이런 자신의 두려움을 감추려고 한다. 이 환상에 대한 집착이 결국 전 남편과 아이를 죽게 만들었다.

　이런 안나의 모습은 다음에 이어지는 장면에서 더욱 분명하게 드러난다. 이 장면 다음 어느 날 아침 경찰들이 와서 요한의 편지를 전해준다. 요한은 자살하면서 편지를 남겼다. 그는 편지에서 그가 동물 학대의 범인이라고 고백하라면서 사람들이 그를 폭행하고 심지어 그의 얼굴에 소변을 누는 모욕을 가하였다고 고발한다. 요한의 자살 소식을 듣고 안나는 다른 방에 가서 혼자서 요한을 위해 기도한다. 그런데 안드레아스는 안나의 기도를 보자 "그것은 당신 자신을 위한 거야"라고 말하면서 경멸한다. 안드레아스의 이 말이 의미하는 것은 분명하다. 안드레아스는 안나 역시 요한을 자살하게 만든 공포를 느끼면서 신에게 자신의 공포를 면해 달라고 기도하는 것으로 안나의 기도를 이해한다. 이런 공포를 막아주는 '안전의 신'이란 베리만이 하나의 환상으로서 거부해왔던 기독교적 믿음이다. 바로 이런 장면을 통해 공포와 안나의 환상 사이에 긴밀한 연관이 잘 드러난다.

　다음 장면에서(일년 정도 뒤) 안나와 안드레아스는 서로 다른 방에서 일한다. 감기에 걸린 안드레아스는 잠시 백일몽에 빠진다. 그 백일몽의 내용은 이렇다. 분명 육체적 욕망의 대상을 의미하는 여인[51]의 벗은 몸을 안드레아스가 손으로 더듬는다. 여기서 베리만은 여인의 손을 특별히 시체의 손처럼 촬영했다. 이런 장면 처리는 이 영

51　대본에서 이 여인은 카타리나라고 불린다. 꿈속에서 안드레아스는 가벼운 열병을 앓고 있고, 그녀와의 관계는 성적이지만, 온몸을 아프도록 만드는 것이었다. 그녀는 임신했지만, 아이를 원하지는 않는다고 말한다. 그러면서 그녀는 안드레아스에게 영혼에 병이 걸렸다고 말한다.

화의 전반부에서 에바와의 사랑을 베리만이 따뜻한 색으로 처리했던 것과 대조된다. 이런 처리 방식은 여인(결국은 안나를 의미하는 것으로 보이는데, 안나가 옷을 벗는 모습과 꿈속의 여인이 옷을 벗는 모습이 중첩된다)과 안드레아스의 성적 관계가 만족스럽지 못하다는 것을 의미하는 것으로 보인다. 여인은 떠나면서 안드레아스에게 영혼이 암에 걸렸다고 하면서 수술이 필요하고, 곧 무서운 죽음을 당할 것이라고 말한다.

안드레아스의 이 꿈은 안드레아스가 이미 죽어 있어(암) 타인과 생동적인 관계를 유지할 수 없다는 것을 의미한다. 그러면 안드레아스를 죽인 것은 무엇인가? 그것은 안나를 환상에 빠지도록 만든 현실의 공포와 동일한 것이다. 안드레아스 역시 현실의 수많은 패배를 통해 현실에 대해 두려움을 느낀다. 안나와 달리 그는 이런 두려움 앞에서 도피할 뿐이다. 꿈속에서 여인과의 관계가 제대로 이루어지지 않는 것이나, 그가 암에 걸렸다는 것은 안드레아스의 이런 도피적인 태도를 의미한다.

다른 방에서 일하다가 안드레아스를 살펴본 안나가 그에게 무슨 일이냐고 묻는다. 안나는 안드레아스의 성적 불만을 알고 있다. 그리고 아마도 안드레아스가 에바를 상상한다고 생각한다. 그런데 안드레아스는 꿈속의 여인이 말한 대로 암 때문에 두렵다고 말한다. 그러자 안나는 안드레아스가 거짓말을 하는 것으로 생각한다. 안나는 침묵하다가 일어나 감기에 걸린 안드레아스를 위해 부엌의 찬장에서 우유를 가득 채운 그릇을 들고 오지만, 마음의 혼란 때문에 우유를 계속 엎지른다. 결국 안나는 안드레아스의 방문을 지나다가 그릇째 놓쳐 그릇을 산산이 깨뜨리고 만다. 이때 그녀의 얼굴은 혼란스러운 모습이다. 안드레아스의 거짓말은 어쩌면 아주 작은 것처럼 보이는 데, 안나가 이토록 혼란스러워 하는 이유는 무엇인가?

그것은 이 순간 안나가 성적 관계의 차원에서 자신을 에바와 비교하면서 질투를 느꼈기 때문이다. 그래서 안드레아스의 거짓말은 안나 자신의 결함에 대한 간접적 폭로로 간주되었을 것이며 그 결과 안나는 질투심과 더불어 자신의 무기력함을 깨달음으로써, 그토록 당혹스러웠던 것으로 보인다. 안드레아스는 일어나 그녀를 껴안지만, 둘 사이의 관계는 이미 결정적으로 균열된 것이다. 이 균열을 깨어진 그릇이 상징한다.

이렇게 껴안은 이후, 그들은 서로 마지막 화해의 시도를 한다. 안나는 함께 여행하기를 제안하고, 안드레아스는 자기도 그러고 싶다고 동의한다. 그러면서 안드레아스는 결론적으로 이미 끝났다고 선언하는데, 이런 선언에 앞서서 안나에게 마지막으로 호소한다. 그는 현실에서 많은 패배를 당했고 그 결과 사람들로부터 모욕을 받아 이런 패배와 모욕에 대한 두려움 때문에 은거해 살아왔다고 한다. 그는 안나에게 도움을 청하지만 안나와의 사이에는 큰 벽이 있어 안나는 그가 미칠 수 없는 곳에 있다고 한다. 이런 그의 호소는 눈물처럼 화면에 흘러넘친다. 그 사이 베리만은 안드레아스의 얼굴을 클로즈업 하는데, 그의 표정에 좌절감과 애원조의 슬픔이 가득하다. 그의 호소를 여기 인용해 보자.

"실패한다는 것은 무서울 일이오. 그들은 내가 무엇을 해야 할 지나에게 말해 줄 권리를 가진다고 생각하오. 그들의 선의란 곧 경멸이요. 그리고 거리, 냉정, 살아있는 어떤 것을 가볍게 짓밟고 싶어 하는 순간적 욕망...

....

그들은 아무런 대안을 알지 못하고, 대안이 있다고 한들 그들이 그것에 도달하게 되지 않아요. 모욕 때문에 병들 수 있을까요? 그 모욕이란 우리가 모두 붙잡고 있고 함께 살아야 하는 질병이 아니오? 사람들은 자유에 대해 말하지만 자유란 모욕당하는 자에게는 무서운 독이 아니오? 또는 아마도 그것은 마약일 뿐이어서, 모욕당하는 자는 그저 견디기를 위해서만 이를 사용하는 것이오.

....

나는 내가 삼키는 음식과 내가 싸는 똥과 내가 하는 말에 의해 질식되었소. 낮의 빛은 아침마다 일어나라고 소리치고, 잠은 나를 쫓아오는 꿈으로 가득할 뿐이오. 또는 어둠은 유령과 기억으로 부산하오. 사람들은 나쁘면 나쁠수록 더욱 불평이 없어지고 결국 전적으로 침묵하고 말아요."(대본, p165)

이 장면 끝에 엘리스에 대한 인터뷰가 이어진다. 배우는 엘리스가 세상에 대해 무감각하면서 인간의 어리석음을 비웃는다고 말한다. 이 인터뷰는 시니컬한 엘리스의 태도를 이해할 수 있도록 도와준다.

6

영화의 2부 3장이 이어진다. 이제 마지막 대단원만 남았다. 아마 앞의 사건으로부터 몇 개월 후가 될 것이다. 두 사람은 서로 쳐다보지도 않고 냉랭하게 식사를 한다. 그릇들이 부딪히는 소리가 두 사람의 냉랭한 관계를 강조한다. 식사 이후 안드레아스는 장작을 쪼개고 있다. 카메라가 쪼개지는 장작을 클로즈업함으로써 관객은 안드레아스의 내면에 억눌려 있는 폭발적인 감정을 감지할 수 있다. 이때 안나가 머리에 붉은 수건을 쓰고 그의 옆에 나타난다. 그리고 안나가 증오로 가득한 눈으로 안드레아스를 보면서 "이제 끝"이라고 말하자, 안드레아스는 "떠나는 것은 자유"라고 맞받는다.

사진 88

안나는 이제 참을 수 없이 불행하다고 말한다. 그러자 안드레아스는 시니컬한 태도로 정말로 행복한 적이 있었는지를 반문한다. 안나는 자신이 항상 진실 속에 살아왔는데 안드레아스가 거짓말로 이것을 파괴했다고 말하며 파국의 책임을 안드레아스에게 전가한다. 이 말에 분노를 느낀 안드레아스는 "그만 닥쳐" 라고 말하고 안나에게 주인처럼 명령하지 말라고 한다. 갑자기 흥분한 안드레아스는 여기서 손에 쥔 도끼를 안나에게 던진다. 다행히 안나는 피했지만, 안드레아스는 이번에는 안나에게 달려들어 손으로 두들겨 팬다. 안나는 저항하다가 얻어맞아 쓰러지고 만다. 안나가 쓰러진 자리에는 안나의 붉은 수건이 흰 눈 위에 떨어져서 마치 도살당한 양들의 핏물처럼 보인다(사진 88참조).

안나와 안드레아스는 똑같이 현실 앞에서 공포를 느낀다. 그러나 안나는 환상을 통해 이런 균열을 틀어막고 반면 안드레아스는 현실로부터 도피하려 한다. 그들은 서로의 다른 태도가 사실은 동일한 원천에서 나왔음을 알지 못한다. 그래서 안나의 환상을 기만으로 알고 있는 안드레아스는 안나가 파국의 책임을 자신에게 전가하자 더 이상 참을 수 없는 모멸감을 느낀다.

이런 모멸감만으로 도끼를 던지는 극단적 행동이 나올까? 이런 모멸감은 안드레아스의 격분을 발화시키기는 했지만, 평소부터 억눌려있던 안드레아스의 감정이 있었기에 도끼를 던졌던 것이 아닐까? 그러므로 안드레아스의 순간적인 폭력의 궁극적 원인은 지금까지 계속된 패배감의 억눌린 감정 그리고 그 사이 두 사람 사이의 성적 관계에서의 불만족 등이 쌓여 있었던 데 그 원인이 있다고 보겠다.

이어지는 장면은 마치 둘 사이에 일어난 파국과 동일하게 비참한 장면이다. 누군가가 마구간에 문을 잠그고 가솔린을 부어 불을 질렀다. 말들은 그 안에 갇혀서 타 죽었다. 이 장면은 아마도 둘 사이의 파국에 대한 비유가 아닌가 생각된다.

먼저 안드레아스가 뛰어 와서, 사람들이 불에 그슬린 말들을 트럭에 싣는 것을 도와주는 동안 안나가 찾아온다. 둘은 같이 차를 타고 돌아간다. 돌아가면서 안드레아스는 안나의 핸드백에서 전 남편의 편지를 읽었음을 고백한다. 안드레아스의 말을 통해 안나는 자신이 지금까지 스스로 믿고 있던 환상이 깨어졌음을 깨닫는다. 여기서 안나는 다시 한 번 자신의 환상을 회복하려 한다. 그러기 위해서는 진실 자체를 부정해야 하며 그럴려면 다시 한 번 사고가 일어나야 했다.

이 순간 안나는 자동차의 액셀러레이터를 밟기 시작한다. 전 남편과 동일한 위험에 처해 있다는 것을 깨달은 안드레아스가 안나의 차를 강제로 세운다. 차를 세운 후 안드레아스는 안나에게 왜 자신을 데리러 왔는지를 묻는다. 그러자 안나는 용서를 빌려고 했다고 말한다. 안나가 용서를 요청하려고 결심한 것은 안드레아스가 안나의 진실을 폭로하기 전이다. 그러므로 그때까지 안나는 여전히 환상 속에 있었다고 판단되었기에 안드레아스는 용서를 바라는 안나의 간청이 진실하다고 믿을 수 없었으므로 그냥 차에서 내리고 만다.

안나는 차를 몰고 사라지지만, 안드레아스는 황무지 위에서 어찌할 줄을 몰라서 이리저리 헤멘다. 베리만은 이 마지막 장면에서 안드레아스의 모습을 찍은 사진을 더욱 확대한다. 이미지들은 점차 무너지고 영상을 이루었던 입자들만이 마치 뜨거운 열기에 떠오르는 공기방울처럼 화면 위에 떠돈다(사진 89참조).

사진 89

이 영화는 베리만의 영화답게 사건의 긴박성보다는 주인공의 내면을 분석하는데 치중한다. 그러나 이 영화의 주인공들의 내면을 이해하는 것은 무척 어렵다. 이제 결론에서 주인공들의 내면을 종합적으로 비교해 보자.

먼저 에바와 엘리스의 쌍은 베리만에 자주 등장하는 나르시시스트와 신경증자 사이의 관계로 이해된다. 에바는 타인에게 의존적인 나르시스트이지만, 이미 불면증이 심각한 상태에 이르렀다는 점에서 내면적으로 균열이 일어나고 있다. 엘리스 역시 오만한 신경증자이지만, 확신에 찬 보통의 신경증자와 달리 자신에 대해 시니컬한 태도를 취하고 있다.

반면 안드레아스와 안나의 관계는 독특하다. 안나는 타인을 지배하려 한다는 점에서 엘리스와 마찬가지로 신경증자에 속한다. 그런데 안나는 이미 내적으로 균열을 겪고 있고, 그 결과 오직 환상의 힘에 의해서만 자신을 유지한다. 반면 안드레아스는 현실 도피적이라는 점에서 에바와 같은 나르시스트에 속한다. 그러나 안드레아스의 자기 확신은 무너졌으며 그는 안나에게 의존하거나 도피적인 삶을 택한다. 비교해 보면, 안나의 이면이 곧 엘리스이며 에바의 이면이 곧 안드레아스이다.

이 영화는 베리만이 추구하는 나르시스트와 신경증자 사이의 상호 의존과 대립을 보여 주지만, 각각의 변종을 보여줌으로써 인간의 내면을 더욱 풍부하게 이해하도록 만든다. 에바와 엘리스는 현실에서 패배한 경험이 없다. 반면 안드레아스와 안나에게 현실이란 알 수 없는 폭력이 지배하는 현실이다. 이런 현실 앞에서의 두려움이 안드레아스와 안나의 태도에 바탕이 되어 있다. 안나는 신경증적인 환상을 통해. 안드레아스는 나르시스트적인 도피를 통해 이 두려움을 견디지만, 환상이 깨어지고 도피가 불가능해질 때, 그들의 내면은 근본적인 충격에 부딪힌다. 베리만은 사회 속에 만연한 폭력성의 기초를 이런 내적인 충격에서 찾고 있는 것으로 보인다.

Ingmar Bergman

이 호기심은 결코 나를 내버려 두지 않으며 인정 받고자 하는 나의 갈망을 완전히 먹어치워 버렸다. 나는 오랜 시간 수감되었던 죄수가 갑자기 삶의 소동에 직면한 것처럼 느낀다. 나는 주목하고 관찰하고 놀라는데 몹시 우스꽝스럽다. 나는 날아가는 먼지의 한 알갱이를 잡는데 아마 그것이 영화일 것이다. 그게 무슨 중요한 것인가? 결코 중요하지 않지만, 흥미롭다는 것을 나는 발견한다. 결과적으로 그것이 영화이다. 나는 내 손에 쥔 먼지 알갱이들을 가지고 돌아다닌다. 나는 행복하거나 슬프다. 나는 다른 개미들을 떠민다. 우리는 함께 거대한 임무를 수행한다. 뱀의 껍질이 움직인다.

(Each Film Is My Last)

13

「외침과 속삭임」 _죽음을 넘어서

1

　베리만의 영화 「외침과 속삭임」[52]은 그의 영화에서 전환점이 되었다. 베리만은 1963년 「침묵」 이후 60년대 중, 후반 「페르조나」, 「늑대의 시간」, 「수치」, 「애착」 등의 작품에서 사회에 대한 관심을 보여 주면서, 인간에 대해 비관적인 태도를 드러냈다. 그런데 1973년 발표된 영화 「외침과 속삭임」 은 다시 개인의 내면에 관심을 지니면서, 인간에 대한 어떤 희망을 보여 준다. 이 영화의 결말에 아름다운 가을날 밝게 빛나는 자연 속에서 그네를 타는 네 여인의 친밀

52　1971년 가을 촬영, 1973년 3월 개봉, 그 사이 1971년 11월 그는 잉그리드 폰 로센(Ingrid von Rosen)과 결혼했다. 그녀는 따뜻하고 관대한 마음으로 베리만을 포용하여 그의 마지막 반려자가 되었다.

한 교감이 화면에 비춰진다. 그동안 "이렇게 외침과 속삭임은 사라졌다"는 작가의 목소리가 흐르는 데서 이런 희망이 단적으로 드러난다. 이런 희망적인 분위기는 이 영화 이후 「가을 소나타」(1978년)에서도 지속되고, 마지막 영화 「화니와 알렉산더」(1982)에서는 확연하게 드러난다.

우선 이 영화의 형식이 특별히 관객의 주목을 끈다. 베리만은 이 영화 속에서 치열한 실험정신을 드러냈다. 그 자신이 1966년 제작된 「페르조나」와 더불어 이 영화를 가장 실험적인 영화로 언급하기도 했다.[53] 그런데 「페르조나」에서 그의 실험이 영화의 자기반영성을 중심으로 전개되었다고 한다면, 이 영화에서는 주관적 카메라의 특성과 관련된다. 일반적으로 주관적 카메라는 이야기 속에 등장하는 인물이 보는 이미지를 말한다. 그것은 인물의 지각적 시점에서 보이는 것일 수도 있으며, 인물의 내면에 떠오르는 것(즉 상상, 환상, 꿈, 회상 등 내면의 화면 mindscreen)일 수도 있다.

베리만에 대한 탁월한 해석자 중 하나인 카원은 이 영화가 전체적으로는 삼인칭 화법이지만, 그 속에서도 인물에 따라 객관적 카메라나 주관적 카메라가 우선적으로 사용되고 이런 차이는 인물의 정

---

53 다음 글을 참조할 것. "오늘날 나의 느낌은 이러하다. 즉 나는 「페르조나」 속에서 ─그리고 나중에는 「외침과 속삭임」 속에서─ 내가 갈 수 있는 극한까지 갔다는 것이다. 그리고 이 두 영화의 경우 나는 완전한 자유 속에서 작업하면서 오직 영화만이 발견할 수 있는 무언의 비밀에 도달하였다는 것이다." Ingmar Bergman, 『잉그마르 베르이만의 창작노트』, 오세필 강정애 역, 시공사, 1998, 62 쪽

신적 개방성과 사랑의 능력에 의존한다고 한다.[54] 예를 들어 사랑을 갈망하는 인물들의 경우에는 주로 주관적인 카메라가 사용되는 반면 타인에게 냉담한 이기적인 인물들의 경우에는 객관적인 카메라가 사용된다. 카윈의 주장은 이 영화의 카메라 형식과 이야기의 내용이 밀접하게 연관되어 있음을 보여 준다.

이 영화의 형식을 논하는 데서 또 한 가지 주목해야 할 것은 각 장면을 단락지어 주는 붉은 색의 화면이다. 베리만 자신은 『창작노트』에서 이 붉은 색은 '영혼의 내면'이고, 영혼은 "용, 연기처럼 새파랗고, 엄청나게 큰 날개를 가지며 반은 새이고 반은 물고기인데 그러나 용의 내부에 있는 모든 것은 붉은 색"[55]이라고 말한다. 이처럼 붉은 색이 영혼의 색이라면, 영화의 화면들은 전체적으로 작가의 영혼에 떠오른 화면이라 규정할 수 있을 것이다. 이 붉은 색 화면은 작가가 개입하는 자기반영적인 화면이라 볼 수 있다.

그런데 작가의 영혼이 붉은 색이라는 것은 어떤 의미일까? 베리만은 붉은 색에 대한 언급과 아울러 때로는 '축축한 세포막'을 언급하기도 하고, 어떤 곳에는 '얼굴 없는 검은 인물'을 언급하기도 한다. 베리만 전기를 쓴 가도(F. Gado)는 붉은 색이 그의 영혼이 에로틱한 욕망과 동시에 이에 대한 죄의식으로 가득 차 있음을 의미하는 것으로 해석한다. 반면 또 다른 전기 작가 코엔(H. I. Cohen)은 여

---

54 B F Kawin , Mindscreen: Bergman, Godard and First Person Film, Princeton Uni., 1978, p. 15 참조

55 『잉그마르 베르이만의 창작노트』, 84쪽

기서 성적 욕망보다는 오히려 나르시시즘적인 폭력성을 강조하는 것으로 생각된다.

2

이 영화는 네 명의 여인에 대한 이야기이다. 그 중 세 명은 자매간이며, 나머지 한 여인은 이들의 충실한 하녀이다. 핵심적인 사건은 자매 중 가장 큰언니인 아그네스가 자궁암으로 죽어간다는 것이다. 두 동생 카린과 마리아는 아그네스의 임종을 보러 그들의 고향집(아름다운 정원으로 둘러싸인 호젓한 저택)으로 돌아와 마지막으로 죽어가는 언니를 보살핀다. 물론 언니는 곧 죽고 이들은 다시 떠나가며, 하녀 안나만이 아그네스의 유품인 일기와 더불어 남는다.

각각의 여인은 사랑과 죽음에 대한 태도에 따라 나누어지는데, 아그네스와 안나는 사랑의 능력을 가진 반면, 카린과 마리아는 사랑의 능력을 가지지 않는다. [56]

우선 아그네스는 자궁암으로 죽어가고 있으며 죽음 앞에서 절대적 고독을 느낀다. 그 고독은 질식할 것 같은 그녀의 육체적 고통을 통해 형상화된다.

아그네스는 죽음의 고독 앞에 사랑을 특히 어머니의 사랑을 갈망한다. 그녀는 마치 어머니의 사랑만이 그녀를 죽음의 고독으로부터

---

56 베리만은 위의 책 『잉그마르 베르이만의 창작노트』 (86쪽 참조)에서, 네명의 여인의 특징을 보여 준다. 아그네스는 죽어가는 자, 마리아는 가장 아름다운 자, 카린은 가장 강한 자, 안나는 섬기는 자로 규정된다.

구할 수 있다는 듯이 이를 갈망하지만, 어머니의 사랑은 까마득한 기억 속에 한 순간의 따뜻한 접촉으로 남아 있을 뿐이다. 그녀의 기억을 더 강하게 사로잡고 있는 것은 오히려 그녀에 대한 어머니의 냉담함이다. 그녀가 앓고 있는 육체적 질병은 어머니의 냉담함 때문에 받은 정신적 상처의 표현으로 보인다.

이런 아그네스는 희생자의 이미지를 가진다. 아그네스는 그리스도처럼 자신의 희생을 통해 다른 사람들을 구할 힘을 가진다.

안나는 "무겁고, 말이 없으며, 생각하지도 않는다.. 그녀는 의심하지 않는 순전한 믿음 속에 살아간다."(대본, p66-67)[57]이런 순전한 믿음은 안나의 육체적인 두터움과 상응한다. 안나는 그 자체가 살아있는 삶의 의지이다. 안나의 육체는 삶의 온갖 고통을 견딘 어머니의 두툼한 육신과 같다. 그것은 죽음을 견디면서 심지어 죽음과 같이 더불어 살아가는 삶을 의미한다.

안나에게서 현실과 환상, 삶의 세계와 죽음의 세계는 서로 다른 세계가 아니다. 그러므로 안나는 이미 딸을 병으로 잃었지만, 자기 딸의 울부짖음을 들을 수 있다.

마리아와 카린은 아그네스와 안나와 달리 세속적 인간들이다. 대본에 따르면 마리아는 "버릇없는 어린아이"와 같다. 성적 쾌락을 즐기고 자신의 아름다움에 대해 자만한다. 그녀는 무책임하고 사회의 모랄에 구애 받지 않는다. 마리아의 모습은 전형적으로 나르시시스트의 모습이다. 그녀의 이런 모습은 인형을 안고 자거나, 거울 앞

57 　대본은 Four Stories by Ingmar Bergman, tr. Alan Blair, Anchor Press,1976을 참조.

에서 미소 짓는 모습으로 표현된다.

마리아에게서 사랑이란 육체적 쾌락이다. 그녀는 안나의 병든 딸을 치료하러 온 의사를 유혹한다. 그리고 그녀는 이를 알고 자살을 시도한 남편에 대해 경멸감을 느낀다. 그녀는 그 어디에서도 진정한 사랑을 느끼지 못한다. 이와 같은 사랑의 결핍이 그녀의 이미 시들어 가는 육체에서 표출된다.

반면 카린은 마리아와 대조적이다. 그녀는 검푸른 옷, 가계부 적기, 큰 손으로 묘사된다. 베리만은 대본에서 그녀가 "삶에 대한 영원한 분노를 감춘다"라고(대본, p61) 설명했다. 카린은 자기 억압 속에서 깨진 유리잔 조각으로 자신의 성기를 해친다. 성적 욕망에 대한 카린의 증오 밑에는 마리아와 마찬가지의 욕망이 감추어져 있다. 그런 욕망은 카린이 자신을 지배하는 남편 앞에서 입가에 피를 문지르며 고통으로 찡그리는 가운데 떠오르는 에로틱한 미소로 드러난다. 카린은 욕망을 감추고 표면적으로는 성적 쾌락을 즐기는 마리아를 비난한다.

카린과 마리아는 모두 타인에 대한 사랑을 느끼지 못한다. 동시에 그들은 죽음 앞에서 공포를 느낀다. 그들은 죽음 이후 자매들 주위를 떠돌며 구원을 바라는 아그네스의 외침에 응답할 수 없다. 그들은 죽은 아그네스에게서 그저 부패해 가는 시체를 볼 뿐이다.

이 영화는 아그네스의 죽음과 네명의 여인을 소재로 해서, 인간의 근본적인 문제를 제기한다. 그것은 임박한 죽음을 어떻게 극복할 수 있는가 하는 문제이다. 아그네스의 '외침'은 그런 죽음의 고통을 표현한다. 마리아와 카린은 자기만의 세계에 갇혀 산다. 서로 냉담하고 이기적인 삶에서 들려오는 소리가 '속삭임'이다. 그들은 죽음의 고통을 두려워하고 외면하려 할 뿐이다.

이런 문제에서 베리만의 기본 입장은 사랑의 결핍과 육체적인 죽음이 관련되어 있다는 생각이다. 사랑이 결여된 이기적인 자는 죽음도 두려워 한다. 반면 사랑하는 사람들은 죽은 이후에도 서로 소통이 가능하다. 그러므로 사랑에 의해서 육체적인 죽음을 극복하는 것이 가능하다. 이런 베리만의 입장은 헬레니즘 시대의 철학을 상기시킨다. 당시 폴리스를 상실하고 개인화된 인간들은 죽음 앞에 강한 두려움을 느끼기 시작했다. 이것은 그리스 폴리스 시대에 개인들이 죽음을 두려워하지 않았던 것과 대비된다. 그 결과 헬레니즘 시대에 죽음에 대한 두려움을 달래 주는 종교가 출현했다. 이런 종교의 대표가 기독교이다.

3.

영화는 저택을 둘러싼 숲 속에서 새벽의 연기가 피어오르는 것을 클로즈업하면서 시작된다. 이어서 방안에 있는 시계들이 클로즈업되고, 아그네스가 고통 때문에 잠에서 깨어난다. 아그네스는 일기장을 펼쳐서 일기를 쓴다. 카메라는 여기서 차례로 마리아, 안나 그리고 카린을 소개한다. 이런 소개의 장면에서 베리만은 각 인물의 특성을 간략하게 크로키로 소묘하듯 그려낸다. 마리아의 어린아이 같은 모습, 카린의 자기 억압적인 억센 손, 안나의 경건한 기도가 이어진다.

그런 장면들에 이어서 아그네스의 회상이 전개된다. 이 장면은 음악(쇼팽의 마주르카)에 이어서 아그네스가 자기 방을 나와, 거실

탁자 위에 있는 흰 꽃으로 다가가는 것으로 시작된다. 그녀는 흰 꽃의 냄새를 맡는다. 이 흰 꽃은 어머니를 연상하게 한다. 여기서부터 곧바로 아그네스의 회상의 장면으로 이행한다. 그런데 이 회상은 세 개의 장면으로 이어진다.

하나는 정원을 거니는 어머니의 모습이다. 이때는 아그네스의 보이스오버가 화면 위를 흐른다. 여기서 보이스오버는 아그네스가 현재에 쓴 일기로부터 나온다. 반면 화면은 아그네스가 회상하는 장면이다. 그래서 이 장면은 과거의 그녀의 어머니를 현재의 아그네스가 훔쳐보는 것처럼 전개된다(유사 연속성의 장면).

그런데 화면의 중심 이미지는 어머니의 서성거리는 젊은 모습이다. 어머니의 모습은 아직도 꿈많은 소녀의 모습이며 자기 내부에 몰두하여 그 자신을 객관적으로 이해하지 못하는 모습이다. 그런데 보이스오버로 흐르는 아그네스의 목소리는 오랜 시간 이후 그녀의 어머니를 이해하는 담담한 객관적인 목소리이다. 여기서 시각적 화면과 청각적 보이스오버가 서로 충돌하고 있다.

이어서 전개되는 장면은 가족들이 모여서 인형극 공연을 관람하는 장면이다. 역시 회상의 장면이지만, 이 장면에서 여전히 아그네스의 보이스오버가 계속된다. 그런데 여기서 베리만은 이 장면을 몽타주를 통해 응축한다. 앞줄에 앉은 마리아와 어머니의 속삭이는 다정한 모습과 뒷줄에 서서 부러운 듯이 이들을 힐끗거리는 아그네스의 클로즈업이 교차된다. 가끔씩 어머니는 고개를 돌려 아그네스를 바라본다. 어머니가 아그네스를 향해 손을 뻗자 아그네스는 고개를 돌린다. 그러나 어머니는 이에 대해 무심한 채 다시 마리아와 은밀하게 속삭인다. 이 장면은 아그네스의 마리아에 대한 질투, 어머니의 냉담함으로부터 받은 아그네스의 상처를 되살린다.

이어지는 세 번째 회상은 전형적인 시선의 교체 쇼트로 이루어진다. 처음에는 커튼 뒤에서 멀리 어머니를 지켜보는 아그네스의 모습으로부터 시작하여 점차 아그네스가 다가가서 마침내 손을 뻗어 어머니의 뺨을 만지기까지, 아그네스의 시선 쇼트와 어머니의 시선 쇼트가 가속적으로 교체된다. 이 시선들은 말없이 서로 대화한다. 화면에서 아그네스의 검푸른 옷을 입은 외로운 모습과 어머니의 흰 옷 위에 수심에 잠긴 얼굴은 서로의 고독을 웅변적으로 말해준다. 그리고 마침내 시선의 교체는 신체적 접촉으로 이어진다(사진 90참조). 여기서 "우리가 아주 가깝게 느껴졌다"는 아그네스의 보이스오버가 흐른다. 이 장면의 배후에 흐르는 쇼팽의 피아노 음악은 아그네스와 어머니의 친밀한 만남을 강조한다.

사진 90

관객은 이 회상의 장면들을 통해 아그네스가 단 한 번 느껴보았던 어머니의 사랑을 지금도 애절하게 갈망하고 있음을 느낀다. 아그네스의 회상은 대체로 아그네스의 시선을 강조하는 주관적 카메라이다. 그것은 사랑을 갈망하는 아그네스의 마음에 대응하는 카메라 형식이다.

4

아그네스의 회상이 끝나자, 아그네스를 치료하는 의사가 찾아온다. 아그네스는 의사 다비드의 방문을 기뻐하면서, 의사의 손을 두 손으로 잡아 가슴 위에 얹는다. 아그네스는 의사를 연모하는 것이 분명하지만 의사는 아그네스의 마음에 관심이 없다.

의사가 치료하고 돌아가는데 문밖에서 마리아가 기다린다. 마리아와 의사가 포옹하고 키스하던 중 의사는 돌연 거부하는 몸짓으로 그의 얼굴을 부여잡은 마리아의 손을 끌어내린 다음 돌아간다. 마리아는 그 순간 당황하지만 의사에 대한 자신의 힘을 여전히 확신하는 듯 희미한 미소를 짓는다. 그리고 마리아의 회상이 시작된다. 회상은 두 개의 장면으로 이루어진다.

아그네스와 카린이 여행을 떠나고, 마리아가 집에 있을 때 안나의 딸이 병에 걸려 의사 다비드가 치료하러 왔다. 그날 밤 마리아의 남편은 집에 없었다. 마리아는 의사에게 식사를 대접하면서 하루 밤을 머물고 가라고 요청한다.

의사와 식사하는 장면에서 의사와 마리아는 대조적이다. 의사가 짐짓 근엄한 척하고 있는 동안 마리아는 유혹적이다. 베리만은 두 사람을 한 화면에 기역자로 중첩하여 잡음으로써 양자의 대조를 분명하게 보여 준다.

이어지는 침실 장면에서 의사는 침실로 찾아온 마리아를 거울 앞에 세운다. 카메라는 거울에 비친 마리아의 얼굴을 클로즈업한다. 마리아의 얼굴에는 거울에 비치는 자기 얼굴에 대한 나르시시즘적인 만족의 표정이 떠오른다. 반면 의사는 외화면의 목소리로 시니컬하게 마리아의 얼굴 표면에 감추어진 육체적 쇠퇴의 징후를 그려낸다(사진 91참조). 그런 육체적 쇠퇴는 정신적으로 이기심, 무관심, 냉정함의 표현이다. 마리아는 자신에 대한 의사의 묘사는 의사 자신에 대한 묘사라고 받아친다.

사진 91

침실에서 마침내 두 사람이 포옹하자, 카메라는 순식간에 멀리 롱쇼트로 물러난다. 이 거리는 그들이 육체적 결합함에도 불구하고 정신적으로 서로 고립된 것임을 보여 준다.

　이튿날 아침 남편 요하임이 돌아온다. 요하임은 마리아의 부정을 눈치 챈다. 이때 카메라는 요하임 앞에서 그를 객관적 위치에서 지켜보고 있다가, 이후 요하임이 방안으로 들어가자, 카메라는 당황한 마리아를 뒤쫓는다. 그리고 방안으로 미리 들어가 있다가 들어오는 마리아를 쇼트 한다. 이어 배에 칼을 찔러 넣고 도움을 청하는 남편에 대한 쇼트가 전개된다. 마지막으로 카메라는 마리아의 미묘한 얼굴을 클로즈업한다. 대본에서 마리아는 가련한 남편을 보호하려는 욕망을 느끼는 동시에 그를 찔러 죽이고 싶은 욕망을 동시에 느낀다고 설명되어 있다.[58] 마리아의 표정은 이 두 가지 의미를 동시에 표현한 것으로 생각된다. 자살을 시도한 남편을 바라보는 장면은 주로 마리아가 바라보는 시선 쇼트와 마리아 자신에 대한 객관적 관찰의 쇼트의 교체로 이루어진다. 이런 교체를 통해 남편에 대한 마리아의 이중적인 심정이 더욱 뚜렷하게 드러난다.

5

마리아의 회상이 끝난 후 밤이 되자 카메라는 다시 고통스러워하는 아그네스를 포착한다. 안나가 깨어서 위급한 상황을 마리아와 카린에게 알리자 세 사람은 잠옷을 입은 채 아그네스 방으로 들어간다. 사운드는 아그네스의 거의 질식할 듯한 거친 숨소리를 확장해 들려준다. 다행히 고통은 멈추고 아그네스가 잠들자 세 사람은 아그네스의 침대를 지킨다.

아침 9시 반 정도에 아그네스가 다시 고통 때문에 깨어나 비명을 지른다. 카린이 의사를 부르려 하지만 의사는 집에 없다. 다행히 다시 11시 경 아그네스의 고통이 멈추고 잠시 평화가 돌아온다. 이 사이 세 사람은 아그네스를 목욕시키고 옷을 갈아 입히며 마리아는 아그네스에게 소설을 읽어 준다. 마리아의 낭독을 듣던 중 아그네스가

---

58 "그때부터 마리아는 완전히 대등하게 갈등하는 두 심상에 사로잡혀 있다. 그 하나는 그녀가 그녀의 남편에게 달려가 칼을 상처로부터 빼내고, 그에게 키스와 항의를 퍼부으면서, 피의 흐름을 부드러운 포옹과 용서의 간청으로 막는 것이다. 다른 하나의 상은 마찬가지로 생생하고 자주 나타나는 것인데, 그녀가 온 힘으로 칼에 힘을 주어 가슴을 뚫고 지나가게 하여, 찌르는 듯한 만족을 느끼는 것이다." 대본, p80 참조

다시 잠이 들었다가 저녁 5시 무렵 아그네스의 마지막 발작이 시작
된다.

아그네스는 짐승 같은 비명을 지르다가 마침내 숨을 거둔다. 이
어서 아그네스의 시신이 바로 놓여진 다음 목사가 아그네스의 영면
을 바라는 기도를 올린다. 목사의 기도는 죽음에 처한 인간의 구원이
라는 문제를 다룬다.

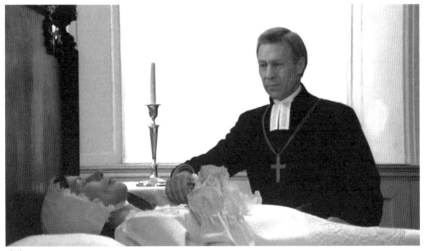

사진 92

이것이 베리만이 이 영화에서 제시하는 첫 번째 구원의 가능성
이다. 목사는 아그네스의 죽음을 죄 없이 인류의 죄를 위해 대신 희
생당한 그리스도의 죽음에 비교한다. 목사는 아그네스가 신을 만나
남아 있는 사람들의 고통에 대해 신에게 고해 주기를 요청한다(사진

92참조).

"아그네스, 네가 가녀린 육체 속에 우리 모두의 고통을 끌어 모았다면, …우리를 위해 기도해 주렴. 아그네스, 내 어린 딸아, …여기 공허하고 잔인한 하늘 아래 어둡고 더러운 지상에 내버려진 우리를 위해 기도해 주렴. 너의 고통의 짐을 주님의 발 아래 내려놓고, 그에게 우리를 용서해 달라고 요청하렴. 그에게 우리를 마침내 불안과 지침, 깊은 회의로부터 벗어나도록 요청하렴, 그에게 우리의 삶에 의미를 요청하렴, 아그네스야, 넌 상상할 수 없는 고통을 그렇게 오래 겪었으니 우리의 대의를 변호할 자격이 있음에 틀림없어." (대본, p75)

그런데 목사의 이런 기도는 어딘가 공허하며 관객의 마음에 강한 인상으로 남아 있는 아그네스의 고통을 지울 수 없다. 베리만은 기독교적인 구원은 한계가 있다고 본다. 왜냐하면 그는 인간을 구원해 주는 신을 거미신이라고 보면서 부정해 왔기 때문이다.

목사의 기도가 끝난 다음 카린의 회상이 이어진다. 카린이 죽은 아그네스가 누운 방의 문을 닫자 카린의 귀에 이상한 속삭임 소리가 들리며, 붉은 색 화면이 나타난다. 그리고 마리아의 회상과 유사한 순서에 따라 카린의 회상 장면이 시작된다. 이 회상은 외교관이었던 카린의 남편이 일시 귀국해서 저택에 머물던 때에 관한 것이다. 카린의 회상은 마리아의 회상 장면과 동일하게 식사 장면과 침실장면으로 이루어진다.

먼저 식탁에서 남편과 카린은 서로 아무 말도 없이 식사에만 열중한다. 냉랭한 분위기가 그들을 둘러싼다. 그런 사이 카린은 식탁 위의 컵을 깨뜨리는데(이 행동은 실수였더라도 무의식적인 의도를 감추고 있는 것 같다) 남편은 카린에게 경멸적인 눈초리를 던질 뿐이다. 식사 후 함께 커피를 먹자는 카린의 제안조차 물리치고 남편이 침실로 들어가자, 카린은 "모든 것이 거짓"이라고 중얼거린다. 이처럼 세상과 자신이 거짓이라는 느낌은 신경증적인 억압의 결과이다.

이어 카린은 안나의 도움을 받아 잠옷으로 갈아입는다. 거울 앞에 선 카린을 안나가 쳐다보자 경멸당한다는 느낌을 받은 카린이 안나를 때리고 안나는 용서를 비는 카린을 단호하게 거부한다. 잠옷으로 갈아입고 카린은 식탁에서 깨뜨린 유리컵의 조각을 자신의 음부에 집어넣어 자해를 한다.

그런 다음 카린은 침실로 들

사진 93

어가 남편이 바라보는 앞에서 음부에서 흘러나오는 피를 입술에 바른다(사진 93참조). 그리고 그녀는 야릇한 미소를 짓는데 이를 통해 카린의 신경증적인 억압과 그 배후에 깔려 있는 욕망이 관객에게 분명하게 전달된다.

이제 영화는 절정의 국면에 이른다. 이 국면은 마리아와 카린의 대화의 장면과 안나의 환상 장면으로 이루어진다.

우선 카린과 마리아의 대화 장면이 이어진다. 카린이 가계부를 계산하는데 마리아가 들어와서, 카린에게 친구가 되어달라고 간청한다. 이때 카메라가 카린의 굳은 얼굴을 클로즈업하는 가운데 외화면으로 마리아의 애원하는 듯한 목소리가 흐른다. 여기서 마리아는 자기가 천박하고 어린아이 같다고 고백한다. 카린은 마리아의 간청을 뿌리치고 방을 나와 아그네스의 방으로 간다.

마리아가 따라 나오고, 거기서 카린은 아그네스의 일기를 읽는다. 카린의 읽는 목소리가 외화면으로 들리는 동안 카메라는 마리아를 클로즈업 한다. 아그네스의 일기에는 아그네스가 자매들 간의 친밀함 때문에 행복했다는 구절이 있는데, 카린이 이 구절을 읽는 동안 마리아가 카린에게 다가와 그녀의 얼굴을 어루만지려 한다. 카린의 거부에도 불구하고 마리아는 계속 다가선다. 마침내 마리아의 애무에 의해 굳어진 카린의 얼굴이 풀리고, 카린은 주문에 걸린 듯 서서히 욕망(동성애적인 욕망처럼 보인다)에 물들어가는 표정을 짓는다.

이윽고 마리아가 카린에게 키스를 하려 하자 갑자기 카린은 뒤로 물러서며 울음을 터뜨린다. 카린은 신경증적인 억압의 고통을 호소한다. 카린은 죄책감 때문에 지옥 같은 삶을 살고 있으며 이제 도저히 이 고통을 참을 수 없다고 말한다.

이 장면은 곧바로 다음 날의 장면으로 이어진다. 마리아와 카린이 안나의 시중을 받으며 식사를 하면서 아그네스 사후 재산 분배에 관해 의논한다. 그런데 마리아가 카린을 집요하게 응시하자 그런 응시에 의해 카린이 내적으로 분열된다. 카린의 목소리가 갑자기 바뀌면서 자신에 대해 고백한다. 카린은 이 고백 속에서 자신의 삶의 역겨움과 마리아에 대한 증오를 솔직히 밝힌다.

　카린의 고백 중에 자기 경멸적인 현실의 목소리와 자기 고백적인 환상의 목소리가 교체  된다. 이런 고백 때문에 충격을 받은 마리아를 뒤에 남겨두고 카린이 방밖으로 나가자 마리아가 울음을 터뜨리고 방 밖에서는 카린의 길고 고통스러운 비명

사진 94

이 솟아나온다. 이 비명은 카린의 내면에 있는 얼음이 깨어지는 비명이기도 하다. 이어서 카린이 도망가는 마리아에게 용서를 구하고, 순간 얼어붙은 마리아를 카린이 달려가 껴안으면서 마침내 둘은 키스하고 서로 쓰다듬는다(사진 94참조). 이때 화면의 배후에 죽은 아그네스의 침대가 보인다. 그리고 바하의 첼로 소나타 사라반드 No. 5 D minor도 들린다.

　나르시시스트인 마리아와 신경증자인 카린은 이렇게 서로를 고백한다. 이런 고백을 통해 서로에게 접근한다. 서로 냉담하던 마리아와 카린이 이처럼 접근하게 된 데에는 언니 아그네스의 죽음과 아그네스의 일기가 영향을 준 것으로 보인다.

이어지는 장면은 이 영화에서 가장 의문스러운 장면이다. 대체로 안나의 꿈으로 보이는데, 꿈인지 아니면 실제인지 더구나 누구의 꿈인지 불분명하다.

먼저 어디선가 아이의 울음소리가 들린다. 침대 창살에 기대어 잠든 안나가 아이 울음소리에 일어난다. 안나는 방문을 나가 고개를 좌, 우로 돌리면서 "누가 끝없이 울고 있어요!" 라고 묻는다. 카메라가 왼쪽을 보자 마리아가 벽에 기대 서서 눈을 뜬 채 움직이지 않는다. 안나가 마리아의 눈앞에서 손을 흔들어 보지만 마리아에게 아무런 반응이 없다. 다만 마리아의 입술이 작게 움직일 뿐이며 소리는 들리지 않는다. 누군가의(아마 죽은 아그네스의 숨소리로 생각되는데) 숨 가쁜 소리가 바로 옆에 있는 것처럼 크게 들린다. 안나가 이번엔 오른쪽에 있는 카린에게 다가간다. 카린 역시 창문 옆의 벽에 기대 서 있다. 그녀는 눈을 뜨고 있으며 안나가 손을 눈앞에 흔들자 눈동자가 여기에 반응한다. 카린 역시 무어라 말하지만 그 소리는 들리지 않는다. 그 사이 숨 가쁜 소리가 더욱 크게 계속 들린다.

이윽고 안나는 아그네스의 방으로 들어간다. 침대 위에 아그네스가 잠들어 있는 것 같다. 아그네스는 갓난아기들이 쓰는 흰 모자를 쓰고 있다. 안나가 문을 닫고 돌아서 아그네스를 보면, 그 사이 외화면으로 아그네스의 목소리가 들린다. " 잠들 수 없어, 여길 떠날 수 없어. 너무 피곤해. 도와 줄 사람 없어?" 이어 안나가 "이건 꿈일 뿐이에요." 라고 하자 아그네스는 "아니, 꿈이 아냐, 네겐 꿈일지 몰라도 나한텐 아니야." 라고 말한다.

아그네스가 카린을 불러 달라 하자 안나가 카린을 부른다. 카린이 건너온다. 아그네스가 곁에 있어 달라 하자 카린이 돌아서 나가려 하는데, 안나가 먼저 나가 밖에서 문을 닫는다. 그러자 카린은 끔찍해서 시체는 못 만진다고 하면서 나가버린다. 이번엔 아그네스가 마리아를 부른다. 마리아가 가로질러 와서 안나를 지나 방안으로 들어오자 안나가 재빨리 나가서 문을 닫는다. 마리아가 다가가 침대 곁에 앉는다. 마리아는 아그네스를 경계하면서도 어릴 때 벼락 치는 소리에 둘이서 꼭 껴안았던 기억을 말해 준다. 그런데 아그네스가 가까이 오라 하자 마리아는 공포에 질린다. 그러다가 아그네스가 마리아의 얼굴을 쓰다듬고 마리아를 꼭 끌어안고 키스하자 마리아는 아그네스를 미친 듯이 밀쳐 내고 도망간다. 공포에 질린 마리아가 문밖에 나가서도 계속 비명을 지른다.

안나는 바닥에 내동댕이쳐진 아그네스를 안아 침대에 누인다. 이때 공포에 질린 마리아와 혐오스럽다는 표정을 짓는 카린이 다가오자 안나가 이들을 돌아보곤 자기가 카린을 돌보겠다고 말한다. 안나는 이들을 물리치려는 듯이 문을 닫는다. 그리고 바하의 첼로 소리가 이어지는 가운데 안나가 미켈란젤로의 피에타 상처럼 아그네스를 안고 있다. 안나는 오른쪽 가슴의 젖을 드러내 놓고 있으며, 아그네스는 안나에게 안겨서 자궁 속의 태아처럼 잠든다. 안나의 튼튼한 다리, 벌거벗은 젖가슴. 전체적으로 꽉 찬 회화적 프레임이 이 장면의 의미를 드러낸다(사진 95참조)

.

사진 95

위의 장면은 대체로 안나의 꿈으로 보이지만 단순히 꿈이라 하기에는 문제가 있다. 이 장면에 대해 베리만은 상당히 깊은 고민을 했다고 한다. 결국 베리만은 삶과 죽음 사이에 허공에 걸린 존재, 유령 같은 존재를 인정함으로써 이 장면을 정당화하려 했다. 즉 실제 아그네스가 너무나도 고독해서 죽음 저편으로 건너가지 못하고 허공중에 헤매고 있다는 것이다.[59]

주요한 것은 이 장면 마지막에 전개되는 피에타 상의 서사적 의미이다. 피에타 상은 십자가에 죽은 예수를 어머니 마리아가 끌어안는 모습이다. 서구 조각의 전통에서 다양한 피에타 상이 있다. 그런데 이 영화는 성모의 육체적 두터움을 강조학 있으며, 아그네스의 상은 자궁 속에 웅크린 태아의 자세로 그려져 있다. 이것은 결국 어머

---

59   "죽음은 고독의 극단, 아그네스의 죽음은 허공중에 반쯤 걸려 있다." 대본, p86 참조

니의 자궁과 어머니의 두터운 육신 속에서 죽음 앞에 선 인간의 고독이 달래질 수 있다는 것을 의미한다.

이것이 베리만이 살펴보는 구원의 두 번째 가능성이다. 그런데 베리만은 이런 어머니의 삶의 의지를 통한 구원에도 한계가 있음을 인정한다. 왜냐하면 어머니의 삶에의 의지는 강하지만 거기에는 정신분석학적인 차원에서의 단절 곧 외디푸스 콤플렉스가 존재하기 때문이다.

7

베리만에게서 구원은 마지막 장면에서 아그네스의 일기를 통해 제시된다. 이것은 십자가에서의 죽음이라는 의미 부여와 어머니의 자궁 속에서의 절대적 평안과 대비되는 또 하나의 구원의 빛이다. 베리만은 이 세 번째 가능성을 위해 이 영화를 만들었다.

장례식이 끝나고 마리아와 카린의 부부가 떠난다. 떠나기 직전 그들은 아그네스의 일기를 버려두고 간다. 카린은 마리아와 헤어지기 전에 그들이 서로 화해했던 기억을 되살리려 하지만, 마리아는 이미 다시 냉담해졌다. 카린은 마리아에게 속았다는 느낌을 받은 듯 다시 억압적인 자기 자신으로 돌아간다. 결국 그들 사이의 화해는 아그네스의 죽음 때문에 촉발된 일시적인 것에 지나지 않았다.

그들이 모두 떠난 다음 안나가 식탁 위에 촛불을 끄고 창문 앞에 달빛을 받으며 서 있다. 검은 색 옷, 단정한 머리를 한 안나가 서랍을 열자 아그네스의 일기가 천에 싸여 있다. 아그네스가 어머니와의 접촉을 회상할 때 나왔던 쇼팽의 피아노 소리가 다시 들린다. 안나가 아그네스의 일기를 열어 본다. 일기가 클로즈업 되면서 이를 읽는 안나의 목소리가 들린다.

그런데 곧 이어 안나의 목소리가 아그네스의 목소리로 바뀌면서, 화면에는 아그네스를 비롯한 네 명의 여인이 가을 날 밝은 빛 속에 흰 양산을 들고 흰 옷을 입은 채 등장해서 정원을 산책한다. 그 정원은 영화의 처음에 아그네스가 어머니를 엿보던 곳이다.

세 여인이 그네로 다가가 앉고, 안나가 왼쪽 옆에 서서 그네를 밀어 준다(사진 96참조). 한 가운데 아그네스의 얼굴이 있으며, 카메라가 아그네스 얼굴로 다가가서 그녀의 얼굴에 흐르는 잔잔한 평화를 그려낸다. 이때 아그네스의 목소리가 보이스오버로 흐른다.

"나는 눈을 감고서 내 얼굴에 미풍과 햇빛을 느꼈다. 모든 고통과 아픔이 사라졌다. 나는 그들이 내 주위에서 떠드는 소리를 들을 수 있었다. 세상에서 내가 사랑했던 사람들과 함께 있다. 나는 그들의 육체가 눈 앞에 있고 그들의 손이 따뜻하다는 것을 느꼈다. 나는 눈을 꼭 감고 이 순간의 생각을 영원히 기억하려고 했다. 앞으로 무슨 일이 일어나든 이것이 행복이다. 나는 더 바랄 게 없다. 잠시 동안이나마 참다운 행복을 경험했다. 나는 내 인생에 정말 감사한다. 삶은 내게 참 많은 것을 주었다. " (대본, p94)

이 마지막 장면에서 목소리가 안나에서 아그네스로 바뀌지만, 이 회상 장면의 화자는 안나이다. 즉 안나가 아그네스의 일기를 읽으면서 그 장면을 회상하는 것이다. 그러므로 아그네스의 일기의 목소리와 안나의 회상 이미지가 결합됨으로써 주관적 회상 장면 속에서 가장 아름다운 자유간접 화법의 형식이 실현되는 것이다. 이것은 다시 말하자면 안나가 아그네스의 깨달음을 이해하게 되는 것을 의미한다.

그렇다면 그 깨달음이란 무엇인가? 죽음 앞에서 인간의 고독이라는 근원적인 철학적 문제에 대해 아그네스는 무엇을 깨닫게 된 것일까? 그것은 인간들 사이의 사랑을 감각적으로 느낀다는 것이다. 목사의 기도에서 말해지듯이 " 이 어둡고 더러운 지상에서 공허하고 잔인한 하늘 아래서" 살아가는 인간에게, 이 사랑이 실제로 가능할 것 같지 않다. 그런데 단 한 순간이라도 인간에게서 이런 사랑이 가능하다면 그리하여 그런 사랑을 두 손으로 생생하게 만지고 느낄 수 있다면, 그것 자체가 기적이다. 이런 기적은 인간의 삶 속에 이미 내재하고 있는 신적인 존재 곧 신성의 증거이다.

그러므로 만일 그런 한 순간이 있다면 그것만으로 충분한 것이다. 그런 느낌만으로 인간은 자신의 삶을 완성한 것이다. 이를 통해 인간은 동물의 동굴에서 벗어나 신들의 올림푸스에 오른다. 이런 신성화가 인간의 삶의 의미가 아닐까? 그 느낌만으로 죽음 앞에서의 고독을 극복할 수 있지 않을까?

아그네스는 가을날 동생들과 더불어 그네를 타면서 그런 한 순간을 체험했다. 아그네스는 그 한 순간만으로도 충분하다는 것을 깨달은 것이다.

이어서 작가의 보이스오버가 "그렇게 속삭임과 외침은 사라졌다"고 하며 영화는 끝난다.

Ingmar Bergman

인간의 얼굴에 대한 접근은 의심할 바 없이 영화
의 탁월한 특질이다. 이로부터 우리는 영화 스타
는 가장 소중한 도구이며, 카메라란 이 도구의 반
응을 기록하는 것일 뿐이라고 결론지을 수 있다.

. . . .

배우의 표현에 최고로 가능한 힘을 주려면 카메
라의 움직임은 단순하고 자유롭고 연기와 완전
히 동조해야 한다. 카메라는 객관적인 관찰자가 되
어야 하며, 드문 경우에만 행위에 참가해야 한다.
(Each Film Is My Last)

14

「가을 소나타」 _억눌린 고통

1

1978년 발표된 「가을 소나타」[60]는 베리만의 영화 가운데 여러 가지 면에서 기억될 만하다. 그는 1976년 1월 세금 포탈이라는 혐의로 스웨덴 정부에 의해 고발되자 그해 4월 스웨덴으로부터 망명하여 주로 독일 뮌헨에 머물렀다. 그는 여기서 헐리우드로부터 투자를 받아 「뱀의 알」과 같은 스릴러를 만들었으나, 어딘지 억지춘향 격인 이 영화는 결국 실패로 돌아가고 말았다. 그는 혐의가 벗겨진 다음 1977년 9월 스웨덴에 이웃하는 노르웨이의 수도 오슬로로 돌아온다. 이때 그가 만든 영화가 바로 이 영화이다. 그러므로 이 영화는 그의 스

---

60   1977년 9-10 오슬로에서 촬영, 1978년 10월 개봉.

웨덴 복귀를 알리는 영화이었다. 그는 이런 복귀라는 배경에 어울리게 영화의 형식에서도 자신의 본래 스타일이었던 '실내악적 영화' 스타일로 되돌아간다.

베리만이 누구보다도 클로즈업을 많이 사용하는 것도 이런 실내악적 스타일 즉 응시의 영화의 필연적인 결과라 하겠다. 특히 「가을 소나타」는 영화의 거의 대부분을 두 주인공인 어머니 샬로트(잉그리드 버그만)과 딸 에바(리브 울만)의 얼굴을 클로즈업하는 것으로 채우고 있다. 배우 리브 울만은 1965년 「페르조나」 촬영 때부터 함께 활동해 왔으니 베리만의 스타일에 익숙해졌겠지만, 스웨덴 출신 헐리우드 배우 잉그리드 버그만의 경우는 그렇지 못하였다. 잉그리드 버그만은 이 영화를 찍을 당시 암과 싸우고 있었는데, 아마 그녀에게는 베리만의 지독한 클로즈업이 암보다 더 힘든 상대였을 것으로 보인다. 결과적으로 이 영화는 두 아름다운 배우의 얼굴을 마음껏 쳐다볼 수 있는 행복을 선사한다. 에바는 그런 클로즈업을 통해 자기의 삶 속에 감추어져 있는 분노를 폭포처럼 쏟아내는 반면 샬로트는 예술가로서 스스로 감춰온 죄의식을 낱낱이 드러낸다. 이들의 변화무쌍하고 미묘한 표정들은 이 영화의 배경이 되는 쇼팽의 전주곡과도 닮았다.

정신분석학적으로 볼 때 「가을 소나타」의 주인공 샬로트는 나르시시즘의 욕망 구조를 지니는 반면 에바는 신경증적 욕망 구조를 지닌다. 이런 나르시시즘의 성격과 신경증의 성격 사이의 대립은 이 영화에 앞서서 「침묵」에서도 다루어졌다. 「침묵」에서 두 주인공은 서로 어떤 화해에 이르지 못하며 다만 제3자인 소년 요한을 통해 새로운 생성이 일어난다. 반면 「가을 소나타」 에서는 분위기가 상당히 긍정적이다. 이 영화에서 두 대립적 인물은 갈등을 거쳐 화해의 계기를 마련한다. 그런데 양자의 화해에 결정적인 영향을 미치는 매개가 등장한다. 그 매개는 어머니 샬로트의 분신이라고 할 수 있는 또 하나의 딸 헬레나이다. 헬레나는 어머니의 분신이면서 어머니에 의해 희생당한다. 이런 희생이 헬레나에게는 근육경색증이라는 육체적 질병으로 표현된다. 그럼에도 불구하고 헬레나는 어머니에 대해 깊은 사랑을 잃지 않는다. 그 결과 헬레나의 희생이 에바와 샬로트의 화해를 매개한다.

베리만은 60년대 절망을 거쳐 70년대 이르러 새로운 희망을 얻게 되는데, 「가을 소나타」 라는 영화는 베리만의 삶에서 이런 전환기에 속한다 하겠다.

아울러 이 영화에서 주인공인 어머니 샬로트와 딸 에바는 각기 예술과 삶을 대변한다. 예술가라는 존재는 예술과 삶이라는 이중적 측면을 지닌다. 예술가에게 예술과 삶은 서로 조화하기보다는 오히려 대립한다. 예술은 삶을 배제해야만 완성될 수 있으나, 삶을 떠나서는 예술 자체가 존립할 수 없다. 그러므로 예술가는 이중적으로 고통스럽다. 삶 때문에 예술이 한계에 부딪히고 예술 때문에 삶이 파괴된다.

이런 이중적 고통 때문에, 예술가는 자주 삶으로부터 도피하면서 자기중심의 세계 속에 빠져 나르시시즘적인 태도를 지닌다. 이런 예술가의 차갑고 이기적인 태도는 예술가 주변에 있는 사람들 특히 가족들을 희생시키게 되어서 그들의 분노를 불러일으킨다. 결국 이런 분노는 예술가 자신에게 죄의식과 고통으로 되돌아오게 되면서 예술가의 삶을 파괴하고 만다.

예술가의 이런 나르시시즘으로부터 위대한 예술이 탄생한다. 그러나 과연 예술을 대가로 하여 주변의 삶을 희생시킬 가치가 있는 것인가? 위대한 예술을 탄생시키기 위해 주변의 가족들은 스스로를 희생시켜야 할 것인가? 예술가의 삶과 관련된 이 근본적인 질문이 「가을 소나타」에 담겨 있다.

2

사진 97

영화가 시작되면 화자인 목사가 등장한다. 이 장면 원경에는 에바가 창가에 앉아 어머니에게 보낼 편지를 작성하고 있다. 전경에는 목사가 벽에 기대어 관객에게 직접 얘기하는 것처럼 에바를 소개한다(사진 97참조).

목사는 에바를 처음 만나 목사관을 안내하던 중 청혼했는데, 에바는 마치 집에 온 느낌이라고 하면서 청혼을 받아들였다고 한다. 그러면서 목사는 에바가 지은 책의 몇 구절들을 소개한다.

> "삶도 배워야 한다. 나는 매일 (삶을) 연습한다.......가장 큰 문제는 자신을 모르는 것이다. 장님처럼 어둠 속을 헤맨다. 이런 나를(있는 그대로의 나를) 누군가 사랑한다면, 마침내 날 찾을 것 같다. 그럴 가능성은 아주 희박하다."

에바에 대한 목사의 소개는 에바의 성격을 보여 준다. 이의 구절들은 에바가 그 이전 자신의 완전성을 믿었다는 것을 전제로 한다. 하지만 이런 완전성이란 어머니 샬로트의 시선에 의존하는 자아이다. 그러나 이제 에바는 그녀의 자아를 지배하는 어머니와 단절되었다. 그러면서 에바는 자신의 불완전성을 기꺼이 긍정하려 한다. 이로부터 에바는 진정한 자아를 찾으려 하는데, 그것이 에바가 시도하는 삶의 연습이다. 이런 점에서 에바는 정신분석학적으로 상징계의 주체로서 규정된다.

주체로서 에바의 이상은 아버지이다. 에바의 삶은 자신의 아버지의 삶 곧 주체로서의 삶을 모델로 한다. 이 시작 장면에서 목사는 여

사진 97

러 가지 면에서 에바의 이상인 아버지[61]를 닮았다. 이런 닮음은 특히 에바가 '집에 온 느낌' 이라고 했을 때 분명하게 드러난다. 따라서 에바의 남편인 목사는 곧 에바의 욕망 구조에서 모델이 되는 아버지라고 규정할 수 있다. 그러므로 이 장면은 에바를 관객에게 소개하는 장면인 동시에 에바의 심리의 특성을 이미지로 표현하는 장면이기도 하다.

이 장면을 통해 관객은 에바가 지배적인 어머니로부터 어떻게 단절되었는가 하는 의문을 가지게 된다. 이 의문이 곧 영화의 서사를 이끌어가는 동력이다. 에바가 이 장면에서 샬로트에게 쓰는 초대의 편지는 곧 과거 둘 사이의 심리적 빚(아마 심리적 단절과 관련된)을 청산하려는 동기를 바탕에 깔고 있다. 그런 점에서 이 영화는 과거를 기억해내려는 시간의 영화라 하겠다.

그러나 동시에 에바에게는 아직 그 당시의 진실로 되돌아가려는 데 대해 저항하는 마음이 남아있다. 그것은 에바가 자신이 쓴 편지를 남편에게 보여 주고 읽어 보라고 하는 데서 나타난다. 남편인 목사는 아버지이면서 검열자이다. 에바는 검열되기를 원한다.

샬로트를 초대하는 에바의 이중적인 심리는 샬로트가 도착하는 장면에서 더욱 분명하게 나타난다. 에바는 언덕을 돌아 다가오는 샬로트의 차를 한참 당혹한 표정(왜 이렇게 일찍 왔을까 하는 표정)으

---

61 극 중에서 아버지에 대해 에바는 아래와 같이 회상한다. "아빠는 작고 부드러운 손을 제 머리에 얹고 앉아 계셨죠. 계속 거기 앉아 파이프를 피셨어요. 연기로 둘러싸일 때까지." (극 중 에바가 샬로트를 고발하면서 말하는 대사)

로 내려다보다가 차가 현관에 도착하자 내려가 어머니를 맞는데, 에바의 기뻐하는 모습은 과장된 것처럼 보인다. 그런 과장된 표현은 거꾸로 에바의 감추어진 저항감을 암시한다.

3

이어지는 장면에서 베리만은 샬로트의 성격인 나르시시즘을 확립한다. 샬로트는 에바를 따라 자기가 머무를 이층 방에 올라가자마자, 그동안 애인이었던 레오나르도의 죽음에 대한 이야기를 늘어놓는다. 샬로트는 주로 레오나르도의 병실에서 겪었던 그 자신의 육체적 고통만을 언급한다. 그것들은 병원 주위의 요란한 공사 소리라든가, 따갑게 들어오는 오후의 햇빛 그리고 바람 한 점 없는 더위, 메스꺼운 냄새와 같은 기억들이다. 샬로트의 언급 가운데 어디에도 죽음에 직면한 레오나르도의 고통에 대한 공감은 찾을 수 없다.

베리만은 샬로트에 대한 이런 묘사를 통해 샬로트의 성격을 단적으로 드러낸다. 그것은 베리만적인 예술가들에게 일반적으로 나타나는 나르시시즘의 태도이다. 예술가들은 현실의 고통을 두려워하며 이로부터 도피한다. 그러면서 그는 자신을 중심으로 하여 현실 세계를 재구성하여 그 속에 틀어박힌다.

베리만은 병원의 모습을 차가운 색조로 포착하면서 에바 집에서의 부드러운 붉은 색깔과 대조시킨다. 병원의 그런 차가운 모습은 레오나르도의 죽음을 상징하기보다는 오히려 샬로트의 차가운 성격을 암시하는 것으로 보인다.

샬로트의 나르시시즘적인 성격은 자기중심적으로 세계를 구성하면서 주변에 있는 타인을 희생시킨다. 이런 희생은 이 영화에서 샬로트의 두 딸인 에바와 헬레나와의 관계에서 부각된다. 그 가운데서 특히 결정적으로 희생당한 것은 헬레나이다.

샬로트는 자신의 얘기를 마치고 건성으로 에바의 얘기를 들어보자고 하는데 에바가 동생 헬레나에 대해 언급한다. 헬레나는 근육경색증을 앓고 있었다. 샬로트는 헬레나를 병원에 처박아 두고 잊어버렸다. 에바는 이런 헬레나를 자기 집에 데려다 놓고 간호해 왔다. 에바가 샬로트에게 헬레나를 만나지 않겠느냐고 하자 샬로트는 보기 싫다면서 노골적으로 거부한다. 샬로트는 자기가 오기 전에 헬레나가 있다는 말을 하지 않았다고 에바에게 화를 낸다. 그럼에도 불구하고 샬로트는 어머니로서 의무감 때문에 "별 수 없다" 면서 샬로트의 방을 찾아 헬레나를 껴안고 딸을 만나 기쁜 듯한 연기를 한다.

그러나 샬로트는 자기 방으로 돌아온 다음에 헬레나에 대한 강한 혐오감을 표현한다. 이런 혐오감은 샬로트의 죄책감과 연관되어 있다는 것이 샬로트의 독백을 통해 나타난다. 그 죄책감은 헬레나의 육체적 질병에 대해 샬로트가 어느 정도 책임이 있다는 점을 암시한다. 그 책임은 바로 타인을 자기를 위해 기꺼이 희생시키는 샬로트의 나르시시즘의 성격에서 비롯된 것이다.

> "나한테 죄책감을 갖게 하려는 것이야. 양심의 가책을 느껴라 하는
> 것이지. 항상 그놈의 죄의식, 지겨워." (대본, 40쪽)[62]

---

62 대본은 『가을 소나타』, 최형인 역, 덕문, 1980 을 사용

영화 내내 샬로트는 등이 아픈 듯 등을 손으로 만진다. 등의 통증은 오랜 피아노 연습 때문에 생긴 실제의 고통일 수도 있지만, 샬로트가 죄책감을 느낄 때마다 등이 아프다는 호소를 하는 것으로 보아 죄책감과 연결된 트라우마로 보인다.

이상의 장면에서 베리만은 예술가인 샬로트의 나르시시즘적인 성격을 확고하게 구축한다. 그런데 베리만은 이런 예술가의 나르시시즘이 예술의 창작과 불가피하게 연결되어 있다고 주장한다. 그런 주장은 저녁 식사 도중에 피아노를 연주하면서 쇼팽의 전주곡 2번을 설명할 때 제시된다.

피아니스트인 어머니는 딸의 연주를 들은 이후 딸에게 쇼팽의 피아노 전주곡(2번 A마이너)을 이렇게 설명한다(사진 98참조).

사진 98

"쇼팽은 감상적인 사람은 아니야. 감정이 풍부한 사람이지, 절대로 맥빠진 건 아니다. 감정과 감상의 큰 차이는 너도 알지? 이 작품 속에는 단순한 환상이 아닌 억눌린 고통이 있어. 침착하고 또렷하면서도 강한 고통, 느낌은 정열적으로 고조되어 있어도 표현은 남자답게 잘 콘트롤 되어 있지.....가슴이 쓰려도 그것을 나타내지 않아, 겉으로 보이지 않는 아픔이 있고 그 사이에는 짧은 위안이 있어. 그러나 그 위안도 어느새 증발해 버리고 다시 똑같은 고통이 찾아들어. 더 강할 수도 약할 수도 없는 똑같은 고통이 억눌린 채로.....이 전주곡 2번은 그 소리가 미울 정도로 연주되어야 해, 이 곡은 어딘가 꼭 맞지 않는 듯 들리는 거야. 끝까지 감정을 잘 억눌러야만 이 곡과 나와의 싸움에서 이길 수 있는 것이지." (대본, 53쪽-54쪽)

'억눌린 고통'이라는 샬로트의 설명은 베리만의 예술관을 단적으로 보여 준다. 삶이란 끝없는 고통의 세계이다. 고통은 잠시 물러났다가 다시금 더 큰 힘으로 삶을 덮쳐 온다. 이런 고통의 세계 한가운데서 인간을 구원해 주는 힘은 무엇인가? 인간을 보호한다는 신이 있다 할지라도 그 신은 침묵할 뿐이다. 더 이상 그런 신의 보호를 기대할 수는 없다. 남아 있는 것은 예술적인 아름다움의 세계이다. 그것은 고통스러운 삶을 잠시나마 잊게 해주는 위안이다.

그런데 예술이 성립하는 데에 삶은 방해가 된다. 물질적 삶은 예술적인 자유를 침해한다. 그기에 예술가들은 삶을 초월하려 하지만, 삶으로부터 완전히 분리된 허공 속에 성립하는 예술은 기교적으로는 완성될지 몰라도 공허할 뿐이다. 진정한 예술은 삶의 한 가운데 있으면서 삶의 물질적 힘을 밀어내면서 성립한다. 이 경우 기교는 물질적 삶의 침해에 의해서 불완전할 수밖에 없다. 하지만 이런 예술은 진실한 예술이다. 예술의 이런 불완전성이야말로 예술이 삶의 고통과 어떻게 싸우고 있는가를 보여 주며, 예술의 진정성을 느끼게 해 준다.

그러기에 베리만은 예술은 "어딘가 꼭 맞지 않는 듯" 해야 한다고 한다. 물론 이런 부조화는 예술가의 의도적인 기교를 통해 얻어지는 것은 아니다. 이 부조화는 그가 삶의 고통을 억누르면서 이를 온몸으로 밀치고 견디어 내는 가운데 성립하는 것일 뿐이다.

삶의 한 가운데서 고통을 밀치면서 예술이 성립한다는 베리만의 예술관은 예술가의 삶을 새롭게 이해하는 지평이 된다. 예술가는 이런 모순적인 삶 때문에 이중적으로 고통스럽다. 그는 예술의 위기와 삶의 위기라는 두 장대 위에 걸린 줄을 타고 있는 존재이다. 그의 삶은 마치 곡예사의 삶처럼 위험하고 또 위험하다.

이런 예술과 삶의 모순으로부터 베리만에게 독특한 예술가의 상이 그려진다. 예술가의 삶은 삶의 논리에서 본다면 결코 영웅적인 것은 아니다. 오히려 예술가는 삶의 책임으로부터 도피하면서 나르시시즘에 빠진다.

그러나 이런 나르시시즘은 예술가가 예술을 하는데 불가피한 조건이다. 이런 나르시시즘 때문에 예술가는 자기 주변의 사람들과 가족들을 희생시킨다. 그것은 주변 사람들의 분노를 야기하고 심지어 예술가 자신의 삶을 파괴한다. 결론적으로 예술가의 삶은 그것으로부터 희생당한 주변 사람에게는 분노할 만한 삶이지만 역설적으로 예술가 자신에게 그것은 예술을 위해 바쳐진 고통스러운 삶이다.

예술가는 자신의 고통을 고통 그대로 받아들여야 한다. 그래야만 예술이 가능하다. 자신의 고통을 잊어버리려 한다면, 그에게 가능한 길은 두 가지이다. 하나는 삶을 버리는 것인데 그러면 예술이 성립되지 않는다. 다른 하나의 길은 삶으로 돌아가는 길인데 그 역시 예술을 불가능하게 한다. 예술가는 삶과 예술 가운데 걸린 밧줄 위에 있을 수밖에 없다. 그것이 바로 예술가의 '억눌린 고통'인 것이다. 예술은 예술가의 억눌린 고통의 산물이며 예술 자체가 이런 억눌린 고통을 각인하고 있다. 그것이 예술의 형식적 불완전성이다.

4

예술과 삶의 이런 대립 속에 이 영화는 양자의 화해를 추구한다. 그래서 카메라는 다시 삶을 대변하는 에바를 주목한다. 저녁 식사 후 샬로트가 함께 산책을 가자고 에바를 찾자 에바는 아들 에릭의 방에 혼자 우두커니 앉아 있다. 샬로트가 다가가자 에바는 에릭에 대한 자기의 마음을 설명한다.

에바의 아들 에릭은 네 살 생일 전날 익사했다. 그런데 에바는 아직도 에릭의 방을 그때 모습 그대로 보존했다. 그것은 에바에게 에릭은 아직도 죽지 않았기 때문이다. 에바는 잠들기 직전에 환상을 통해 에릭의 숨결을 느끼며, 에릭의 손을 만진다. 에바는 에릭이 저 멀리 피안에 떨어져 있는 것이 아니라 가까이 있어서 서로 숨결을 느끼고 접촉할 수 있는 것으로 믿는다.

에바에게 산자의 세계와 죽은 자의 세계는 함께 공존하는 두 세계이다. 그것은 마치 현실에서 악마와 성인, 예술가와 파괴자들이 함께 공존하는 것과 마찬가지이다. 에바는 죽음의 세계 외에도 수많은 가능세계가 공존한다고 믿는다.

이 공존하는 세계들 사이에는 넘을 수 없는 벽도 없고, 건너지 못하는 선도 없다. 우리가 조금만 마음을 열고 집중하면 언제나 건너고 넘어갈 수 있다. 그런데 인간이 무딘 감각으로 다른 세계를 두려워하기 때문에 산자의 세계만이 존재하고 다른 세계와의 소통은 단절된다. 에바는 이렇게 얘기하면서 베토벤의 햄머클라비어 소나타를 예로 든다.

> "베토벤의 햄머클라비어 소나타의 느린 악장을 칠 때, 감히 우리로서는 그 크기를 짐작이나 상상조차 할 수 없는 그러니까 한계라고는 있을 수 없는 그러한 세계로 몰입하고 있는 자신을 분명히 느끼게 되죠. 예수도 마찬가지이죠. 전혀 들어보지 못한 전혀 생소한 감정, 사랑이란 단어로 한계와 그 한계를 둘러싼 법칙들을 산산히 말살시켰죠."(대본, 58쪽)

산자와 죽은 자가 공존하는 세계는 베리만의 영화에서 자주 나온다. 죽음에 대한 두려움이 없는 이 세계는 또한 사람들이 서로 사랑하는 세계이다. 이 영화에 앞서 만들어진 「외침과 속삭임」에서도 이런 세계가 등장한다. 「외침과 속삭임」의 안나는 타인을 사랑하는 능력을 지니면서 동시에 죽음의 세계와도 소통한다.

이 사랑의 세계는 서로가 서로를 있는 그대로 받아들이는 그런 세계이다. 바로 이 세계가 에바가 찾으려 했던 세계이다. 여기서 인간은 진정한 의미에서 주체가 된다.

그런데 여기서 주목할 것은 에바가 처음 어머니로부터 단절되어 방황 중에 있다가 이런 진정한 주체의 세계로 들어올 때, 아들 에릭의 탄생과 죽음이 결정적인 계기가 되었다는 것이다. 만일 에릭의 탄생과 죽음이 없었다면 에바는 자신의 주체를 찾지 못하고 신경증적인 강박 상태에 머물렀을 것이다.

이 점은 샬로트가 에바의 고백을 듣고 에바에게 정신적인 문제가 있는 게 아닌가 하고 목사 빅터에게 말하자, 빅터가 샬로트에게 에바의 상태에 대해 설명하는 장면에서 잘 드러난다. 이렇게 빅터가 설명하는 중 에바는 헬레나의 방으로 간다고 하면서 계단에 머물러 빅터의 설명을 엿듣는다. 이렇게 엿듣는 모습은 에바가 아직도 타인에게 의존하는 측면을 버리지 못했다는 것을 말하고, 진정한 주체가 되기에 한계가 있다는 점을 암시한다. 하지만 이미 에바에게 상당한 변화가 성숙되어 왔다.

"임신 중에 에바는 많이 변했어요. 명랑하고 부드럽고 활발했죠."

빅터의 설명을 듣고 샬로트는 일단 에바에 대해 안심한다. 이어지는 장면에서 카메라는 샬로트에 대하여 다시 한 번 주목한다.

샬로트는 에바의 도움을 받아 잠자리에 든다. 그런데 누군가 잠든 샬로트의 손을 쓰다듬고 이어서 껴안으려는데 샬로트는 꿈 속에서 그것이 마치 자기의 목을 조르려는 것 같아서, 비명을 지르며 깨어난다. 이 장면에서 베리만은 샬로트가 여전히 삶에 대한 두려움에 떨고 있고, 죄의식을 벗어나지 못한다는 것을 보여 준다.

5

이어진 장면에서 샬로트의 비명 소리를 듣고 에바도 깨어나 둘은 거실에서 지난 과거를 반추한다. 베리만은 에바가 받은 심리적 상처가 무엇인지를 그리고 샬로트의 나르시시즘이 어떻게 타인의 삶을 희생시켰는지를 보여 주려 한다. 이 과거에 일어난 사건을 회상하기 위해 베리만은 두 사람을 밤의 정적 속에 대면시킨다.

이 정적 속에 함께 술을 마시면서 에바는 우선 아버지에 대한 샬로트의 불충실을 고발하고 곧 이어서 샬로트가 자기에게 저지른 잘못을 고발한다. 에바는 어릴 때 어머니의 사랑을 갈망했다(사진 99참조). 그러나 샬로트는 항상 피아노 연습이라는 핑계로 그런 에바를 멀리했다. 어머니는 공연이라는 핑계로 항상 에바를 떠나갔다.

"전 엄마가 시간 날 때 갖고 노는 인형이었죠. 아프거나 말 안 들으면 유모에게 줬죠. 엄만 문을 닫고 일을 했고, 아무도 방해해선 안됐죠. 방문 밖에서 듣곤 했어요."

사진 99

에바는 샬로트의 인정을 받으려 모든 노력을 기울였으나 그것은
에바가 도달 할 수 없는 것들이었다.

"엄마가 날 싫어할까봐 걱정했어요. 전 추했어요. ...제가 너무 싫
었죠."

어머니의 사랑에 대한 에바의 기대는 샬로트의 나르시시즘에 의
해 거부된다.

"전 죽기 살기로 엄말 사랑했어요. 하지만 엄마 말을 믿을 수 없었
죠. 눈빛과 말이 틀렸거든요."

에바의 이런 비난에 대해서 샬로트는 예술가의 삶이 처한 고통에

대해 설명하면서 에바의 이해를 구하려 한다. 샬로트는 그녀의 예술
적 성과에도 불구하고 사람들로부터 비난 받아 왔다고 한다. 샬로트
의 동료는 그녀에게 이렇게 말했다고 한다.

"올바르고 떳떳하게 살아, 이 굴욕적인 세계를 벗어나서."

그것은 예술가의 삶이 자기기만을 통해 나르시시즘의 세계 속에
살아간다는 비난이다. 또한 샬로트는 사람들이 자신의 예술보다는
오히려 자신의 빨간 드레스(곧 성적인 매력)에 더욱 열광했다는 것을
깨달았다고 한다. 그래서 샬로트는 마침내 예술을 버리고 삶으로 복
귀하기도 했지만 결국 예술을 다시 택하지 않을 수 없었다고 한다.
여기서 샬로트는 예술가의 나르시시즘이 운명적이라고 변호하는 것
이다.

샬로트의 이런 자기변호에도 불구하고 에바의 비난은 그치지 않
는다. 에바는 샬로트가 삶으로 복귀하면서 자신은 더욱 힘들어졌다
고 말한다. 왜냐하면 샬로트가 요구하는 에바의 모습에 에바가 따라
갈 수 없었기 때문이다.

"전 엄마를 만족시킬 순 없었죠. 엄마의 울분을 모두 제게 다 쏟으
셨어요."

"전 너무 무력했어요. 한 가지는 확실하게 알았죠. 전 진정한 사랑
을 받기는 커녕 받아들여지지도 않는다는 걸."

"엄마를 미워하는 것도 모르고 서로 사랑한다고 믿었어요. 엄말 미
워할 수 없어서 미움이 공포로 변했죠. 심한 악몽에 시달렸어요."

샬로트의 나르시시즘은 심지어 에바가 주체적인 결단을 내리는
것조차 방해했다. 그래서 에바가 샬로트를 떠나 남자 친구를 사귀어
아이를 임신했을 때 샬로트는 에바가 아이를 키울 능력이 없다고 보
고 임신중절을 시켰다. 샬로트는 그 때문에 항의하는 남자친구를 감
옥에 집어넣기도 했다. 결국 에바는 샬로트의 사랑이라는 것이 나르
시시즘적인 지배욕에 불과하다는 것을 깨닫고 샬로트와의 단절을 택
한다.

"엄마는 절 가두었어요. 모든 이의 사랑을 바랬듯이 제 사랑도 원하
셨죠. 절 맘대로 움직여야 했어요. 사랑이란 미명 하에요…엄마 같
은 사람은 위협적이에요. (세상에서) 격리되어 악의를 제거해야 해
요."

에바의 비난은 마침내 샬로트의 고백을 이끌어낸다. 샬로트 역시
어릴 때부터 사랑에 대해 알지 못했다고 한다. 샬로트는 오직 음악의
세계를 통해서만 부드러움, 접촉, 친밀함과 따뜻함을 알게 되었다고
한다.

"성장하지 못한 내 모습, 얼굴과 몸은 나이 들어 추억과 경험이 생

겼지만 근본적으로는 태어나지 않은 거야. 누구의 얼굴도 기억이 안
나, 내 얼굴조차도."

샬로트는 자신이 아직도 유아와 마찬가지로 어머니의 사랑을 갈
망하는 나르시스트임을 인정하면서 자기가 오히려 에바의 보호를 갈
망했다고 말한다.

그러나 샬로트의 이런 고백에도 에바의 공격은 멈추지 않고 마침
내 샬로트의 죄의식의 핵심을 건드리게 된다. 그것은 바로 헬레나와
의 관계이다(사진 100참조).

사진 100

헬레나는 샬로트와 마찬가지로 나르시시즘적이다. 헬레나는 집으
로 놀러 온 샬로트의 애인인 레오나르도를 사랑한다. 헬레나와 레오

나르도의 관계는 근친상간적이다. 레오나르도는 헬레나에 대해 에바에게 이렇게 설명한다.

"상상할 수 있니? 저기 창문에 퍼덕이는 나비가 있어"

그러므로 헬레나는 샬로트에게 자신의 적대적인 분신이 된다. 샬로트는 자신의 분신인 헬레나에게 가혹하게 보복한다. 샬로트는 헬레나로부터 레오나르도를 빼앗아 갔으며, 그 결과 헬레나는 다시 회복하기 어려운 상처를 받는다. 이런 마음의 병이 헬레나에게서 근육경색증이라는 육체적인 병으로 나타난다.

샬로트는 자신의 딸이 사랑하는 사람을 빼앗았다는 죄책감에 시달리지만 이런 죄책감조차 의식으로부터 지워 버린다. 그러면서 샬로트는 헬레나를 병원에 집어 넣어 버린다.

사진 101

　헬레나는 이런 정신적, 육체적 고통을 통해 희생당하면서 새롭게
탄생한다. 헬레나는 오히려 어머니 샬로트를 용서하고 그리워한다.
그래서 에바가 마침내 샬로트의 감추어진 죄의식을 건드리고 고통에
못이긴 샬로트가 에바의 용서를 구하자(사진 101 참조)), 헬레나는 이
층방에서 마치 이 이야기를 다 듣고 있었던 것처럼 필사적으로 침대
를 빠져나와 샬로트가 있는 거실로 내려가는 계단으로 기어간다. 헬
레나는 어머니 샬로트에 대한 진심어린 애정을 처음으로 명확하게
언어로 표현한다. 그녀의 모습은 인류의 희생양이며 구원자인 그리
스도를 닮았다.

"엄마, 엄마."[63](사진 102참조)

사진 102

6

이 장면을 끝으로 하여 샬로트는 다음날 아침 이미 집을 빠져 나가 기차를 타고 콘서트 장소로 향한다. 기차 안에는 샬로트가 의존하는 폴이라는 매니저가 있다. 반면 에바는 에릭의 무덤이 있는 교회 앞마당에서 서성거리고 있다.

나르시스트 샬로트의 모습에는 거의 변화가 없다. 샬로트는 폴에게 헬레나에 대해 설명하면서 "왜 그냥 빨리 죽지 않지?" 라고 반문한다. 하지만 약간의 변화는 발생한다. 샬로트에게는 헬레나의 희

63　대본에는 이 말이 암시될 뿐이며 대사는 "빨리 와요" 라고 번역되어 있다. 하지만 의미상으로는 엄마를 부르는 소리이다.

생이 샬로트를 구원하고 있다는 깨달음이 생겼다. 그래서 영화에는 빠졌지만 대본에는 샬로트가 폴에게 "작은 딸 아이 눈이 그렇게 맑고 밝고 아름다운지 처음 알았어요." (대본, 124쪽)라고 말한다. 그래서 샬로트는 과거보다 더욱 더 깊은 고독을 느낀다.

> "폴, 저기 작은 마을 보여?....난 소외된 기분이야. 고향에 무척 가
> 고 싶어. 하지만 집에 가면 내가 원하는 건 다른 것이라는 걸 깨달
> 아."

이 깊은 고독감은 예술가적인 삶의 고통을 표현한다. 그렇지만 예술가에게 이제 다시 돌아갈 길은 없다. 예술가는 영원히 삶과 예술 사이의 밧줄 위에 머무를 수밖에 없다. 예술만이 그의 구원이다.

반면 에바는 그 전과 완연하게 달라진다. 이미 에릭의 죽음으로 진정한 주체성의 세계로 한 걸음 진입한 에바는 헬레나의 희생을 통해서 결정적인 발걸음을 디디게 된다. 에바는 교회에서 돌아오는 길에 다시 한 번 아들 에릭의 손길을 느낀다. 그리하여 에바는 샬로트의 모든 잘못을 용서하기로 한다. 에바가 집에 돌아오기 전까지 목사가 어머니가 떠난 후 고통스러워하는 헬레나를 달랜다. 헬레나의 고통은 어머니가 떠난 것에 대해서보다 에바가 어머니를 괴롭혔던 것에 대한 고통으로 보인다.

마지막 장면에서 에바는 첫 장면에서 샬로트를 초대하는 편지를 쓰던 것과 같은 자세로 용서를 구하는 편지를 쓴다. 그 편지를 남편인 목사에게 주지만 이번에는 검열을 원치 않는다. 그냥 읽어보고 보

내달라고 요청한다. 목사가 처음 편지를 읽다가 화면에 에바가 나와서 편지를 읽고 다시 그 편지를 보는 듯한 샬로트의 얼굴이 클로즈업된다. 편지에는 이렇게 쓰여 있다.

"지금에서야 깨달았어요. 어머니께 저지른 잘못을. 저에겐 어머니에 대한 사랑보다 요구가 더 많았었군요. 이미 과거가 되어버린 케케묵은 미움으로 어머니를 괴롭혔어요. ..어머니 용서해 주세요."(대본, 128쪽)

사진 103

에바의 편지를 듣는 샬로트의 표정은 쇼팽이 전주곡을 통해 보여준 예술가의 억눌린 고통을 보여 주는 이미지이다(사진 103참조). 편지는 계속 이어진다.

"헬레나가 저보다 훨씬 위대해요. 저는 바라고만 있을 때, 헬레나는 모든 것을 (실제로) 줄 수 있었어요. 제가 거리를 두고 어머니를 대했을 때 헬레나는 어머니를 가까이 느끼고 살았어요." (대본, 129쪽)

Ingmar
Bergman

내게는 나의 일인 영화에 대해 충성하는 단 한 가지 방식이 있다. ......이 방식은 나에게 확신과 예술적인 자부심을 준다. 물질적인 보장이란 명백히 제한적이다. 나는 예술적인 순전성을 무한히 더 주요한 것으로 간주한다. 그러므로 나는 하나의 원칙을 세웠다. 각각의 영화는 나의 최후의 작품이다.

(Each Film Is My Last)

15

「화니와 알렉산더」 _조화의 우주

1

영화 「화니와 알렉산더」[64]는 베리만이 만든 최후의 영화이다. 이 영화가 1983년 아카데미상을 받음으로써 베리만은 난해한 예술가의 이미지를 탈피하여 대중적인 영화감독이라는 명성을 얻었다. 그런데 이 영화는 어떻게 보면 가장 베리만적인 영화이고 어떻게 보면 전혀 베리만의 영화 같지 않다.

이 영화의 등장인물이나 에피소드들은 베리만의 어린 시절 체험과 밀접하게 연관되어 있다. 환상을 만들어내는 마법의 등, 벽장에

---

64 1981년 11월 – 1982년 여름 촬영, 1982년 12월 개봉. 이 영화는 베리만의 최후의 영화이다. 1984년 4월 아카데미 상 4개 부문 수상. 물론 그 이후에도 그는 연극 연출을 계속했고, TV 드라마를 찍기도 했다.

갇힌 아이가 겪는 공포 등은 모두 베리만이 자서전에서 밝힌 그대로이다. 등장인물이나 주제 역시 지금까지 베리만의 영화에서 자주 등장했다. 가족 전체를 지배하는 다정한 할머니, 인간을 위협하는 병적으로 가혹한 목사, 잔인한 현실 속에서 마음의 위안을 주는 예술, 현실의 위기 앞에 무기력한 예술가, 근친상간적인 욕망을 느끼는 소년 등. 이런 측면들에서 이 영화는 베리만의 지문이 온통 묻어 있는 가장 베리만적인 영화이다.

그런데 다른 측면에서 영화 「화니와 알렉산더」 는 베리만의 영화가 아니다. 우선 원본 필름은 5시간에 걸친 장대한 드라마이다(영화는 반으로 축약해서 두 시간 반짜리이다). 수많은 등장인물과 엄청난 엑스트라가 동원되었으며, 사실적이고 화려하게 꾸며진 세트와 의상은 헐리우드의 블록버스터의 분위기 그 자체이다.

또한 본래 베리만의 영화는 행위의 영화가 아니라 응시의 영화이다. 그의 영화에서 주인공들은 현재와 과거, 현실과 환상의 크리스털 이미지에 사로잡히며 이것으로부터 주인공에게 새로운 시간의 생성이 일어난다. 그러나 「화니와 알렉산더」 에서 이런 응시의 장면은 없다.

이야기의 측면에서 「화니와 알렉산더」 는 햄릿의 극적 드라마를 기본 구도로 삼는다. 햄릿에서처럼 이 영화에서도 두 아버지가 대립한다. 한 아버지인 오스카는 다정하지만 늙고 성적으로 무기력한 예술가 곧 배우이다. 다른 아버지인 에드바르트는 금욕적인 목사이지만, 강한 성적 힘을 느끼게 하며 타인을 지배하려는 병적인 인간이다. 소년 알렉산더의 어머니 에밀리는 젊은 여배우이지만, 무기력한 남편의 죽음 이후 죄책감에 시달린다. 그러면서 에밀리는 금욕적인 목사에게 매혹된다. 이런 매혹에는 강한 성적인 매혹도 작용한 듯 보인다.

그런데 이런 햄릿의 구도 속에서 베리만이 추구하는 것은 인물의 내적인 갈등을 보여 주려는 것이 아니다. 오히려 베리만은 이런 구도를 이용해 헐리우드적인 사건의 영화를 만들어낸다. 이 영화에서 선, 악의 대립이 분명하다. 목사에 매혹되었던 에밀리는 아들인 알렉산더에 대한 사랑 때문에 목사의 카리스마적인 힘을 뿌리칠 수 있었다. 그리고 위기에 처한 주인공은 스릴이 넘치는 과정을 통해 구출된다. 이런 과정에서 알렉산더를 돕는 마법의 힘이 있었다. 마침내 악에 대해 선이 승리한다. 이런 단순한 구도는 명백히 헐리우드 영화 즉 사건의 영화의 기본 공식이라 하겠다.

결과적으로 이 영화는 베리만의 영화의 특징인 심리적 긴장감이 결여되고 상당히 맥빠진 듯한 느낌이 든다. 이처럼 「화니와 알렉산더」에서 응시의 영화가 행위의 영화로 전락하면서 베리만은 아카데미로부터 대중성을 인정받지만 유감스럽게도 베리만 영화의 본질은 사라지고 말았다.

이런 전락에도 불구하고 베리만의 이 영화를 가볍게 볼 수는 없다. 그것은 이 영화 속에는 평생에 걸쳐 대결해 왔던 삶과 화해하려는 베리만의 정신이 엿보이기 때문이다.

지금까지 베리만의 영화에서 각 인물들은 고유한 악덕을 가지고 그 때문에 서로를 파괴한다. 그런데 이 영화에서는 모든 인물이 각각 악덕을 가지고 있음에도 불구하고, 거의 대부분(유일하게 악의 화신인 목사만 제외하고) 긍정적인 색채를 지닌다. 나르시시즘적인 욕망에 사로잡혔던 어머니는 아이에 대한 애정을 회복한다. 나약한 예술가에게는 악을 물리치는 마법의 힘이 부여된다. 타인을 희생시키는 괴물적인 존재는 욕망을 긍정하는 목신(牧神, 사튀로스)이 된다. 남편을 배신했던 여자는 사랑을 찬양하는 할머니가 된다. 거짓말을 즐기는 아이는 예술가가 된다.

그 결과 베리만이 그려내는 이 영화는 마지막 식사 장면에서 보듯이 남자와 여자, 부인과 정부와 딸이 서로를 도우며, 어른과 아이, 시어머니와 며느리, 주인과 하인, 예술가와 사업가가 함께 어울린다. 이 조화의 우주는 마치 베토벤이 제 9교향곡에서 그려낸 조화의 세계처럼 보인다(사진 104참조).

사진 104

그렇다면 본래 베리만적인 상호 파괴의 부정성이 이런 조화의 긍정성으로 전환되는 원인은 무엇인가? 극이 끝나갈 무렵, 두 아이의 세례식 다음에 베풀어진 만찬에서 욕망의 목신인 구스타프는 이렇게 말한다. 그것은 곧 베리만 자신의 말일 것이다.

"우리 에크달 가문 사람들은 지혜 같은 걸 찾아보려고 이 세상에 태어난 게 아닙니다. ..우리는 이 작은 세계에서 살아야만 합니다. ....우리는 열린 마음을 가져야만 합니다. 그렇지 않으면 우리는 그것(삶)을 감히 사랑할 수도 없고, 그것을 비난 할 수도 없게 됩니다."

여기서 지혜란 도덕적 규범을 의미한다. 이런 규범은 인간을 지배하는 억압적 질서이다. 반면 '열린 마음'이란 서로가 화해하는 세계이다. 여기서 타인의 잘못은 잘못으로 인정되면서도 더 높은 차원에서는 필요한 것으로 긍정된다. 이런 입장은 이 세상의 악조차 신이 섭리를 펼치기 위한 매듭이었다는 변신론의 입장과 같다. 그런데 이런 더 높은 차원으로 올라서도록 만들어 주는 것은 열린 마음이며, 이런 열린 마음을 통해 서로에 대한 용서와 화해가 가능하다. 이렇게 지혜의 세계와 열린 마음의 세계를 대조한 다음, 구스타프는 이어서 이렇게 말한다.

"모든 배우 여러분, 우리들에겐 여러분들 모두가 똑같이 필요합니다. 우리에게 초자연적인 전율을 느끼게 해 줄 사람은 여러분들입니다. 더 바람직한 건, 저 깊은 내면의 위안을 주는 거겠지요."

구스타프의 말을 통해 베리만은 예술의 역할을 역설한다. 예술은 초자연적인 전율(곧 숭고함)을 주는 것이다. 초자연적인 전율은 의식과 합리의 한계를 깨뜨리는 것이다. 이 초자연적인 전율이 있으므로, 인간은 새로운 세계 곧 사랑과 자유의 세계에 눈을 뜨게 된다. 인간은 초자연적인 전율을 겪음으로써 열린 마음을 가질 수 있다.

예술을 통한 열린 마음 그리고 서로에 대한 용서와 화해의 정신이 베리만이 그의 영화 예술 인생을 총결산하면서 내린 결론이다.

"악은 사슬을 끊고, 미친 개처럼 세상을 날뛰고 있습니다. ...도망 갈 수 있는 자는 없습니다. ....그러므로 우리가 행복한 동안에 행복합시다. ..이 작은 세상에서 즐거움을 누리는 것은 필요한 일이지, 절대로 부끄러운 일이 아닙니다."

앞의 사진에 보이는 세계는 제1차 세계 대전 직전(이 영화의 배경은 1907년) 부르주아의 세계이다. 이 영화는 화려하고 사실적으로 이런 부르주아의 세계를 묘사하고 있다. 이 세계는 자족적이고 지속적이다. 그러나 여기 그려진 세계는 단순한 부르주아의 세계만은 아니다. 왜냐하면 여기에는 아이와 하인들, 여자와 정부들이 누구 못지 않게 평등하게 등장하기 때문이다. 베리만은 20세기 후반에 만인이 평등하면서도 서로 조화로운 세계가 가능할 것이라고 꿈꾼다. 그러면서 그는 그 세계를 20세기 초반의 부르주아의 세계에 투영한 것으로 보인다.

영화가 시작되면서 인형극의 무대가 보인다. 무대 앞에는 촛불이 각광처럼 켜져 있고 무대 위에는 '재미만 추구하지는 말라' 라는 격언이 쓰여 있다. 신비스럽게도 무대 뒤 벽이 끌어올려지면서 인형극의 연출가인 알렉산더의 모습이 드러난다. 그는 환상을 볼 수 있는 능력을 지니면서 자신의 환상을 진실로 믿고 남에게 말하기도 하는 소년이다. 그래서 그는 어른들에게 거짓말쟁이로 야단맞기도 한다. 이런 알렉산더의 모습에는 장차 영화감독이 되는 베리만 자신의 모습이 어려 있다.

이어지는 이야기에서 알렉산더는 화자이면서 주요 등장인물이 된다. 첫 장면에 인형극의 장면을 배치하면서 베리만은 지금부터 벌어지는 일들은 실제가 아니라 알렉산더가 인형을 가지고 꿈꾼 것에 지나지 않을지도 모른다고 말하는 듯하다.

이야기의 첫째 장은 크리스마스 파티로부터 시작된다. 매년 있는 크리스마스이브에 할머니 에크달 부인의 거대한 저택으로 에크달 가족들이 다 모인다. 가족들은 만찬

사진 105

을 마치고, 손을 잡고 열을 이어서 온 집을 춤추며 돌아다닌다(사진 105참조). 파티를 마친 가족들은 집으로 돌아간다. 아이들은 할머니 집에 함께 모여 자면서 알렉산더가 마법의 등으로 보여 주는 환상에 빠진다. 그 사이 둘째 아들 구스타프는 아이들의 보모인 마이의 육체를 탐닉하고, 셋째 아들인 칼은 가난과 굴욕 때문에 부인과 싸운다. 에크달 부인은 다들 떠난 빈 방에서 유대인 상인 이삭과 옛날 일들을 회상한다. 다음 날 온 가족은 아침 마차에 햇불을 달고 교회로 간다.

여기 등장하는 에크달 가족들의 면면은 베리만이 평생토록 예술을 통해 확립하려 했던 등장인물의 성격들을 총집결한 듯하다.

우선 에크달 부인은 여배우이었지만 아이를 기르는 것이 더 즐거워 배우를 그만둔다. 그녀의 남편은 바람둥이지만 그녀는 이것에 대해 관대하다. 그 자신도 남편 몰래 유대인 골동품 상인 이삭에게 키스를 하다가 남편에게 들키기도 한다. 그 유대인 상인과 그녀는 지금까지 아주 가까운 연인 사이를 유지하고 있다. 에크달 부인은 사람들에게 다정하면서도 거대한 가족을 유지하는 모성적인 인물이다. 베리만의 영화에서 모성적 인물은 항상 긍정적으로 그려져 있다. 베리만이 그려내는 조화의 우주는 이런 인물에 의해 지배되는 질서이다.

첫째 아들 오스카는 아버지로부터 극장을 물려받았다. 오스카는 이미 늙고 지쳤다. 그는 연극에 뛰어난 재능을 가지지는 못했지만 그런대로 아버지가 물려준 극장을 유지하고 있다. 여기서 오스카는 현실 앞에서 무기력한 나약한 예술가의 전형이다. 베리만은 그가 성적으로도 무기력하다는 점을 암시한다.

그럼에도 불구하고 오스카는 타인에 대해 냉담하지 않고 따뜻한 애정을 잃지 않는다. 그는 연극에 대해서도 지극한 애정을 가지고 있다. 그는 자신의 연극이 잔인한 현실 속에서 존재하는 사랑의 섬이기를 기대한다. 그는 크리스마스 날 기념 연극을 마치고 무대 뒤 계단에 서서 단원들에게 이렇게 연설한다.

"바깥은 큰 세계입니다. 그리고 때때로 여기 이 작은 세계는 우리가 큰 세계를 더 잘 이해할 수 있도록 큰 세계를 반영해 왔습니다...또는 어쩌면 우리는 이곳에 오는 사람들에게 세상사의 고단함을 잠깐이나마 잊을 수 있는 기회를 주었습니다....우리의 극장은 질서가 있고 일상이 숨 쉬며 관심과 사랑이 있는 작은 방입니다."

베리만은 대체로 예술가를 나약하면서도 나르시스트적인 냉담한 인간으로 그려왔다. 대표적인 경우가 「거울을 통해 어렴풋이」에서 작가인 다비드와 「가을 소나타」의 피아니스트인 샬로트가 그렇다. 그런데 이 영화에서 오스카는 현실에 무기력한 예술가로 그려져 있지만 그럼에도 불구하고 따뜻함을 잃지 않는 존재로 그려져 있다.

그의 부인 에밀리는 아직 젊은데, 연극배우이다. 오스카와 에밀리 사이에서 애정의 표현은 거의 발견되지 않는다. 에밀리에게는 이 영화의 화자인 알렉산더와 화니라는 아이들이 있다.

남편 오스카의 성적인 무능력과 그의 죽음에 의해서 에밀리의 욕망이 억압된다. 그녀의 억압된 욕망은 남편의 시체를 지키면서 밤새 그녀가 지르는 비명소리를 통해 관객에게 분명하게 전달된다(사진

106참조). 에밀리의 억압된 욕망은 목사의 금욕주의에 대한 병적인 애착으로 변하면서 목사와 재혼하게 된다.

에밀리의 이런 모습은 「애착」에 나오는 안나의 모습을 상기시킨다.

사진 106

안나는 억압된 욕망을 남편의 사랑에 대한 환상으로 채운다. 안나는 자신의 환상이 깨어지려 하자 심지어 남편을 살해하기도 한다. 이런 안나의 모습과 비교해 본다면, 에밀리는 아이들 곧 알렉산더와 화니에 대한 지극한 애정을 가지고 있다. 이런 모성애의 능력 때문에 에밀리는 무기력한 오스카를 따뜻한 인간으로 남을 수 있도록 했으며, 나중에 재혼한 남편인 에드바르트에 대한 병적인 애착으로부터도 벗어날 수 있었다.

둘째 아들 구스타프는 극장에 붙어있는 레스토랑의 지배인이다. 구스타프는 욕망을 주체할 수 없고 인생을 가능한 한 즐기려는 사람이다. 그는 할머니 집에서 아이를 돌보는 하녀인 마이에게 커피숍을 내어준다면서 그녀의 육체를 탐닉한다. 마이를 탐닉한 이후에도 구스타프는 자기 방으로 돌아와 부인인 알마의 풍만한 육체를 보자 또다시 욕망을 느낀다. 이런 악덕에도 불구하고 그는 타인에게 관대한 사업가이다. 그는 자신의 부를 나누어 모든 사람에게 아낌없이 즐거움을 선사한다.

이런 구스타프는 이전 베리만의 영화에서 전혀 보이지 않았던 인물이다. 그는 육체적 향연을 즐기고 어떤 심리적인 억압 기제도 작동되지 않는 올림푸스의 목신과 같은 모습이다(사진 107참조). 이 인물은 지금까지 베리만의 영화에서 주인

사진 107

공들의 근친상간적인 욕망의 대상이 되는 대타자(이드)와 비교된다. 이런 대타자는 대체로 간접적으로 묘사되었고 거의 얼굴이 나타나지 않았다. 대표적인 경우가 「가을 소나타」에서 피아니스트인 어머니의 샬로트의 애인인 레오나르도이다. 그는 샬로트의 딸인 헬레나의 사랑을 받는다. 반면 「거울을 통해 어렴풋이」에서 주인공 카린의 근친상간적인 욕망은 거미신이라는 괴물에게 투사된다.

그런데 이렇게 간접적으로 묘사되거나 괴물로 그려진 욕망의 대타자가 이 영화에서는 정면에서 아주 긍정적으로 그려져 있다. 그는 그 자신의 욕망을 통해 현실 속에 활기를 불어넣는다. 그는 죽음과 억압의 세계에 대립하는 생명과 욕망의 세계를 대변한다.

이렇게 구스타프가 긍정적으로 그려질 수 있는 것은 구스타프의 부인 알마의 성격과 관련된다. 알마는 풍성한 육체를 지닌 여인이면서 남편의 욕망에 구애받지 않는다. 그것은 그녀가 에크달 부인처럼 열린 마음을 가졌기 때문은 아니다. 오히려 알마는 현실적이어서 자신에게 돌아올 이익과 손해가 무엇인지를 잘 알기 때문에 굳이 관여하지 않는 것이다. 알마의 이런 냉정한 현실주의적 태도가 구스타프의 목신적인 면모를 떠받치고 있다.

셋째 아들 칼과 그의 부인 리디아는 베리만이 즐겨 그려왔던 부부의 모습이다. 현실에서 패배한 칼은 술주정뱅이고 가난과 굴욕 때문에 자기 자신을 증오한다. 칼은 자신의 잘못을 리디아에게 전가하여 리디아에게 화를 내기도 하고 또 다시 그런 자신의 잘못에 대해 용서를 빈다. 리디아에 대한 칼의 변덕스러운 애증 관계는 리디아의 대응과 관련된다. 리디아는 한편으로는 남편 칼의 무능력을 비판한다. 다른 한편으로는 리디아는 칼의 화를 받아들이고 그에게 노예적으로 굴종한다. 칼과 리디아 사이의 이런 사디즘—마조키즘적인 관계에 대해 에크달 부인은 "분명 에로틱한 어떤 이유가 있을 것"이라고 말한다.

칼의 이런 악덕에도 불구하고, 칼은 아직도 어린아이와 같은 감정을 지니고 있다. 그래서 칼은 크리스마스 파티에서 방귀 공연을 통해 아이들을 즐겁게 해준다.

3

크리스마스가 지난 얼마 뒤 오스카는 햄릿을 공연하기 위한 연습 도중 돌연 죽는다. 알렉산더는 오스카가 죽기 직전 침대로 그를 부르자 두려움에 떨면서 할머니 무릎에 달라붙어 떨어지지 않는다. 마침내 오스카가 죽고 웅장한 장례식이 끝난 다음, 추도 만찬에서 에밀리는 장례식을 집전한 목사 에드바르트의 금욕적인 모습에 매혹된다.

어느 날 학교에서 돌아온 알렉산더를 에드바르트 목사가 심문한다. 알렉산더가 학교에서 어머니가 자신을 서커스단에 팔아 버리려 한다고 거짓말을 했다는 것이다. 그날 알렉산더는 목사의 강요에 따라 어머니에게 용서를 빌었다. 그 직후 에밀리는 에드바르트 목사와 결혼하려 한다는 것을 아이들에게 밝히고 함께 기도하자고 한다. 알렉산더는 기도하는 중에 멀리서 그들을 지켜보는 죽은 아버지의 환상을 본다.

결혼하기 전 에밀리는 아이들을 데리고 목사관을 방문한다. 거기서 에밀리는 목사의 어머니와 누이동생 그리고 숙모를 소개받는다. 그날 목사는 텅 빈 방에서 에밀리에게 에크달 가족의 세계에 속한 모든 것을 그대로 두고 자신의 집으로 와야 한다고 요구한다(사진 108 참조).

사진 108

이를 승낙한 에밀리는 에드바르트와 재혼하여 에크달의 가족을 떠난다. 이로써 알렉산더는 활기와 다정함으로 가득한 에크달 가족의 세계를 벗어나 음울하고 냉담한 에드바르트의 세계로 들어간다. 전자가 삶의 세계라면 후자는 죽음의 세계이다.

목사관의 바로 옆에는 목사관의 분위기를 암시하는 차가운 개울물이 소용돌이친다. 결혼 첫날 저녁을 먹으면서 에밀리는 목사의 어머니와 그의 누이동생이 엄격하고 금욕적으로 이 집을 통제하고 있음을 깨닫는다. 에밀리는 아이들이 걱정되어 기꺼이 그들과 싸우려 한다. 화니와 알렉산더는 목사관에서 흰 벽과 소박한 나무 침대, 창살이 쳐진 창문이 있는 방에 갇히다시피 살게 된다.

알렉산더는 어머니 에밀리가 집을 비운 사이 아이들을 감시하던 목사의 하녀에게 자기의 환상을 말한다. 목사의 전 부인과 아이들이 탈출하려다 개울물에 빠져 죽었다는 것이다. 목사가 이를 전해 듣고 알렉산더에게 무서운 처벌을 가한다. 알렉산더는 먼저 가혹하게 매질당하고 이어서 용서를 간구한다는 뜻으로 목사의 손에 키스를 하고 마지막으로는 반성을 위해 벽장에 갇힌다.

베리만은 이 날의 장면을 에크달 부인의 별장에서의 장면과 교차 편집한다. 밖에는 봄비가 내리고 정원에는 빨간 장미가 피어 있다. 에크달 부인은 창가에 앉아 책을 읽다 잠이 든다. 그 사이 죽은 오스카가 나타나 에크달 부인에게 아이들 걱정을 한다.

베리만은 이 장면 다음에 알렉산더가 목사의 하녀에게 자신의 환상을 이야기하는 장면을 집어넣는다.

그리고 다시 그날 오후의 별장으로 커트한다. 그때 마이가 에크달 부인을 잠시 찾아와 알렉산더에게 편지를 보냈는데 답장이 없다고 걱정하고 돌아간다.

여기서 베리만은 다시 목사관으로 커트하면서 목사의 하녀가 목사에게 알렉산더의 환상을 보고한다. 목사의 분노가 벼락 같이 떨어지고, 하녀가 알렉산더와 화니를 부르러 간다(사진 109참조).

다시 커트하여

사진 109

에크달 부인의 별장인데, 오후 늦게 에밀리가 몰래 에크달 부인을 찾아간다. 그 사이에 다시 커트하여 목사관에서 알렉산더가 심문을 받고 벽장에 갇힌다.

공포에 떠는 알렉산더로부터 다시 에크달 부인의 집을 떠나는 에밀리에게로 커트된다. 에밀리는 에크달 부인에게 자신과 아이들이 갇혀 지내는 처지를 울면서 호소하고 아이들이 걱정되는 듯 서둘러 집으로 돌아온다.

다시 커트하여 목사관에 도착한 에밀리가 목사의 여동생의 손에서 벽장 열쇠를 빼앗아 추위와 공포에 떨고 있는 알렉산더를 구한다.

아이가 구출되는 장면에 이어서 다시 커트되어 별장으로 여행을 떠났던 에크달 가족이 돌아오고, 에크달 부인은 구스타프에게 "마이는 너의 장난감이 아니다" 라고 말한다. 그것은 구스타프가 마이의 장래를 마음대로 결정했다는 것에 대한 비난이며 마이에게 자신의 미래를 결정할 권리를 돌려 주라는 권고이다. 구스타프에 대한 에크달 부인의 태도는 목사의 알렉산더에 대한 태도와 단적으로 대조된다. 에크달 부인의 별장 장면에서의 밝고 따뜻함과 목사관 장면에서의 차갑고 가혹함은 서로 대조되면서 베리만이 제시하는 선과 악의 두 세계가 극명하게 대조된다.

이어서 아이들의 고통을 알게 된 에밀리는 목사관을 탈출하려 한다. 유대인 상인 이삭이 이런 탈출 계획을 도와준다. 이삭은 마차를 타고 목사의 집에 와서 입구에 놓인 궤짝을 사겠다고 하고, 아이들을 그곳에 숨겨 탈출시킨다.

이 탈출은 이삭의 마법의 힘을 빌어 성공한다. 베리만은 이런 탈출장면을 헐리우드 영화처럼 박진감있게 그려 낸다.

4

목사관을 탈출한 알렉산더는 이삭의 집에 며칠 밤 머무르는데, 밤에 오줌을 누러 깨어났다가 이삭의 골동품들 사이에서 다시 아버지 오스카의 환상을 만난다. 알렉산더는 아버지에게 세상의 부정의를 그대로 방관하는 무자비한 하나님에 대해 욕을 한다. 그러자 오스카의 환상은 알렉산더에게 다른 사람에게 친절하게 대하라는 말만 남긴다. 오스카는 알렉산더에게 열린 마음으로 이 세상의 악덕을 받아들여야 한다고 가르치는 것이지만, 알렉산더는 그것을 이해하지 못한다.

베리만은 이삭의 집에서의 장면들을 다시 목사관에서 에밀리가 목사의 집으로부터 탈출하는 장면과 교차시킨다. 오스카가 낙담한 알렉산더의 어깨에 손을 대는 순간 커트해서 목사관에서 에밀리가 스프를 앞에 두고 먹으려 한다. 목사가 잠옷을 걸치고 나와서 에밀리가 수면제를 넣고 먹는 체하던 스프를 뺏어 먹는다. 그러면서 목사는 에밀리에게 용서를 요청한다. 그러나 목사는 아이들을 데리고 오라고 하므로, 에밀리는 그를 용서할 수 없다. 목사는 병든 숙모의 신음소리에 숙모의 방에 갔다가 다시 침실로 돌아와 남은 스프를 마저 다 먹는다.

카메라는 여기서 커트해서 알렉산더가 골동품 가게를 돌아다니고 있는 것을 비추어 준다. 상인 이삭의 아들 아론은 인형 제작자이다. 그는 알렉산더에게 인형들을 통해 마법의 힘을 보여 준다. 아론은 우리가 눈에 보는 현실 외에 보이지 않는 현실이 있다는 것을 알렉산더에게 설명한다.

여기서 다시 커트하여 목사의 침실에서 에밀리는 스프에 수면제를 넣었다는 것을 목사에게 고백한다. 그러면서 에밀리는 이제 자기 집으로 돌아가겠다고 선언한다. 목사는 에밀리와 아이들의 인생을 망쳐버리겠다고 위협한다. 그러나 서서히 수면제의 힘이 작용해 목사는 침대에 쓰러진다.

다시 커트해서 아론이 새벽이 되자 알렉산더를 자기의 사촌인 이스마엘에게 소개한다. 이스마엘은 타인의 몸속으로 들어가거나 멀리 있는 것을 투시하는 신비한 능력을 가졌다.

"아마도 우리는 서로에게 흘러들고 있나 보다. 서로에게 끝도 없이 놀랍게 흘러드나 보다."

사진 110

　이렇게 말하면서 이스마엘은 알렉산더와 하나의 몸이 되는 것처럼 그를 뒤에서 껴안는다. 이스마엘은 알렉산더의 마음에 품은 생각이 그대로 실현되는 것을 보여 주겠다고 한다. 그러자 알렉산더의 눈에 목사관에서 병든 숙모가 불이 붙은 채 방을 뛰쳐나오는 모습이 보인다.

　이렇게 해서 악에 대한 징벌은 끝났다. 이 징벌은 자연스럽게 일어난 일일 수도 있으며 알렉산더가 마법으로 야기한 사건일 수도 있다.

5

　이렇게 두 번째 이야기가 끝난 다음 카메라는 다시 에크달 가족의 다정하고 즐거움이 넘치는 세계로 돌아온다. 우선 에밀리가 목사의 아이를 임심하여 배가 부른 채 집으로 돌아와 있다. 경찰들이 찾아와서 목사가 마지막으로 불에 타 죽는 장면을 묘사해 준다.

이어지는 장면은 마이와 에밀리의 새로 태어난 아이들의 세례식 만찬 장면이다. 여기서 구스타프는 조화로운 우주가 가능하기 위해서는 열린 마음이 있어야 하고 예술은 그런 마음을 열게 해주는 초자연적인 전율을 전달한다고 말한다.

만찬이 끝난 다음 에밀리는 구스타프, 알마와의 재회를 즐거워하고 이어서 마이와 구스타프의 딸이 함께 들어와 자기들이 세운 인생 계획을 에밀리에게 말한다. 에밀리는 기꺼이 돕겠다고 하면서, 에크달 부인을 찾아간다. 에크달 부인은 에밀리에게 극장의 운영을 맡기고 에밀리는 에크달 부인에게 스트린드베리의 연극에 출연해 줄 것을 요청한다. 이제 에크달 부인의 뒤를 이어 에밀리가 이 거대한 조화의 우주를 지배하는 모성이 된다. 마지막 장면에서 에크달 부인은 그동안 싫어했던 스트린드베리의 꿈의 장면을 낭독한다.

"모든 것은 일어날 수 있다. 모든 것은 가능하고 있음직하다. 시간과 공간은 존재하지 않는다. 보잘 것 없는 현실의 틀 위에 새로운 패턴을 짜듯이 상상력이 실을 잣고 있다."

이 장면은 다시 첫 장면에서 알렉산더의 인형극 장면과 연결된다. 그래서 이 긴 영화의 이야기가 그리고 지금까지 베리만의 모든 영화가 알렉산더 곧 베리만이 꾸민 꿈인 것처럼 보인다.

베리만을 연구하려는 사람들에게 여기 몇 가지 도움되는 정보를 제공하고자 한다. 스웨덴어가 익숙하지 않아서 스웨덴에서의 그에 대한 연구를 살펴 볼 수 없는 것이 정말 유감이다. 필자는 영어권 저서 혹은 스웨덴 쪽 저술 중 영어 번역들에 의존하여 베리만을 연구해 왔다.

오랫동안 베리만의 영화들은 잊혀졌다. 아무래도 난해하다는 것이 그의 영화에 대한 접근을 막아왔을 것이다. 그동안 그의 난해한 영화를 해석할 만한 충분한 사유의 틀이 결여되었다. 다행스럽게도 최근 철학의 발전은 그의 영화를 이해할 수 있는 틀을 제시해 준다. 그것이 바로 라캉의 욕망 개념과 들뢰즈의 영화 이론이다. 어떻게 보면 서로 배치되는 라캉와 들뢰즈가 베리만의 영화를 통해 만난다는 것은 무척이나 흥미로운 발견이다. 그만큼 베리만의 사유가 깊고 멀리 보았다는 것을 의미할 것이다.

그의 영화는 어찌 보면 서로 침묵하면서 소통이 결여된 요즈음의 시대에 더욱 가치가 있는지도 모르겠다. 필자는 베리만의 영화 속에서 이런 시대 베리만이 전해주는 메시지를 발견하려 노력했으나, 독자의 기대에는 아직 부족할 것이라는 느낌을 감출 수 없다. 많은 비판과 대화를 바라마지 않는다.

1. 대본

베리만의 영화는 매우 연극적이다. 그렇기 때문인지 몰라도 베리만은 영화의 대본을 출판했다. 이 대본은 실제 영화의 대사와 차이가 있지만 영화를 이해하는 데는 대사보다 오히려 더 큰 도움이 된다. 참고로 여기 베리만의 대본을 소개한다.

'Four Screen Plays of Ingmar Bergman', tr. Lars Malmstrom & David Kusher, Simmon & Schuster, 1960: 「여름밤의 미소」, 「제7의 봉인」, 「산딸기」, 「마술사(얼굴)」

'A Film Triology', tr. P. B. Austin, Orion Press, 1967 : 「거울을 통해 어렴풋이」, 「거울 빛(성찬식)」, 「침묵」.

'Four Stories by Ingmar Bergman', tr. Alan Blair, Anchor Press, 1976: 「접촉」, 「외침과 속삭임」, 「늑대의 시간」, 「애착」

'The Fifth Act', New Press, 2001(원본 Norstedts Förlag, 1994): Monologue, After the Rehearsal, The Last Scream, In the Presence of a Clown 포함.

'Face to Face', tr. Alan Blair, Pantheon Books, 1979

'The Serpenter's Egg', tr. Alan Blair, Pantheon Books, 1977

'Scenes From A Marriage,' Ingmar Bergman, Pantheon Books, 1974

'Persona & Shame', tr. Keith Bradfield, Marion Boyars, 2002

『가을 소나타』, 최형인 역, 덕문 출판사, 1980

『최선의 의도』, 이상수 역, 한겨레, 1993(원본, Norstedts Förlag, 1991): 이 소설은 Bill August에 의해 영화화 되어서 1992년 칸느 영화제 그랑프리를 수상했다.

『일요일의 아이들』, 유정희 역, 한겨레, 1995(원본, 1993): 베리만의 아들 다니엘 베리만에 의해 1993년 영화화되었다.

2. 회고

베리만은 영화 감독으로서 이례적이라고 할 정도로 많은 서술을 남겼다. 수많은 인터뷰와 회고는 그가 발표한 영화 대본과 함께 그의 영화를 이해하는데 도움이 된다. 여기에 그의 인터뷰와 회고를 소개한다.

『마법의 등- 베르만 의 자서전』, 민승남 역, 이론과 실천, 2001, (영어판, tr. Joan Tate. Viking, 1988, 원본, Norstedts Fölag, 1987)

『잉그마르 베르이만의 창작 노트』, 오세필 강쟁애 역, 시공사, 1998
(영어판, Images, My Life in Film, tr. Paul Britten Austin, Arcade Pub.1994, 원본, Norstedts Förlag, 1990)

'Bergman on Bergman': Interviews with Ingmr Bergman, Simon

& Schuster, 1973(원본, P.A.Norstedt Förlag, 1970): 인터뷰 참여자, Stig Björkman, Torsten Manns, Jonas Sima, 68년 6월 25일부터 69년 12월 24일까지.

'Talking with Ingmar Bergman', SMU Press, 1983: 인터뷰 참여자 G William Jones, Eugine Bonelli

'Interviews', Mississippi Uni., 2007: Shargel Raphäl과의 인터뷰

Roger W. Oliver ed., 'Ingmar Bergman an Artist's Journey on Stage on Screen in Print', Arcade Pub., 1995: 베리만의 회고 뿐만 아니라, 감독인 트뤼포, 우디 알렌, 고다르 그리고 배우인 리브 울만, 에란드 조셉슨, 막스 폰 시도프, 군넬 린드블롬, 에바 달벡, 비비 앤더슨, 비평가인 제임스 볼드윈, 미카엘 팀, 죄른 도너, 로저 올리버 등의 회고가 담겨 있다.

3. 연구서

베리만에 관한 초기 연구자들(죄른 도너,비르기타 슈티네, 로빈 우드, 필립 모슬리)에 이어서 오늘날까지 지속적으로 그에 대한 연구가 쏟아졌다. 그 가운데 가장 본격적인 연구는 코엔과 가도에 의해 이루어졌다. 두 사람은 정신분석학적인 관점에서 베리만의 영화를 연구했다는 점에서 공통적이지만, 서로 보는 관점은 달리 한다. 코엔은 베리만의 주인공들을 나르시시즘적인 성격을 가진 인물로 분석한다. 반면 가도는 베리만의 개인사에서 근친상간적인 욕망을 발견한

다.

코엔과 가도가 주로 인물의 내면에 관심을 가진 반면 아더 깁슨은 베리만의 철학적 주제인 신앙의 문제에 대해서 연구했다. 베리만의 예술론에 관한하여서는 페이슬리 리빙스톤이 대표적인 연구자이다. 라우더는 종교와 예술 전반에 걸쳐 연구했다.

베리만의 영화의 형식에 관하여서 수잔 손탁이 주목한 이후 많은 연구들이 이루어졌다. 이 가운데는 베리만의 주관적 카메라와 관련하여 카윈의 저서가 눈에 뜨이며, 베리만의 영화에 나타나는 연극적 기법에 관하여서 특히 에길 퇴른크비스트 가 주목했다. 그의 생애에 관해서는 코위와 맥나브의 철저한 연구가 있다.

Jörn Donner, 'The Film of Ingmar Bergman', tr. Holger Lundbergh, Dover Pub., 1972(초판, The Personal Vision of Ingmar Bergman , Indiana Uni., 1964). 원전은 Stockholm , 1962 발간.

Birgitta Steene,'Ingmar Bergman', St. Mrtin's Press, 1968

Robin Wood, 'Ingmar Bergman', Präger, 1969

Philip Mosley, 'Ingmar Bergman: The Cinema As Mistress', Marion Boyars, 1981

Hubert I. Cohen, 'Ingmar Bergman: The Art Of Congession', Twayne Pub., 1993

Frank Gado, 'The Passion of Ingmar Bergman', Duke Uni., 1986

Arthur Gibson, 'The Silence of God', Harper & Row Pub., 1969

Paisley Livingston, 'Ingmar Bergman and the Rituals of Art', Cornell

Uni., 1982

Bruce F. Kawin, 'Mindscreen-Bergman Godard and First Person Film', Princeton Uni., 1978

Peter Cowie, 'Ingmar Bergman', Limelight, 1992 (초판, Charles Scribners Sons, 1982)

Robert Emmet Long, Ingmar Bergman: Film and Stage, Harry N. Abrams, INC.,1994

Marc Gervais, 'Ingmar Bergman: Magician and Prophet', McGill-Gueen's Uni. Press, 1999

Jerry Vermilye, 'Ingmar Bergman: His Life and Films', McFarland & Company, INC., 2002

Geoffrey Macnab,' Ingmar Bergman: the Life and Films of the Last Great European Director', I.B.Tauris, 2009

4. 베리만의 영화 (TV극 포함)

1940년대
「위기」(1946) , 「우리의 사랑에 비가 내린다」(1946) , 「인도로 가는 배」(1947) , 「어둠 속의 음악」(1948) , 「기항지」(1948) , 「감옥」(1949) , 「갈증」(1949)

1950년대
「환희」(1950) , 「This Can't Happen Here」(1950) , 「여름 간주

곡」(1951) , 「여성의 비밀」(1952) , 「모니카의 여름」(1953) , 「톱
밥과 반짝이」(1953) , 「사랑의 교훈」(1954) , 「꿈」(1955), 「한 여
름밤의 미소」(1955) , 「제7의 봉인」(1957) , 「산딸기」(1957) , 「탄
생의 순간 Brink of Life』(1958) , 「마법사」(1958)

1960년대

「처녀의 샘」(1960) , 「악마의 눈」(1960) , 「거울을 통해 어렴
풋이」(1961) , 「겨울 빛」(1962) , 「침묵」(1963) , 「이 모든 여성
들」(1964) , 「페르소나」(1966) , 「늑대의 시간」(1968) , 「수치」
(1968) , 「의례」(1969) , 「애착」(1969)

1970년대

「포러섬 다큐」(1970) , 「접촉 」(1971) , 「외침과 속삭임」
(1972), 「결혼 풍경」(1973) , 「마술 피리」(1975) , 「얼굴을 맞대고
Face to Face」(1976) , 「뱀의 알」(1977) , 「가을 소나타 」(1978),
「포러섬 다큐1979』(1979)

1980년대

「마리오네트의 삶으로부터」(1980) , 「화니와 알렉산더」(1982)
, 「카린의 얼굴」(1984) , 「리허설이 끝난 후」(1984)

2000년대

「사라방드Saraband」(2003)

반가워요 베리만 감독님

초판 1 쇄 인쇄 2011년 5월 11일
초판 1 쇄 발행 2011년 5월 20일
지은이 이병창
펴낸곳 먼빛으로
주소 151-050 서울특별시 관악구 봉천동 865-2
        세종오피스텔 716호
전화 070 8742 5830
팩스 051 980 0609
이메일 fromdistance@chol.net
등록번호 617-91-76607
ISBN 978 -89-963381-2-3 (03680)